Jürgen Kocka
Die Angestellten in der deutschen Geschichte
1850–1980

W0045196

Jürgen Kocka

Die Angestellten in der deutschen Geschichte 1850–1980

Vom Privatbeamten zum angestellten Arbeitnehmer

Vandenhoeck & Ruprecht
in Göttingen

Sammlung Vandenhoeck

CIP-Kurztitelaufnahme der Deutschen Bibliothek

Kocka, Jürgen:
Die Angestellten in der deutschen Geschichte : 1850–1980 ; vom Privat-
beamten zum angestellten Arbeitnehmer / Jürgen Kocka. – Göttingen :
Vandenhoeck und Ruprecht, 1981.
(Sammlung Vandenhoeck)

ISBN 3-525-01325-6

Umschlagfoto: Büroangestellte im Stehpultkontor der
Berliner Kindl-Brauerei, um 1900. Quellenverzeichnis:
Bildarchiv Preußischer Kulturbesitz (bpk)

Schrift: 9/11 p Times auf Fotosatzsystem VIP, Linotype
Satz: Tutte Druckerei GmbH, Passau-Salzweg
Druck und Einband: Hubert & Co., Göttingen

Inhalt

Einleitung 7

1. Industrielle Angestellte im zweiten Drittel des 19. Jahrhunderts: Status – Funktion – Begriff 12

Der frühe Angestellte als sozialhistorisches Problem *14* – Die „Beamten" der Telegraphenbauanstalt Siemens & Halske *23* – Die dreifache Entstehungsgrundlage der Angestelltenfunktionen *41* – Der innerbetriebliche Sinn des Unterschieds zwischen Arbeitern und Angestellten *51* – Zusammenfassende Thesen *62*

2. Industriebürokratie und „neuer Mittelstand" im Kaiserreich 64

Rahmenbedingungen *64* – Bürokratische Traditionen und die Privatbeamten *70* – Erneute Bürokratisierung und die Entstehung der Angestelltenschaft *77*

3. Bildung und soziale Ungleichheit: Entstehung und Differenzierung angestellter Mittelschichten im 19. und frühen 20. Jahrhundert 90

Schulbildung im industriellen Nachfolgeland: die Fragestellung *90* – Die Akademisierung des gewerblich-technischen Schulwesens und die Entstehung des Ingenieurberufs *94* – Berechtigungswesen, Techniker und Ingenieure: Linien sozialer Differenzierung *99* – Angestellte Unternehmer und ihre Rekrutierung *110* – Ergebnisse *115*

4. Die Entstehung des Angestelltenbegriffs bis 1914: Begriffsgeschichte als Sozialgeschichte 116

Der Begriff im staatlich-öffentlichen Bereich seit 1800 *117* – Vom Industriebeamten zum Industrieangestellten (1850–1890) *121* – Vom Beruf zur Stellung *126* – „Angestellter" und „Arbeiter" in ihrer Abgrenzung bis 1911 *130* – Ausblick *140*

5. Soziale Entwicklung und politische Orientierung der Angestellten im Ersten Weltkrieg und in der Weimarer Republik (1914–1933) 142

Weltkrieg und Revolution: begrenzte Wendung nach links *142* – Orientierung nach rechts in der Republik *148* – Radikalisierung der Tradition: die Angestellten vor dem Nationalsozialismus *158*

6. Die Angestellten im „Dritten Reich" und in der Bundesrepublik. Kontinuität und Wandel: 1933 bis heute (mit Michael Prinz) 171

Die Ausgangssituation am Ende der Weimarer Republik *171* – Hypothesen *176* – Der Arbeiter-Angestellten-Unterschied und die nationalsozialistische Politik der „Volksgemeinschaft" *178* – Angestellte und Arbeiter: Tendenzen zur Angleichung und Fortdauer des Unterschieds *193* – Gewerkschaftliche Organisation der Angestellten nach 1945: ein Neuansatz *207* – Die mittelständische Tradition verblaßt *222* – Neue Differenzierungen: Angestelltenschaft in der Auflösung *226*

Ausgewählte Literatur 230

Abkürzungsverzeichnis 233

Nachweise der ursprünglichen Titel und der ersten Druckorte ... 235

Einleitung

Im Unterschied zu Arbeitern sind Angestellte in kaufmännischen, verwaltungsmäßigen, arbeitsvorbereitenden, kontrollierenden und koordinierenden Funktionen beschäftigt – nicht in der eigentlichen Produktion. Sie gehen ihren Tätigkeiten meist in räumlicher Distanz zu den Produktionsstätten nach, in speziellen Büroabteilungen und in speziellen Institutionen wie Handelsunternehmungen, Banken, Verwaltungen usw. Angestellte sind ausschließlich oder vorwiegend mit nicht-körperlicher Arbeit beschäftigt, deren Gegenstand vor allem Informationen, nicht aber Sachen, sind. Häufig sind Tätigkeiten von Angestellten komplexer, in ihrem Erfolg weniger leicht meßbar und deshalb schwerer direkt zu kontrollieren als die von Arbeitern. Büroarbeit und andere Angestellten-Tätigkeiten sind in der Regel weniger laut, sauberer und mit weniger physischer Belastung verbunden als körperliche Arbeit in Landwirtschaft und Gewerbe; dies hat wichtige Folgen für die verschiedenartigen Arbeits-Milieus und die verschiedenartige Arbeits-»Kultur« von Arbeitern und Angestellten. Die Vergesellschaftung, Mechanisierung und Automatisierung der Angestellten-Arbeit begann später und blieb unvollkommener als die der Werkstatt-Arbeit; selbst in höchstmechanisierten Bürobereichen scheinen die maschinisierten Arbeitsprozesse die Bewegungen und Rhythmen der Beschäftigten weniger eindeutig zu determinieren als es in hochmaschinisierten Werkstätten der Fall ist. Der durchschnittliche Angestellte kann Aufstiegschancen erwarten, die wenigstens etwas besser sind als die des durchschnittlichen Arbeiters, weil der Bürobereich vertikal differenzierter ist als der Werkstattbereich und weil vergleichsweise viel Übergangsmöglichkeiten von unteren in mittlere – manchmal auch in höhere – Bürostellungen gegeben sind. Viele Angestellte sind, im Unterschied zu fast allen Arbeitern, Träger delegierter Anordnungsbefugnis; sie rangieren also nicht wie die Arbeiter auf der untersten Ebene der hierarchischen Ordnungen, die für wirtschaftliche Unternehmen und öffentliche Verwaltungen typisch sind. Im Unterschied zu Arbeitern erhalten Angestellte Gehalt (nicht Lohn). Das heißt, ihr Verdienst ist auf der Basis längerer Zeitperioden – meist Monate – berechnet und klarer voraussagbar, weniger abhängig von kurzfristigen Änderungen des Marktes und von den meßbaren Leistungen des jeweiligen Individuums. Gehälter sind eher mit Senioritätskriterien vereinbar als Akkord-, Stunden-, Tages- oder Wochenlöhne. Im Durchschnitt verdienten und verdienen Angestellte mehr als Arbeiter, und sie verfügen über einen höheren Ausbildungsstand als diese. Häufig genießen Angestellte mehr Arbeitsplatzsicherheit und kürzere Arbeitszeit als Arbeiter, obwohl gerade in dieser Hinsicht die Unterschiede stark nachgelassen haben. Überall haben diese Unterschiede dazu beigetragen, daß den Angestellten-Positionen – ceteris paribus – mehr soziale Anerkennung entgegengebracht wird als Arbeiter-Positionen. Überall haben diese Unterscheidungen vom Arbeitsplatz auf das allgemeine soziale und politische Leben hin ausgestrahlt. Arbeiter-Angestellten-Unterschiede finden sich im Verbrauchsverhalten, im Lebensstil, in Freundschafts- und Heiratsmustern, in der sozialen Selbst-Identifikation, im Organisationswesen, im politischen Verhalten etc.

Im großen und ganzen wird eine solche typisierende Beschreibung Zustimmung finden. Problematischer wird es, wenn es darum geht, systematisch zu erklären, *warum* die abhängig Beschäftigten sich in Arbeiter und Angestellte unterscheiden, warum gerade entlang der empirisch feststellbaren Grenzlinie und warum mit den beobachtbaren ökonomischen, sozialen, kulturellen und politischen Konsequenzen. Was ist denn der gemeinsame Nenner und zugleich die Besonderheit all derer, die man als Angestellte bezeichnet? Was hält sie zusammen und was trennt sie von den Arbeitern? Wie erklärt man das: aus der Struktur des kapitalistischen Produktions- und Verwertungsprozesses, aus der Logik moderner Gesellschaften oder aus den Eigenschaften anders definierter Systeme? Das ist die ungelöste Grundfrage der Angestelltensoziologie seit Jahrzehnten, die in Deutschland um die Jahrhundertwende auf dem Hintergrund praktischer Probleme entstand. Als Antrieb nämlich dienten die Fragen: Würde langfristig der Arbeiter-Angestellten-Unterschied verblassen und die schnell wachsende Zahl der Angestellten die fundamental-oppositionelle Arbeiterbewegung stärken? Oder bildete sich mit der wachsenden Angestelltenschaft ein »neuer Mittelstand« heraus, der geeignet war, die ansonsten so fühlbaren dichotomischen Klassenspannungen langfristig abzufedern? Was konnte man tun, um das eine zu fördern und das andere zu verhindern – oder umgekehrt? Die Vorstellung von einer dichotomischen Klassengesellschaft – als Überzeugung, Ziel oder Befürchtung – war der Boden, auf dem die Frage nach der prinzipiellen

Natur des Arbeiter-Angestellten-Unterschieds gestellt wurde – in Deutschland früher und intensiver als anderswo.

Die folgenden Abhandlungen versuchen, darauf eine doppelte Antwort zu geben. Zum einen wird (in Abschnitt 1) der sozialökonomischen Logik des Arbeiter-Angestellten-Unterschieds in der industriellen Frühzeit – als es noch keine Angestelltenbewegung und noch keine Angestelltensoziologie gab – nachgespürt, wenn auch nur in einem Teilbereich: in der Fabrik der Industriellen Revolution im zweiten Drittel des 19. Jahrhunderts. Zum andern wird – vor allem in Abschnitt 2 und 4 – zu zeigen versucht, daß und warum jene Frage der Angestelltensoziologie keine systematische Antwort finden *kann,* sondern nur eine historische. Wie ökonomische, soziale, kulturelle und vor allem politische Prozesse zusammenspielten, um so etwas wie eine berufs- und branchenübergreifende, von der Lohnarbeiterschaft abgesetzte Angestelltenschaft zu konstituieren, dies historisch zu analysieren, ist ein Hauptinteresse des vorliegenden Buches.

Damit hängt sein zweites, wichtigeres Interesse zusammen. Der internationale Vergleich zeigt, daß der Arbeiter-Angestellten-Unterschied bei uns in Deutschland (wie in Österreich) besonders scharf ausgeprägt und sozial wie politisch besonders bedeutsam war. In der Arbeitswelt und in der politischen Sprache, im Sozialrecht und in der Struktur der Gewerkschaften, in der staatlichen Statistik und in vielen Aspekten des Alltagslebens war bei uns der Arbeiter-Angestellten-Unterschied tiefer ausgeprägt und zugleich prägender als in Westeuropa und Nordamerika. Dies einerseits in vergleichender Perspektive zu zeigen und andererseits zu begründen, ist ein Ziel der folgenden Studien. Hier ist, so hoffe ich, ein roter Faden, der sie zusammenhält: die deutschen Besonderheiten des Arbeiter-Angestellten-Unterschieds im 19. und frühen 20. Jahrhundert zu beschreiben; aus Eigenarten der deutschen Gesellschaftsgeschichte seit Beginn der kapitalistischen Industrialisierung (mit ihren so lange fortwirkenden vor-industriekapitalistischen Reststrukturen und Traditionen) zu begründen; die damit verbundenen Spannungen und Konflikte in ihren Folgen für die soziale und politische Geschichte der Zwischenkriegszeit zu analysieren; und schließlich die Entwicklung der westdeutschen Angestellten in den letzten drei Jahrzehnten – unter der Fragestellung: Kontinuität, Restauration oder Neubeginn – in diesen Interpretationsrahmen einzuordnen. Angestelltengeschichte soll hier als Teil der deutschen Gesellschaftsgeschichte geschrieben werden, in international vergleichender Perspektive.

Damit ist ein drittes Interesse der folgenden Studien bereits genannt. Die Frage nach den Ursachen der »deutschen Katastrophe« (Meinecke), die Frage, warum in Deutschland, aber nicht in den entwickelten bürgerlich-kapitalistischen Systemen Westeuropas und Nordamerikas der Faschismus siegte, hat in den letzten Jahrzehnten viele historische Untersuchungen angestoßen und geleitet, offen oder insgeheim. Das heißt natürlich nicht: die gesamte deutsche Geschichte als Vorgeschichte des Nationalsozialismus zu begreifen. Auch gibt es sicherlich, je weiter wir uns zeitlich und erfahrungsmäßig von 1933–1945 entfernen um so klarer, alternative Erkenntnisinteressen und Fragen. Aber die Legitimität, der politische Sinn und die wissenschaftliche Fruchtbarkeit jener Fragestellung scheinen mir weiterhin unbestreitbar, auch für die Geschichte der sozialen Klassen, Schichten und Gruppen (auf die sie noch nicht genug bezogen wurde). In der Tat ergibt der internationale Vergleich, der im folgenden allerdings mehr angedeutet als durchgeführt wird,[1] daß die Entwicklung der Angestelltenschaft und die Ausprägung des Arbeiter-Angestellten-Unterschieds in Deutschland anders verliefen als in Westeuropa und Nordamerika – mit wichtigen Konsequenzen für soziale Strukturen und Mentalitäten, Protestpotentiale und Demokratisierungsverlauf. Wie bei der Untersuchung der großen Wirtschaftsunternehmen im 19. und frühen 20. Jahrhundert oder in der Geschichte des selbständigen »alten Mittelstands« weist die genaue Untersuchung des angestellten »neuen Mittelstands« auf Eigenarten der deutschen Sozialgeschichte hin, die in der gegenwärtig neu eröffneten Debatte darüber, ob es einen deutschen »Sonderweg« gab, stärker zur Kenntnis genommen werden sollten.[2]

1. Dazu ausführlich J. Kocka, Angestellte zwischen Faschismus und Demokratie. Zur politischen Sozialgeschichte der Angestellten: USA 1890–1940 im internationalen Vergleich, Göttingen 1977; engl. Fassung u. d. T.: White Collar Workers in America 1890–1940. A Social-Political History in International Perspective, London u. Beverly Hills 1980.
2. Eigenarten der deutschen Entwicklung betonen: H. A. Winkler, Mittelstand, Demokratie und Nationalsozialismus. Die politische Entwicklung von Handwerk und Kleinhandel in der Weimarer Republik, Köln 1972; H.-J. Puhle, Politsche Agrarbewegungen in kapitalistischen Industriegesellschaften. Deutschland, USA und Frankreich im 20. Jahrhundert, Göttingen 1975; J. Kocka u. H. Siegrist, Die hundert größten deutschen Industrieunternehmen im späten 19. und frühen 20. Jahrhundert, in: N. Horn u. J. Kocka (Hg.), Recht und Entwicklung der Großunternehmen im 19. und frühen 20. Jahrhundert, Göttingen 1979, S. 55–122, bes. S. 84 ff.; ebenso die in Anm. 1 aufgeführte Untersuchung. Unzureichend zur Kenntnis genommen werden diese Ergebnisse

Jedenfalls ist das Interesse am Zusammenhang zwischen »neuem Mittelstand« und aufsteigendem Nationalsozialismus für einen Teil der folgenden Studien zentral (bes. Abschnitt 5). Sie wollen insofern beitragen zur Einsicht in die Bedingungen, unter denen sich der Faschismus in Deutschland durchsetzen konnte. So alt diese Frage ist, so kontrovers scheint das Thema – auch mit Bezug auf den »neuen Mittelstand« – neuerdings wieder zu werden.

Dies Büchlein ist kein Handbuch zur deutschen Angestelltengeschichte, sondern eine Sammlung von Einzelstudien, die größtenteils schon andernorts einmal erschienen sind, aber für diese Veröffentlichung gründlich überarbeitet[3] und in einen Zusammenhang gebracht worden sind. Sie konzentrieren sich auf die Angestellten in der privaten Wirtschaft, nicht auf die im öffentlichen Dienst; sie klammern die Beamten aus. Sie behandeln kontinuierlich den Zeitraum von Beginn der Industrialisierung (1840er Jahre) bis heute. Allerdings geschieht das mit wechselnden Schwerpunkten. In den ersten Abschnitten steht die sozialökonomische Geschichte im Vordergrund: der Arbeitsplatz, Herrschaftsverhältnisse im Unternehmen, das Bildungswesen, Mobilität, auch Gruppenbildung und Interessenartikulation. Bei Behandlung der späteren Zeiträume, besonders der Weimarer Republik, rücken soziopolitische Probleme in den Vordergrund, allerdings unter sozialgeschichtlicher Fragestellung: Angestelltenbewegung, Verbände, politische Orientierungen der Angestellten, ihr Beitrag zum Scheitern der Weimarer Republik, die Affinität zum Nationalsozialismus. In den späteren Abschnitten spielt die international vergleichende Perspektive eine größere Rolle als in den ersten. Der Vergleich mit USA prägt die Darstellung zunehmend, auch wenn er hier nicht im einzelnen ausgeführt wird.[4] Der abschließende Abschnitt versucht erstmals, die Geschichte der Angestellten im »Dritten Reich« zu skizzieren und ihre Entwicklung in der Bundesrepublik im Kontext der historischen Langzeiterfahrung zu begreifen.

bei G. Eley, Deutscher Sonderweg und englisches Vorbild, in: D. Blackbourn u. G. Eley, Mythen deutscher Geschichtsschreibung, Frankfurt 1980, S. 7–70. Eley spielt die Unterschiede zwischen deutscher und englischer Entwicklung im 19. und frühen 20. Jahrhundert übermäßig herunter. Zutreffend dagegen: H.-U. Wehler, »Deutscher Sonderweg« oder allgemeine Probleme des westlichen Kapitalismus?, in: Merkur 1981, Ht. 5, S. 478–87.

3. Bernd Uhlmannsiek und Peter Lessmann danke ich für Hilfen bei der Redaktion, Michael Prinz für die Erlaubnis, einen von ihm und mir gemeinsam verfaßten Aufsatz hier erstmals abzudrucken (Abschnitt 6).

4. Vgl. die in Anm. 1 genannte Arbeit.

1.
Industrielle Angestellte im zweiten Drittel des 19.Jahrhunderts: Status – Funktion – Begriff

SIEGFRIED KRACAUER schrieb 1929, das Leben der Angestellten, die zu Hunderttausenden die Städte bevölkerten, sei unbekannter »als das der primitiven Völkerstämme, deren Sitten die Angestellten in den Filmen bewundern«.[1] Dies war schon damals eine Übertreibung, denn seit den 1880er Jahren beschäftigten sich Publizisten und Sozialwissenschaftler, Enquêten und Politiker mit den Arbeits- und Lebensverhältnissen, mit Bewußtsein und gesellschaftlichem Standort der Angestellten.[2] Heute gehören diese erst recht zu den best-untersuchten

1. Die Angestellten. Aus dem neuesten Deutschland, Frankfurt 1930[2], S. 14.
2. Die Broschüren- und Zeitschriftenliteratur konnte sich den Verhältnissen entsprechend nur mit Teilgruppen der sich erst um die Jahrhundertwende als soziale Gruppe konstituierenden Angestelltenschaft beschäftigen: Vgl. etwa K. Bücher, Die Arbeiterfrage im Kaufmannsstande, Hamburg 1883 (nach einem Vortrag von 1880); G. Hiller, Die Lage der Handlungsgehülfen, Leipzig 1890; F. Goldschmidt, Die sociale Lage und die Bildung der Handlungsgehilfen, Berlin 1894. Bahnbrechend: E. Lederer, Die Privatangestellten in der modernen Wirtschaftsentwicklung, Tübingen 1912. Siehe auch: ders. u. J. Marschak, Der neue Mittelstand, in: Grundriß der Sozialökonomik IX, T. 1, Tübingen 1926, S. 120–141; F. Croner, Die Angestellten seit der Währungsstabilisierung, in: ASS, Bd. 60, 1928, S. 103–146; GdA (Hg.), Die wirtschaftliche und soziale Lage der Angestellten. Ergebnisse und Erkenntnisse aus der großen Erhebung des GdA, Berlin 1931. – Zur wissenschaftlichen Angestelltendiskussion vgl. als jeweils unvollständige Überblicke: F. Croner, Soziologie der Angestellten, Köln/Berlin 1962, S. 78ff.; L. Neundörfer, Die Angestellten. Neuer Versuch einer Standortbestimmung, Stuttgart 1961, S. 11ff.; G. Hartfiel, Angestellte und Angestelltengewerkschaften in Deutschland. Entwicklung und gegenwärtige Situation von beruflicher Tätigkeit, sozialer Stellung und Verbandswesen der Angestellten in der gewerblichen Wirtschaft, Berlin

Gruppierungen der (west)deutschen Gesellschaft.[3] Doch weder in der Weimarer Republik noch in der Bundesrepublik ist es vollkommen gelungen, die Angestellten auf den Begriff zu bringen, d. h., das zu bestimmen, was ihnen allen gemeinsam ist und was sie zugleich von den Arbeitern unterscheidet. »Als ein immer wieder bestätigter Befund der international und intertemporal vergleichenden sozialhistorischen und soziologischen Angestelltenforschung darf wohl die Feststellung bezeichnet werden, daß die Angestellten in ihrer Gesamtheit kaum durch irgendwelche generellen und stabilen Merkmale hinsichtlich des Inhalts ihrer Tätigkeit, ihres beruflichen und sozialen Status, ihres Organisationsverhaltens und ihres politischen Bewußtseins charakterisiert werden können. Im Kontrast zu Untersuchungen über die Industriearbeiterschaft einerseits, die Eigentümer-Klasse andererseits ergibt sich von den Angestellten das Bild einer ›wesenlosen‹ ›Nicht-Klasse‹.« Dies schrieben kürzlich Ulrike Berger und Claus Offe, als Einleitung zu ihrem eigenen Versuch, das Wesen jener »Wesenlosigkeit« zu ermitteln und aus der Gemeinsamkeit ihrer Stellung im Produktionsprozeß zu begründen.[4]

1961, S. 52 ff.; S. Braun, Zur Soziologie der Angestellten, Frankfurt/Main 1964, S. 5 ff. – Am besten im internationalen Vergleich jetzt: W. Mangold, Angestelltengeschichte und Angestelltensoziologie in Deutschland, England und Frankreich, in: J. Kocka (Hg.), Angestellte im europäischen Vergleich (= GG, Sonderh. 7, 1981) (im Erscheinen).

3. Vgl. unten Kap. 6; sowie: E. Fehrmann u. U. Metzner, Angestellte in der sozialwissenschaftlichen Diskussion. Ein Literaturbericht, Köln/Frankfurt 1977.

4. Und zwar aus den spezifischen Strukturmerkmalen von Angestelltenarbeit als Dienstleistungsarbeit im Unternehmen, aus Strukturmerkmalen, die die Unternehmensleitungen mit gewisser Notwendigkeit dazu veranlassen, Angestellte anders zu behandeln, anders zu kontrollieren und anders zu stellen als Produktionsarbeiter. Vgl. U. Berger u. C. Offe, Das Rationalisierungsdilemma der Angestelltenarbeit, in: Kocka (Hg.), Angestellte im europäischen Vergleich (im Erscheinen). – Die folgenden Überlegungen sind einem ähnlichen Ansatz verpflichtet. Allerdings sind alle Versuche, den Arbeiter-Angestellten-Unterschied aus der Logik des Produktions- und Verwertungsprozesses, aus der Struktur von Arbeit und Herrschaft im Unternehmen abzuleiten, dadurch in ihrer Erklärungskraft begrenzt, daß die spezifischen Ausprägungen des Arbeiter-Angestellten-Unterschieds (einschließlich des sozialen Orts, an dem diese Unterscheidungslinie verläuft) durch historisch variable Momente entscheidend mitbedingt wird, die von jenem Ansatz her als »kontingent« erscheinen. Dazu vgl. unten S. 134 ff.

Der frühe Angestellte als sozialhistorisches Problem

BEI DER SUCHE nach Begriff und Theorie des Angestellten spielte der Rekurs auf die historische Entwicklung dieser Arbeitnehmerkategorie vielfach eine wichtige Rolle. So meinte Fritz Croner, daß die »arbeitsleitende«, die »konstruktive«, die »verwaltende« und die »merkantile« Funktion typische Angestelltenfunktionen seien. Die Frage, warum gerade diese vier Funktionsbereiche in einer Weise zusammengefaßt wurden, die ihren Trägern eine von anderen Arbeitnehmern abgehobene Sonderstellung verschaffte, beantwortete Croner mit seiner Delegationstheorie, die teils ein verifikationsbedürftiges entwicklungsgeschichtliches Unternehmensmodell ist, teils aber auf einer sozialhistorischen Analyse des verfügbaren Materials beruht: Alle diese Funktionen seien einstmals Aufgaben des Unternehmers gewesen und von diesem im Laufe der Vergrößerung und der zunehmenden Kompliziertheit der Betriebe an die entstehende und wachsende Angestelltenschaft delegiert worden.[5] Auch Siegfried Braun ging – wenngleich mit ganz anderen inhaltlichen Konsequenzen – von einem die historische Veränderung berücksichtigenden Unternehmensmodell aus und verfolgte die darin enthaltene Angestelltenschaft durch die für sie schließlich konstitutiven, um die Jahrhundertwende kulminierenden »Prozesse der Kommerzialisierung und Bürokratisierung« hindurch.[6]

Solchen Versuchen, mit Hilfe entwicklungsgeschichtlich orientierter Untersuchungen zu einer auch auf heutige Verhältnisse anwendbaren Angestelltentheorie zu gelangen, stehen jene Arbeiten gegenüber, die eine betrieblich-funktionale und soziale Einheit der gegenwärtigen Angestelltenschaft verneinen, damit jedoch vor die Aufgabe gestellt sind, trotzdem bestehende, den Unterschied zu den Arbeitern markierende Gemeinsamkeiten aller Angestellten auf dem Gebiete des allgemeinen Sprachgebrauchs, der Verkehrsanschauung, der Fremdein-

---

5. Vgl. die abschließende Formulierung dieser These bei F. Croner, Soziologie, S. 132 ff. Für die historische Betrachtung ergiebiger ist ihre ausführliche Entwicklung in: ders., Die Angestellten in der modernen Gesellschaft. Eine sozialhistorische und soziologische Studie, dt. Ausg. Frankfurt/Wien 1954. Eine marxistische Variante der Delegationstheorie bei: H. Steiner, Soziale Strukturveränderungen im modernen Kapitalismus. Zur Klassenanalyse der Angestellten in Westdeutschland, Berlin 1967, S. 57 ff. Vgl. auch unten S. 43 ff. und bes. die Anm. 90.

6. Siehe bei Braun, Zur Soziologie, S. 87–104.

schätzung, des Selbstverständnisses und der Gesetzgebung zu erklären. Den Ausweg bietet oft der Rekurs auf vergangene Jahrzehnte: Die für den Angestellten typischen Merkmale werden als historische Relikte gedeutet, denen im Laufe der wirtschaftlichen und gesellschaftlichen Veränderungen der letzten Jahrzehnte die reale Begründung abhanden gekommen sei.»Die Vorstellungen von der sozialen Position, die den Begriffen ›Angestellter‹ und ›Arbeiter‹ unterlegt werden, scheinen für eine bestimmte Sozial- und Wirtschaftsstruktur in einer bestimmten Epoche charakteristisch zu sein . . . Beide Begriffe sind unterdessen von einer konkreten Bezeichnung innerhalb der Wirtschaft zu einem Etikett der sozialen Position geworden.«[7] »Ihr einmal relativ klarer Inhalt wurde im Prozeß fortschreitender Technisierung und Rationalisierung immer undeutlicher.«[8]

<hr/>

7. D. Claessens u. a., Angestellte und Arbeiter in der Betriebspyramide. Eine empirisch-soziologische Studie über die Verteilung der Arbeitsplätze von Angestellten und Arbeitern, ihre Personaldaten und Arbeitsverdienste in Betrieben der gewerblichen Wirtschaft, Berlin 1959, S. 151f.
8. Ebd., S. 151. – Schon Otto Suhr, Die Angestellten in der deutschen Wirtschaft, in: Angestellte und Arbeiter, Berlin 1928, S. 15, stellt sich einerseits auf den Standpunkt, das entscheidende Merkmal des Angestellten sei seine wirtschaftliche Funktion und meint andererseits: »Welche Funktionen nun aber als Angestelltentätigkeit angesehen werden, läßt sich im Grunde genommen nur historisch erklären und aus der Tradition ableiten, die von den sozialpolitischen Machtverhältnissen entschieden wird.« – Ähnlich: Zur Neuabgrenzung der Begriffe Angestellter und Arbeiter (= Schriften der Gesellschaft für Sozialen Fortschrift e. V., Bd. 11), Berlin 1959: Ein sich mit diesem Thema beschäftigender Ausschuß kritisierte Aspekte der Unterscheidung zwischen Arbeitern und Angestellten, war jedoch geneigt, deren »ursprünglichen Sinn« anzuerkennen. Dieser sei durch innerbetriebliche Veränderungen und die Übertragung des an der Sozialversicherung entwickelten Angestelltenbegriffs auf das Arbeitsrecht in Frage gestellt worden (S. 8ff., 17ff., 25). G. Hartfiel, Angestellte, S. 110ff., findet keine den heutigen Angestellten spezifische und gemeinsame funktionale oder soziale Stellung. Er schlägt eine Neuabgrenzung vor, nachdem er ihre arbeits- und sozialrechtliche Zusammenfassung als Konsequenz einer mittlerweile vergangenen historischen Situation zu erklären versucht hat. – Auch nach L. Neundörfer, Die Angestellten, S. 24ff., ist die Einheit der Angestelltenschaft, in der ganz verschiedene wirtschaftliche Funktionen und Standorte durch das Angestelltenversicherungsgesetz und in dessen Folge zusammengezwungen worden seien, nur historisch zu erklären. Im Prinzip ähnlich: R. Dahrendorf, Wandlungen der Klassenstruktur europäischer Gesellschaften, in: ders., Konflikt und Freiheit, München 1972, S. 111–166, bes. S. 136ff.

Die Tendenz zur gleichen Sicht, wenn auch in abgeschwächter Form, zeigen Autoren, die, ohne die soziale Einheit der Angestellten zu bestreiten und die Rede von einer solchen Gruppe als überholt zu bezeichnen, einzelne, als angestelltentypisch erfaßte Verhaltensformen nicht aus ihrem gegenwärtigen sozialen Kontext, sondern als Nachwirkungen sozialer Traditionen erklären.[9]

Auch die entgegengesetzte These von der Geschichtslosigkeit der Angestellten wurde vertreten: »Das für den heutigen Status der europäischen Industrieländer entscheidende 19. Jahrhundert ging an dieser Gruppe achtlos vorüber«; angesichts ihrer Traditionslosigkeit, auf Grund deren sie erst hundert Jahre später »auf der Bühne der Industriegesellschaft« erschienen sei als die der Arbeiter, sei der »retrospektive Charakter« der bisherigen Angestelltenliteratur verfehlt.[10] Während also einmal der Rückgriff auf die Geschichte der Angestelltenschaft dazu verwendet wird, eine theoretische Bestimmung ihrer Einheit zu entwickeln, dient ein anderes Mal ein ähnlicher Rückgriff als Argument für die Unmöglichkeit einer solchen Theorie; und schließlich werden solche Rückgriffe als irreführend bezeichnet, weil sie im Falle der Angestellten auf den »geschichtlichen Hohlraum des 19. Jahrhunderts« träfen.[11]

Der widersprüchliche Gebrauch der Geschichte in diesen Angestelltenstudien hängt mit einem ihnen gemeinsamen Merkmal zusammen: ihrem Mangel an konkreter sozialhistorischer Fundierung, der aus dem Forschungsstand entspringt. Besonders für die erste Phase der Industrialisierung, die »Industrielle Revolution«, deren Beginn man in Deutschland trotz vieler Vorbereitungen und regionaler Unterschiede ganz grob mit den 1830er oder 1840er Jahren ansetzen kann und die, nach üblicher Datierung, mit der Gründerkrise 1873

---

9. Als Beispiel: Th. Geiger, Die soziale Schichtung des deutschen Volkes, Stuttgart 1932 (ND 1967), S. 102 ff. Geiger erklärt die ständischen Ansprüche der Angestellten und ihre Anfälligkeit für den heraufziehenden Nationalsozialismus, vor dem er warnte, als Produkt ihrer ständischen Traditionen. Vgl. auch Kracauers Bemerkungen zu den »bürgerlichen Erinnerungen« der Angestellten: »Als es dem Mittelstand noch besser ging, fingerten manche Mädchen, die jetzt lochen, auf den häuslichen Pianos Etüden.« Und über die Angestellten im allgemeinen: »Eine verschollene Bürgerlichkeit spukt in ihnen nach.« (S. Kracauer, Die Angestellten, S. 39, 106). Sowie unten Kap. 7 u. 8.

10. O. Neuloh, Die weiße Automation. Die Zukunft der Angestelltenschaft, Spich b. Köln 1966, S. 37, 44, 62 ff.

11. Ebd., S. 65.

endete,[12] ist das systematische Wissen über Stellung und Funktion der Angestellten im Unternehmen noch immer gering – geringer jedenfalls als das Wissen über Arbeiter und Unternehmer. Dies hat mehrere Gründe. Obwohl, wie zu zeigen sein wird, die Angestellten als umgrenzte innerbetriebliche Gruppe schon in der ersten Phase der deutschen Industrialisierung auftraten, blieb ihre Anzahl im Verhältnis zur Lohnarbeiterschaft zunächst sehr gering.[13] Den Arbeitermemoiren entsprechende gedruckte Selbstzeugnisse einzelner Handlungsgehilfen und Privatbeamten sind äußerst selten, kollektive Selbstdarstellungen der Angestelltenschaft in Form von Verbandsliteratur liegen erst nach deren spätem Zusammenschluß zu Organisatio-

12. Vgl. F.-W. Henning, Die Industrialisierung in Deutschland 1800 bis 1914, Paderborn 1973, S. 111 ff.; H. Mottek, Zum Verlauf und zu einigen Hauptproblemen der industriellen Revolution in Deutschland, in: ders. u. a., Studien zur Geschichte der industriellen Revolution in Deutschland, Berlin 1960, S. 11–63; R. Tilly, Capital Formation in Germany in the Nineteenth Century, in: The Cambridge Economic History of Europe, Bd. 7, T. I, Cambridge 1978, S. 382–441, bes. S. 383–387.

13. Ungeachtet einiger fortbestehender Ungenauigkeiten und Unsicherheiten, die aus Erfassungs- und Definitionsproblemen resultieren, kann man auf der Grundlage der Berufs- und Betriebszählungen für das Deutsche Reich folgende Zahlen nennen:

Jahr	Angestellte in Landwirtschaft, Hand- und Industrie, Handel und Verkehr		Angestellte in Handwerk und Industrie	
	absolut	als Anteil aller Erwerbstätigen	absolut	als Anteil aller Erwerbstätigen
1882	307 268	1,9 %	99 076	1,5 %
1895	621 825	3,3 %	263 745	3,2 %
1907	1 290 728	5,2 %	686 007	5,2 %

Bergbau und Baugewerbe sind unter »Handwerk und Industrie« einbezogen. Verkäufer und Verkäuferinnen sind in dieser Tabelle *nicht* zu den Angestellten gezählt. Dies entspricht der Praxis der amtlichen Zählungen bis 1907. Nach der Zusammenstellung bei G. Schulz, Die industriellen Angestellten, in: H. Pohl (Hg.), Sozialgeschichtliche Probleme in der Zeit der Hochindustrialisierung (1870–1914), Paderborn 1979, S. 217–266, hier S. 230 f. (dort auch zu Quellenproblemen und abweichenden Angaben anderer Autoren). Vergleichbare Zahlen für die Zeit vor 1882 müßten (und könnten) auf einzelstaatlicher Ebene gesucht werden.

nen vor, die es zudem als gesellige und später als Selbsthilfeorganisationen in den ersten Jahren ihres Bestehens meist an »standespolitischen« Äußerungen weitgehend fehlen ließen.[14] Die nicht unmittelbar am industriellen Arbeitsprozeß beteiligten Zeitgenossen scheinen zunächst wenig Anlaß gehabt zu haben, sich mit dieser Gruppe von Arbeitnehmern gesondert zu beschäftigen, deren geringe Anzahl, deren bescheidener, aber über das durchschnittliche Lohnarbeiterniveau meist herausgehobener Lebensstandard und deren geringer Grad an öffentlichkeitswirksamer Organisiertheit es den Beobachtern leicht machten, unter der »sozialen Frage« vorwiegend die Lohnarbeiterfrage zu verstehen. Von daher bestand für Wissenschaft, Publizistik und Politik zunächst wenig Anreiz zur Behandlung der Angestellten; entsprechend mager sind die für die frühe Zeit zur Verfügung stehenden Quellenbestände. Erst als die Angestelltenzahl wuchs und auch politisch ins Gewicht fallende Dimensionen erreichte; und als sich mit der klareren Herausbildung dichotomisch-klassengesellschaftlicher Spannungen und dem Aufstieg der Arbeiterbewegung im Kaiserreich die Frage stellte, auf welche Seite die Angestellten auf Dauer gehören würden, zum Bürgertum oder zum Proletariat, oder ob man sie eher als Stand oder Schicht in der Mitte verstehen sollte – da setzte die publizistische, sozialwissenschaftliche und sozialpolitische Beschäftigung mit den Angestellten ein. Seit dem späten 19. Jahrhundert ist deshalb auch die Quellensituation für die Angestelltengeschichte besser.[15]

14. Als ausführliche, aber jeweils nur einen Teil der frühen Angestelltenverbände behandelnde Zusammenstellungen vgl.: Paul Lange, Die soziale Bewegung der kaufmännischen Angestellten, Berlin 1920; Fritz Mantel, Die Angestelltenbewegung in Deutschland (= Gloeckners Handels-Bücherei, Bd. 74), Leipzig 1921; Epochen der Angestellten-Bewegung. 1774–1930, bearb. vom GDA-Archiv (Gewerkschaftsbund der Angestellten), Berlin 1930. Vgl. als übersichtliche Zusammenfassung: G. Hartfiel, Angestellte, S. 117 ff.

15. Neben den oben in Anm. 2 genannten Titeln vgl.: Drucksachen der Kommission für Arbeiterstatistik, T. 1 (Erhebung Nr. 2), Berlin 1893; T. 2 (Erhebung Nr. 5), T. 3 (Erhebung Nr. 7 und Verhandlungen Nr. 1, 2 und 7), Berlin 1894. – Die wirtschaftliche Lage der Privatangestellten. Denkschrift über die im Oktober 1903 angestellten Erhebungen, bearb. im Reichsamt des Innern, Berlin 1907. – R. Jaeckel, Statistik über die Lage der technischen Privatbeamten in Groß-Berlin. Im Auftrage des Bureaus für Sozialpolitik bearb., Jena 1908. – H. E. Krueger, Die wirtschaftliche und soziale Lage der Privatangestellten, 2 Teile, Jena 1910. – Die wirtschaftliche Lage der deutschen Handlungsgehilfen im Jahre 1908, bearb. nach statistischen Erhebungen des Deutschnationalen Handlungsgehilfen-Verbandes, vorgenommen im Jahre

An unzureichender historischer Fundierung leidet manche angestelltensoziologische Studie besonders, wenn es um die Situation der frühen Angestellten im Unternehmen geht; denn Thesen über die unternehmens-, geschäfts- und betriebsinterne Stellung der frühen Angestellten, über die Art ihrer Arbeit und ihre Stellung gegenüber Arbeiterschaft und Unternehmensleitung sind häufig ganz zentral für die Argumentation jener Studien.[16] Hier läßt sich nun dem Mangel an so-

1908, Hamburg 1910. – A. Günther, Die deutschen Techniker, ihre Lebens-, Ausbildungs- und Arbeitsverhältnisse. Im Auftrage des Deutschen Techniker-Verbandes, 2 Teile, Leipzig 1912; C. Raßbach, Betrachtungen zur wirtschaftlichen Lage der technischen Privatangestellten in Deutschland, Karlsruhe 1916. – G. Schmoller, Was verstehen wir unter dem Mittelstande? Hat er im 19. Jahrhundert zu- oder abgenommen? In: Verhandlungen des 8. Evangelisch-socialen Kongresses (10. u. 11. 6. 1897), Göttingen 1897, S. 132 – 185; H. Potthoff, Die Organisation des Privatbeamtenstandes. Die staatliche Pensions- und Hinterbliebenen-Versicherung der Privatangestellten. Die Statistik der Privatangestellten, Berlin 1904; ders., Die Vertretung der Angestellten in Arbeitskammern, Jena 1905; A. Thimm, Der Privatbeamte und das öffentliche Leben, München 1908; R. Woldt, Das großindustrielle Beamtentum. Eine gewerkschaftliche Studie, Stuttgart 1911;

16. Größte Bedeutung für ihre Beweisführung gewinnen Aussagen über die frühe betriebliche Situation der Angestellten u. a. bei den folgenden Autoren: F. Croner, dessen Delegationstheorie mit der These von der einstmals umfassenden Unternehmertätigkeit steht und fällt (Die Angestellten, S. 40 ff. u. pass.); Bahrdt, der als typische Entwicklung des industriellen Bürobereiches angibt: Fabrikkontor, Vorzimmerbüro, Großbüro. (Vgl. H. P. Bahrdt, Industriebürokratie. Versuch einer Soziologie des industrialisierten Bürobetriebes und seiner Angestellten, Stuttgart 1958, S. 40 ff.); G. Hartfiel, der unter Berufung auf Croner noch für den durchschnittlichen Angestellten der Jahrhundertwende annimmt, er habe eine besondere »Vertrauensstellung zum Chef« ausgefüllt, er habe tatsächlich noch »überwiegend geistige«, mit hohem Prestige besetzte, noch nicht kollektiv wahrgenommene Aufgaben ausgeführt und aufgrund noch nicht standardisierter betrieblicher Funktionen Seltenheitswert genossen (Angestellte, S. 83 ff., 110 ff.); L. Neundörfer, der bereit scheint, den Anspruch der frühen Industrieangestellten, beamtenähnliche Arbeit zu leisten, für die Zeit vor dem Angestelltenversicherungsgesetz 1911 als berechtigt anzuerkennen (Die Angestellten, S. 32 ff.); S. Braun, der unter Berufung auf Croner, Bahrdt und Lockwood die Grundzüge des frühen Kontors und Büros skizziert, um die Arbeitssituation der Angestellten nach der »Kommerzialisierung« und »Bürokratisierung« um die Jahrhundertwende dagegen abzuheben (Zur Soziologie, S. 87 ff.); O. Neuloh, der aus der Tatsache, daß die Meister bei Krupp erst seit 1892 »Gehaltsempfänger und Vorgesetzte« wurden, folgert, »daß bei dem technischen Teil der mittleren Führungsschicht in den Großbe-

zialhistorischer Fundierung am ehesten ein wenig abhelfen. Denn vereinzelte unternehmensgeschichtliche Befunde sind durchaus verfügbar.[17] Die in den letzten Jahren intensivierte Erforschung des Arbeitsplatzes und der Sozialbeziehungen im Unternehmen der Industriellen Revolution hat sich zwar auf die Arbeiter konzentriert, ist aber manchmal auch auf die Abgestellten eingegangen.[18] Insgesamt ist der

trieben die Vergangenheit erst im letzten Jahrzehnt des 19. Jahrhunderts begann ...« (Die weiße Automation, S. 24 f.).

17. F. Croner, Die Angestellten, S. 38 f., stellte 1954 die schwierige Materialsituation fest; zugleich legte er meistens aus schwedischen Unternehmen stammendes Material vor (S. 40 ff.); am Beispiel Krupp: O. Neuloh, Die deutsche Betriebsverfassung und ihre Sozialformen bis zur Mitbestimmung, Tübingen 1956. Vgl. auch H. J. Teuteberg, Geschichte der industriellen Mitbestimmung in Deutschland. Ursprung und Entwicklung ihrer Vorläufer im Denken und in der Wirklichkeit des 19. Jahrhunderts, Tübingen 1961. Manche Unternehmensgeschichte enthält Mitteilungen zur Stellung, Tätigkeit und insbesondere zur Bezahlung von Angestellten, z. B. W. Treue, Die Geschichte der Ilseder Hütte, Peine 1960, S. 113 ff., 210; W. Fischer, WASAG. Die Geschichte eines Unternehmens 1891–1966, Berlin 1966, S. 38, 42. Festschriften könnten unter diesem Gesichtspunkt durchgearbeitet werden. Spezialliteratur zur Geschichte einzelner Unternehmensfunktionen gibt einiges her, z. B. G. Sykora, Systeme, Methoden und Formen der Buchhaltung von ihren Anfängen bis zur Gegenwart, Wien 1952. Eher auf die Zeit seit dem späten 19. Jahrhundert beziehen sich: E. Martin, Die Schreibmaschine und ihre Entwicklungsgeschichte, Ansbach 1949; T. Pirker, Büro und Maschine. Zur Geschichte und Soziologie der Büroarbeit, der Maschinisierung des Büros und der Büroautomatisation, Tübingen 1962; U. Nienhaus, Von Schreibmaschinen und »Tippmädels«, in: Journal für Geschichte, Bd. 2, 1980, H. 4, S. 22–26. Die Situation in der Literatur über andere Länder ist eher noch schlechter, aber vgl.: D. Lockwood, The Blackcoated Worker. A Study in Class Consciousness, London 1958, S. 19–35.

18. Eine große Bereicherung des Wissensstandes brachte vor allem: G. Schulz, Die Arbeiter und Angestellten bei Felten & Guilleaume. Sozialgeschichtliche Untersuchung eines Kölner Industrieunternehmens im 19. und beginnenden 20. Jahrhundert, Wiesbaden 1979; einiges zu Grubenbeamten und Steigern enthält auch: K. Tenfelde, Sozialgeschichte der Bergarbeiterschaft an der Ruhr im 19. Jahrhundert, Bonn–Bad Godesberg 1977; mit Schwerpunkt auf dem späten 19. und frühen 20. Jahrhundert: E. Glovka Spencer, Between Capital and Labor: Supervisory Personnel in the Ruhr Heavy Industry before 1914, in: Journal of Social History, Bd. 9, 1975/76, S. 178–192; W. Berg, Wirtschaft und Gesellschaft in Deutschland und Großbritannien im Übergang zum ›Organisierten Kapitalismus‹. Unternehmer, Angestellte, Arbeiter und Staat im Steinkohlenbergbau des Ruhrgebietes und von Südwales,

Forschungsstand immer noch mager, obwohl weitere Fortschritte hier möglich und zu erhoffen sind.

In dieser Situation mag es immer noch sinnvoll sein, am Beispiel eines Unternehmens, der elektrotechnischen Firma Siemens & Halske, und unter Beschränkung auf zwanzig Jahre (1847–1867) Status und Funktion industrieller Angestellter – »(Privat)Beamter«, wie sie im Sprachgebrauch der damaligen Zeit hießen[19] – zusammenfassend zu beschreiben und zu analysieren.[20] Angesichts der hier skizzierten Forschungslage versteht es sich, daß dabei nicht entschieden werden kann, in welchem Grade die Verhältnisse bei Siemens & Halske für jene Phase industrieller Entwicklung repräsentativ waren, obwohl neuere Arbeiten zu anderen Unternehmen die am Beispiel Siemens gewonnenen Ergebnisse im ganzen zu bestätigen scheinen.[21]

. Indem sich die folgende Untersuchung auf die betriebliche Sphäre beschränkt, um in erster Linie die Frage zu klären, worin das Gemeinsame des bereits klar gesonderten Arbeitnehmerkreises der »Privatbeamten« und zugleich sein Besonderes lag, das ihn von den »Arbeitern« abgrenzte, setzt sie sich dem Vorwurf aus, die überbetriebliche Problematik, den gesamtgesellschaftlichen Zusammenhang, zu vernachlässigen. Für das hier gewählte Vorgehen kann indessen angeführt werden, daß die industriellen Beamten sich zuerst als innerbetriebliche Gruppe konstituierten, bevor sie auch über den Betrieb hin-

---

1850–1914, (unveröff.) Diss. Bielefeld 1980. – Siehe schließlich Einführung und Beiträge zum Abschnitt »Situation am Arbeitsplatz« in: W. Conze u. U. Engelhardt (Hg.), Arbeiter im Industrialisierungsprozeß, Stuttgart 1979 (Angestellte nur am Rande berücksichtigt).

19. Der Begriff »Beamter« im Sinne von »industrieller Privatbeamter« soll in der vorliegenden Studie synonym mit dem im wesentlichen erst nach 1890 gebrauchten Begriff »industrieller (Privat)Angestellter« benutzt werden. Zur begriffsgeschichtlichen Problematik des Übergangs von »Beamter« zu »Angestellter«, dem sozialgeschichtliche Veränderungen zugrunde lagen, vgl. unten Kap. 4.

20. Diese Überlegungen sind Teil und Ergebnis einer größeren Untersuchung: J. Kocka, Unternehmensverwaltung und Angestelltenschaft am Beispiel Siemens 1847–1914. Zum Verhältnis von Kapitalismus und Bürokratie in der deutschen Industrialisierung, Stuttgart 1969. Dort auch Näheres zu den hier verwandten Quellen, die größtenteils aus dem Wener von Siemens-Institut für Geschichte des Hauses Siemens in München stammen. Diese Archiv-Akten werden zitiert als SAA (= Siemens-Archiv-Akte Nr. . . . .).

21. So vor allem die oben Anm. 18 zitierte Arbeit von G. Schulz über Felten & Guilleaume, z. B. S. 54 ff., 116–188.

aus von einer breiten Öffentlichkeit als (soziale) Einheit aufgefaßt wurden. Der Sprachgebrauch spiegelt diese zeitliche Differenz wider: Während die hier zu behandelnden Arbeitnehmer innerbetrieblich und in der auf das Unternehmen direkt Bezug nehmenden Kommunikation längst unter dem Sammelbegriff »Beamte« zusammengefaßt wurden,[22] hielt sich der allgemeine, von der Betriebssituation losgelöste Sprachgebrauch bis 1870/80 an die altbekannte Berufsbezeichnung, wie Buchhalter, Kaufmann, Ingenieur und Techniker. Daneben dienten zur Bezeichnung einzelner industrieller Beamter Begriffe wie Werkmeister, Hüttenmeister, Maschinenmeister, Werkführer sowie – für leitende Beamte – Faktor, Direktor, Geschäftsführer, Verwalter, Technischer Dirigent, Ingenieur-Direktor und Generaldirektor. In einer Gesellschaft, in deren Bewußtsein geburts- und berufsständische Ordnungsstrukturen ohnehin dominierten, war es schwierig, ein Aggregat von Personen, ungeachtet ihrer unterschiedlichen Berufe, nur aufgrund ihrer Stellung im wirtschaftlichen oder industriellen Prozeß als Arbeitnehmer bestimmter Art, als einheitliche Gruppe zu erkennen, begrifflich zu fassen und zu behandeln.[23] In der Hauptsache setzte sich die industrielle Beamtenschaft aus Personen zusammen, die als Mitglieder verschiedener Berufsgruppen sozial bereits ihren Platz eingenommen hatten (Handlungsgehilfen) oder um die Jahrhundertmitte gerade dabei waren, Stellung und Selbstverständnis auf beruflicher Basis zu finden (Techniker und Ingenieure).[24] Die verschiedenen In-

22. Die hier getroffene Feststellung bezieht sich auf den innerbetrieblichen Sprachgebrauch, innerhalb dessen keine Gefahr der Verwechslung mit dem Begriff des öffentlichen Beamten bestand; im außerbetrieblichen Sprachgebrauch wurde diese Bezeichnung, die auch schon um 1850 dazu tendierte, vor allem eine öffentliche Institution zu meinen, mit der Vorsilbe »Privat-«, »Fabrik-« oder »Betriebs-« gekennzeichnet.

23. Vgl. die nach geburts- und berufsständischen Kriterien vorgenommene Unterteilung des Abschnittes über die »bürgerliche Gesellschaft« im ALR (II, Titel 5–11 u. I, I, § 2). Man vergleiche außerdem den Aufbau von Wilhelm Heinrich Riehl, Die Naturgeschichte des Volkes als Grundlage einer deutschen Social-Politik, Bd. 2: Die bürgerliche Gesellschaft (8. Aufl., Stuttgart 1885), dessen erste Auflage 1851 erschien.

24. Vgl. die Untersuchungen zur Geschichte einzelner Berufsgruppen, mit Informationen zur frühen Angestelltengeschichte. Zum Beispiel: P. Lundgreen, Techniker in Preußen während der frühen Industrialisierung. Ausbildung und Berufsfeld einer entstehenden sozialen Gruppe, Berlin 1975; U. Troitzsch, Die Rolle des Ingenieurs in der Frühindustrialisierung. Ein Forschungsproblem, in: Technikgeschichte, Bd. 37, 1970, S. 289–309;

dustriebeamtengruppen unterlagen damit auch verschiedenem Recht. Angesichts dieser Heterogenität war es schwierig und aufgrund des Mangels an Situationen, in denen ein praktisches Bedürfnis nach Zusammenfassung der einzelnen Berufsangehörigen in Abgrenzung zu den Lohnarbeitern bestanden hätte, zudem überflüssig, die industriellen Beamten als soziale Einheit zu begreifen. Nur zögernd setzte sich deshalb die Sammelbezeichnung »Beamte«, »Privatbeamte« und »Fabrikbeamte« in außerbetrieblichen Zusammenhängen durch.[25] Es erscheint deshalb nur konsequent, sich zunächst den Beamten der Firma Siemens & Halske als innerbetrieblicher Gruppe zuzuwenden.

Die »Beamten« der Telegraphenbauanstalt Siemens & Halske

DIE 1847 VON DEM ARTILLERIEOFFIZIER Werner von Siemens und dem Mechaniker Johann Georg Halske unter Mitwirkung eines stillen Teilhabers mit einem Kapital von 6843 Talern gegründete Offene Handels-Gesellschaft Siemens & Halske, Berlin, produzierte und vertrieb in den ersten Jahren ihres Bestehens vor allem Telegraphen und Eisenbahnsignalapparate einschließlich des dazugehörigen Installationsmaterials, bald auch Wasser- und Alkoholmeßgeräte. Eisenbahngesellschaften und staatliche Behörden in den deutschen Staaten, in Rußland und England waren die Hauptkunden der Firma, die zwar die Planung, Entwicklung und Produktion weitgehend in Berlin zentralisierte, aber schon zu Beginn der fünfziger Jahre Zweigstellen in Petersburg und London unter der Leitung von Werners Brüdern Carl und Wilhelm Siemens errichtete. Neben Landtelegraphenleitungen gehörten ab 1857 Unterseekabel zu den Projekten, für die die »Telegraphenbauanstalt« in der Berliner Markgrafenstraße vor allem produzierte. Im Vergleich zu der 1867 beginnenden raschen Expansionsperiode der Firma stellen sich die ersten zwanzig Jahre ihres Bestehens als Phase langsamen Wachstums und temporärer Stagnation dar und

K. H. Manegold, Technology Academized. Education and Training of the Engineer in the nineteenth Century, in: W. Krohn u. a. (Hg.), The Dynamics of Science and Technology, Dordrecht 1978, S. 137–158; L. U. Scholl, Ingenieure in der Frühindustrialisierung. Staatliche und private Techniker im Königreich Hannover und an der Ruhr (1815–1873), Göttingen 1978.

25. Vgl. unten S. 121 f.

bieten sich durch ihre Stetigkeit und relative Homogenität als Untersuchungszeitraum an.[26]

Bis in die Aufschwungphase nach 1867 hinein zeigte die Telegraphenbauanstalt deutlich manufakturelle Züge.[27] Vom traditionellen Handwerksbetrieb wie von der Verlags- und Heimarbeit unterschied sie sich durch die von Anfang an verwandte Kapitalrechnung, durch den formal freien und vertraglich geregelten Charakter der in ihr geleisteten Handarbeit, durch die Trennung des Arbeitsplatzes von der Wohnung der Arbeitenden,[28] durch ihre Größe und die zunehmende Zentralisierung der Arbeitsvorgänge. Andererseits kann sie nicht als vollentwickelte Fabrik bezeichnet werden:[29] In der Werkstatt dominierte noch die einfache Kooperation mehrerer Mechaniker, die nebeneinander gleiche oder ähnliche Apparate als ganze herstellten. Neben der von Anfang an vorhandenen Objektspezialisierung, die sich durch die Einführung neuer Produktionszweige weiter differen-

26. S & H Berlin beschäftigten eine Belegschaft von:

1848:	18;	1853:	49;	1858:	146;	1863:	168;
1849:	28;	1854:	90;	1859:	154;	1864:	163;
1850:	49;	1855:	122;	1860:	150;	1865:	135;
1851:	50;	1856:	119;	1861:	141;	1866:	166;
1852:	90;	1857:	127;	1862:	135;	1867:	192.

1870 stieg die Belegschaft auf 380, 1872 auf 581. – Vom 1.10.1847 bis 1.1.1850 betrug der Umsatz der Berliner Firma 32608 Taler oder knapp 100000 Mark, 1867: 676580 Mark und 1873: 2331946 Mark (nach SAA 38/8/57: Ernst Waller u. a., Studien zur Finanzgeschichte des Hauses Siemens, T. 1, S. 9; S. 55 f.). – Zur allgemeinen Geschichte der Firma in diesem Zeitraum vgl. Georg Siemens, Geschichte des Hauses Siemens [2. Aufl. u. d. T.: Der Weg der Elektrotechnik. Geschichte des Hauses Siemens, 2 Bde., Freiburg 1961], Bd. 1, München 1947, S. 11–58.

27. Zum Begriff der Manufaktur: K. Marx, Das Kapital. Kritik der politischen Ökonomie, Bd. 1, Berlin 1961, S. 356 ff. und 393; E. Michel, Sozialgeschichte der industriellen Arbeitswelt, ihrer Krisenformen und Gestaltungsversuche, Frankfurt/Main 1947, S. 65; W. Fischer, Der Staat und die Anfänge der Industrialisierung in Baden 1800–1850, Bd. 1: Die staatliche Gewerbepolitik, Berlin 1962, S. 32.

28. Dies galt für sämtliche Arbeiter. Werner Siemens wohnte bis 1863 im Vorderhaus des Fabrikgebäudes, das außerdem Halske und einige Beamten beherbergte.

29. Zum Begriff der Fabrik siehe die in Anm. 27 zitierte Literatur sowie G. Jahn, Die Entstehung der Fabrik, in: Schmollers Jahrbuch, Bd. 69, 1949, S. 68–116 u. 193–228.

zierte, setzte sich langsam die Spezialisierung nach Arbeitsstufen durch. Während die preußischen Maschinenbau-Werkstätten der fünfziger und sechziger Jahre bereits Spezialwerkzeugmaschinen kannten, fanden sich bei S & H bis nach 1870 nur wenige Universal-Werkzeugmaschinen: einige Drehbänke und kleine Bohr- und Handhobelmaschinen. Erst 1863 stellte man die erste Dampfmaschine auf.

Die Arbeiter gehörten zum größten Teil der ersten Fabrikarbeitergeneration an und hatten in der Mehrzahl bei Schlossern und Mechanikern, einige bei Uhrmachern und Tischlern ihre Lehre abgeschlossen. Die Firma litt bis zum Ende der ersten Industrialisierungsperiode bei guter Auftragslage unter einem Mangel an qualifizierten Arbeitern.[30] Von der rein handwerklichen Produktion unterschied sich die Betriebsweise bei Siemens jedoch auch dadurch, daß Hilfsarbeiten wie auch Leitungsfunktionen den Industriehandwerkern bereits abgenommen beziehungsweise entzogen worden waren. Für die Hilfsarbeiten sorgten neun ungelernte »Arbeitsleute«, die den gelernten Arbeitern, den sogenannten »Gehilfen«, auf Anweisung der Meister bei der Arbeit helfen mußten.[31] Die Leitungsfunktionen übten Meister und andere Beamte aus.

In der Zeit von 1855 bis 1867 entfielen auf einen Beamten der Telegraphenbauanstalt zehn bis fünfzehn Arbeiter. Hundert bis hundertfünfzig gelernten Arbeitern und – gleichbleibend – neun Hilfsarbeitern standen zehn bis vierzehn Beamte gegenüber. Zu den Beamten zählten Prokurist, Buchhalter, Werkstattvorsteher, Kassierer, Registrator, Werkführer (= Werkmeister), Werkstattschreiber, Materialverwalter, Zeichner und Komptoirdiener beziehungsweise Bote. Während die Quellen über die Verhältnisse in den ersten Jahren der Firma keine klaren Aussagen erlauben, steht fest, daß 1855 im wesentlichen alle die Stellen vorhanden waren, die auch 1867 von Beamten ausgefüllt wurden.

Versucht man, die Funktions- und Befehlsgewaltverteilung zwischen den Beamten zu beschreiben, so kann man sich weder auf eine Geschäftsordnung – die erste ist nicht vor 1872 nachzuweisen – noch

30. Werner Siemens an Bruder Carl am 22.11.54: »Es fehlt an Mechanikern ... Es ist schwer, verläßliche Leute zu finden« (SAA Briefsammlung). Am 13.3.72 schrieb Werner Siemens von der »geradezu unerträglich« werdenden »Arbeitsnot«. Vgl. C. Matschoß (Hg.), Werner Siemens. Ein kurzgefaßtes Lebensbild nebst einer Auswahl seiner Briefe, 2 Halbbde., Berlin 1916, S. 354.
31. Nach dem Geschäftsbuch des Berliner Werkes 1854–1867 (SAA 24 Ld 580). Angelernte Arbeiter lassen sich erst für die Zeit nach 1872 nachweisen.

auf überlieferte Arbeitsplatzbeschreibungen, noch gar auf gezeichnete Organisationspläne beziehen.[32] Aufgabenverteilung und hierarchische Abhängigkeitsverhältnisse müssen vielmehr aus den erhaltenen Spuren der Beamtentätigkeit, so vor allem aus anordnenden Mitteilungen zwischen den Personen, eruiert werden. Jedoch nicht nur die Schwierigkeit der Rekonstruktion, auch die Sache selbst erschwert die Aufstellung eines genauen Organisationsschemas. In der relativ kleinen Telegraphenbauanstalt mit ihrer noch wenig entwickelten Arbeitsteilung, ihren ganzheitlich-handwerklichen Arbeitsmethoden, ihrer ständig aktualisierbaren Abhängigkeit vom Unternehmer und seiner Familie konnte sich ein für bürokratische Herrschafts- und Ordnungsformen typisches, fest geordnetes System von Über- und Unterordnung sowie von generell geregelter Kompetenzverteilung nur unvollkommen verwirklichen, wenn auch Produktion und Organisation des Unternehmens bis 1867 eine bemerkenswerte Stabilität zeigten. So wurde etwa ein Beamter als Materialverwalter, »Constructeur, Ingenieur und Verwaltungsmann« zugleich bezeichnet; der Gießereimeister beaufsichtigte nebenher das Haus und half im »Experimentier-Zimmer«, dem späteren Labor, bei den Versuchen des Chefs aus, und der Portier versorgte mit seiner Frau die über Mittag nicht nach Hause gehenden Arbeiter mit Essen und Getränken, woran er gut verdiente.[33] Offenbar gab es Funktionen, deren Geringfügigkeit die Einstellung eines eigenen Funktionsträgers nicht lohnte und die deshalb von anderen mitvollzogen wurden. Eine unklare und wechselnde Aufgabenverteilung kennzeichnete vor allem die Leitungsorganisation.

Obwohl der Gesellschaftsvertrag Halske für »Fabrikation und innere Verwaltung« zuständig erklärte und Siemens »das auswärtige Geschäft« zuwies,[34] griff dieser häufig in den inneren Betrieb ein, besonders wenn Personal- und Organisationsprobleme zu entscheiden waren oder wenn es um die technisch-wissenschaftliche Entwicklung und um größere Aufträge ging. Seine häufigen Reisen und seine politische Tätigkeit als Abgeordneter der Fortschrittspartei im Preußischen Abgeordnetenhaus einerseits und die fehlende Energie des durch Größe und Risiken des Geschäfts überforderten Halske andererseits trugen dazu bei, daß der 1855 angestellte erste »Prokurist und Ober-

32. Der erste gezeichnete Organisationsplan kann für das Wernerwerk Berlin 1912 nachgewiesen werden.

33. Vgl. S & H an Meister Wolff, 13.2.1860 (SAA 13 Lk 781).

34. Laut Gesellschaftsvertrag vom 1.1.55, § 2 (SAA 21 Li 53).

ingenieur« William Meyer in immer größerem Maße die innere Leitung des Unternehmens übernahm. Dieser Jugendfreund Siemens',
der als ehemaliger Offizier und leitender Beamter in der preußischen
Telegraphenbehörde über ausgezeichnete Kontakte zu den als Kunden in Frage kommenden staatlichen Stellen verfügte, leitete die allgemeine innere Organisation, gab Instruktionen aus, sorgte für Disziplin, führte die wichtige technische Korrespondenz, zeichnete überhaupt die meisten Briefe »per procura«, schickte Fabrikations- und
Verwaltungs-»Ordres« in die Werkstatt und erscheint als der nicht
spezialisierte, jedoch technisch wie kaufmännisch informierte, vor allem mit koordinierend–verwaltenden Aufgaben befaßte »general manager« des jungen Unternehmens.

Die Zusammenarbeit zwischen Siemens, Halske und Meyer folgte
keinen festgesetzten allgemeinen Grundsätzen. Sie regelte sich vielmehr aufgrund von spontaner, direkter Kooperation bei einer sich erst
entwickelnden Arbeitsteilung, die flexibel genug blieb, um Halske
langsam den Rückzug aus der Geschäftsführung zu gestatten, ohne
daß an der »formalen Organisation« etwas geändert worden wäre.
Auch als die Zusammenarbeit der einzelnen Stellen und Personen des
Unternehmens nach 1872 zunehmend einem System von allgemeinen
Regeln durch Instruktionen, Werkstatt- und Geschäftsordnungen unterworfen wurde, sparte der Unternehmer seinen Handlungsspielraum und den seiner engsten Mitarbeiter bei diesem Formalisierungsprozeß so lange wie möglich aus.

Diesen drei Leitungspersonen unterstanden der Werkstattvorsteher
Weiß, ein ehemaliger Meister, und – ihm gleichgeordnet – der gelernte
Kaufmann Carl Haase als Buchhalter. Schon in den ersten Jahren des
noch kleinen Unternehmens findet sich somit eine organisatorische
Zweiteilung in eine technische beziehungsweise eine Werkstattabteilung einerseits und eine kaufmännische Abteilung andererseits
(*Schaubild*).

Neben Einkaufs- und Verkaufsfunktionen hatte der Buchhalter die
noch weitgehend ungetrennten Kontrollfunktionen der Geschäfts-
und Betriebsbuchhaltung auf der Basis der allmählich in der Werkstatt
entstehenden Unterlagen über Löhne und Kosten aller Art wahrzunehmen. Neben diesen anordnenden und kontrollierenden Arbeiten
nahm Buchhalter Haase Einfluß auf die Unternehmensleitung: Besonders später, als er das uneingeschränkte Vertrauen von Werner
Siemens besaß, traf er relativ selbständig einzelne Finanzentscheidungen, zumal Siemens häufig betonte, er selbst verstehe davon nur wenig. Außerdem organisierte Haase das kaufmännische Rechnungswe-

sen in einer Weise, die für die Firma bis ins 20. Jahrhundert hinein bestimmend blieb.[35]

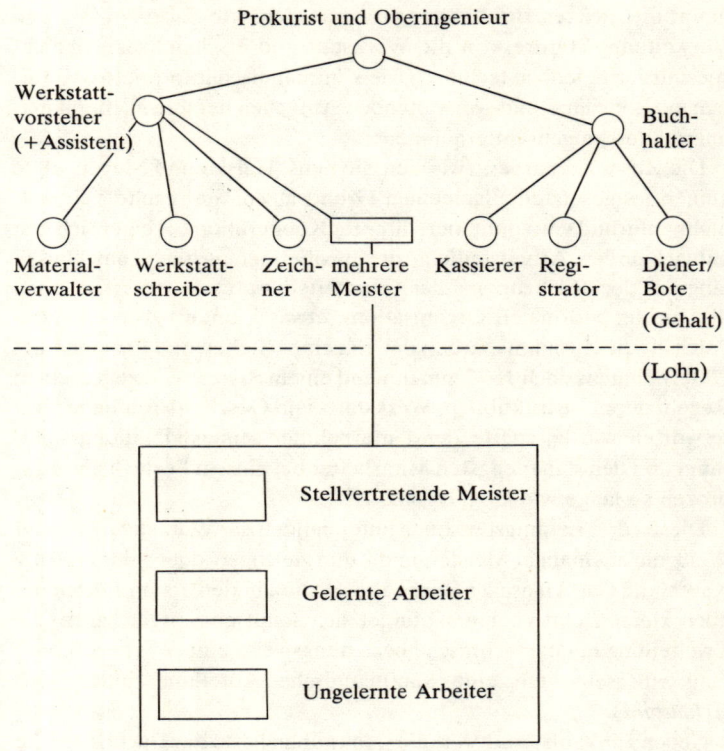

Schaubild
Organisation der Telegraphenbauanstalt S & H (1860)

Wahrscheinlich auf Initiative des ehemaligen Beamten Meyer und aufgrund eigener Informationsbedürfnisse wie auch zu Beweiszwecken entstand eine Registratur, noch bevor das Handelsgesetzbuch von

35. Aufsichtsfunktionen in der Werkstatt, die bei S & H immer klar vom Haupt-Kontor geschieden war, hatte der Buchhalter nie. Vgl. dagegen: Croner, Die Angestellten, S. 60 ff.; Bahrdt, Industriebürokratie, S. 40 f.

1861 in Preußen bestimmte, daß die Handelsbücher, die Abschriften
von Briefen, die Inventare und Bilanzen mindestens zehn Jahre lang
aufzuheben seien, und so eine zusätzliche Begründung für die Notwendigkeit eines kontinuierlichen Geschäftsbetriebes auf der Grundlage gesammelter »Akten« schuf.[36] Der Handlungsgehilfe Otto Leng-
ner besorgte seit 1856 diese Verwaltungsarbeit und übernahm 1863
nach dem freiwilligen Ausscheiden des bisherigen Kassierers auch
dessen Funktionen (wahrscheinlich unter Mithilfe eines Wochenlöh-
ners), bis 1867 ein neuer Registrator Lengners ehemaliges Aufgaben-
gebiet erhielt, so daß sich der Wechsel als in die Länge gezogener Be-
förderungsprozeß Lengners vom Registrator zum besser bezahlten
und funktionsreicheren Kassierer darstellt. Der Kassierer beschränkte
sich nämlich nicht auf die Verwaltung der Kasse, sondern fungierte
auch in anderen kaufmännischen und Verwaltungsfragen als Gehilfe
des ersten Buchhalters, dessen Nachfolger er nach 1880 wurde. Eine
unklare Funktions- und Befehlsgewaltsabgrenzung bestand nur zwischen diesen im »Haupt-Comptoir« sitzenden[37] Personen; die Autorität des Buchhalters Haase war unbestritten.

Eindeutiger als im Kontor prägte sich bereits die funktionale und
hierarchische Gliederung in der Werkstatt aus. Um die Jahrhundertmitte unterschied sich der industrielle Werkmeister, dessen Position
teilweise im Zuge der Umwandlung des handwerklichen in den
frühindustriellen Betrieb aus dem Status des Altgesellen in fließendem
Übergang hervorgegangen war, nicht nur bei Siemens klar von den
ihm unterstehenden Arbeitern.[38]

36. Das Allgemeine Deutsche Handelsgesetzbuch (1861), Art. 33; ähnlich
das HGB von 1897 in § 44. Schon das ALR hatte die bedingte Beweiskräftig-
keit kaufmännischer Bücher festgestellt (II, 8, § 562).
37. Um 1870 *saßen* übrigens die Beamten bei S & H an Schreibtischen;
Stehpulte scheinen hier nie in Gebrauch gewesen zu sein (nach den Erinnerungen des späteren Ingenieurs Henneberg [SAA 12 Lh 583]). Die Siemens-Beamten unterschieden sich damit von den Versicherungsangestellten der Zeit,
die erst mit dem Einzug der ersten Schreibmaschinen – also in nennenswertem
Maße erst seit den späten achtziger Jahren – Stühle erhielten (vgl. L. Arps, Auf
sicheren Pfeilern. Deutsche Versicherungswirtschaft vor 1914, Göttingen
1965, S. 399), und wohl auch von den in Kontoren arbeitenden Handlungsgehilfen, die teils vor ihren Pulten standen, teils auf kleinflächigen, erhöhten
Schemeln saßen beziehungsweise hockten (vgl. G. Kopal, Aus dem Hamburg
der 60er Jahre. Federzeichnungen aus dem Hamburgischen Kaufmannsleben,
3. Aufl. Hamburg 1898, S. 11, 21, 55).
38. Vgl. das bei L. H. A. Geck, Die sozialen Arbeitsverhältnisse im Wandel

Zwar verfügte der Meister in der Fabrik nur in selteneren Fällen über eine die praktische Lehre und eine lange Erfahrung übersteigende fachliche Qualifikation, die ihn klar von den ersten Industriearbeitern unterschieden hätte.[39] Doch schon 1837 hieß es in einer Arbeitsordnung für Fabrikarbeiter in Baden: »Der Arbeiter ist dem Meister Achtung und Gehorsam schuldig.«[40] Die preußische Gewerbeordnung von 1845 betonte die Sonderstellung des Werkmeisters, indem sie zwar die Rechte und Pflichten der Gehilfen und Fabrikarbeiter zu regeln begann, das Verhältnis zwischen Meister und Unternehmer jedoch der privaten Abmachung überließ. In anderen Fällen blieb die Sonderstellung der Meister jedoch umstritten.[41] Höhe und Art der Bezahlung, die ihnen zugestandene vierwöchige Kündigungsfrist, der Ton der teilweise von Werner Siemens selbst verfaßten Ernennungsschreiben[42] oder auch die Gewohnheit, die Werkstatt am Tage der Be-

der Zeit. Eine geschichtliche Einführung in die Betriebssoziologie, Berlin 1931, S. 54, zitierte Hüttenreglement aus Liegnitz von 1812.

39. Vgl. aber im Hinblick auf die gesuchten, chancenreichen Werkmeister mit Ausbildung auf dem Berliner Gewerbeinstitut C. Matschoß, Preußens Gewerbeförderung und ihre großen Männer. Dargestellt im Rahmen der Geschichte des Vereins zur Beförderung des Gewerbefleißes 1821–1921, Berlin 1921, S. 147 f., 158: Beuth meinte 1833, Absolventen, die als Werkmeister begönnen, erhielten das Gehalt eines Baumeisters im Staatsdienst, »meist mit vertraglich zugesicherter Gehaltserhöhung« und guter Chance zum Selbständigwerden.

40. In einer Fabrikordnung der Industrie um Lörrach, die im übrigen noch viele handwerkliche Züge zeigte (1838) (nach Fischer, Der Staat, Bd. 1, S. 357).

41. Vgl. die Preußische Allgemeine Gewerbe-Ordnung vom 17. 1. 1845, § 161. – Vgl. dagegen die Verordnung vom 9. 2. 1849, betr. die Einrichtung von Gewerberäthen . . ., zitiert bei L. v. Rönne, Ergänzungen und Erläuterungen der Preußischen Rechtsbücher durch Gesetzgebung und Wissenschaft, 4. Aufl., 4 Bde., Berlin 1859–62, Bd. 2, S. 310, § 5, die Arbeiter und Meister ebenso zusammen behandelt wie das Jahrbuch für die amtliche Statistik des Preußischen Staats, hg. vom Königlichen Statistischen Bureau, 3. Jg., Berlin 1868, S. 584 ff., das alle in der Industrie tätigen Personen in zwei Gruppen aufteilt: Werkmeister werden mit Gesellen, Fabrikarbeitern etc. in die eine, »Fabrikbeamte«, Fabriktechniker dagegen zusammen mit Fabrikbesitzern etc. in die andere Gruppe verteilt.

42. ». . . . ernennen wir Sie hiermit definitiv zum Werkführer und bewilligen Ihnen vom 1. Juli ab ein Gehalt von 350 Talern. Wir erwarten, daß Sie fortfahren werden, mit Eifer und Energie Ihr Amt zu führen und uns dadurch Veranlassung zu ferneren Auszeichnungen bieten werden« (S & H an den Mechani-

erdigung eines Meisters zu schließen und die Arbeiterschaft geschlossen auf den Friedhof zu schicken,[43] weisen auf die gegenüber den Arbeitern privilegierte Stellung der Meister in der Telegraphenbauanstalt hin. Ihre Autorität den Arbeitern gegenüber scheinen sie vor allem in den ersten Jahren – wie bei dem noch den handwerklichen Traditionen verhafteten Arbeitsprozeß nicht anders zu erwarten – aus ihrer beruflichen Qualifikation bezogen zu haben. Der Meister mußte seinen Untergebenen zeigen können, was und wie sie arbeiten sollten. Er wies Neulinge ein und lernte sie, auch wenn sie gelernte Handwerker waren, für den Telegraphenbau an. Der Meister entschied über die Art der zu verwendenden Materialien und Werkzeuge und hatte innerhalb gewisser Grenzen die Chance, als technischer Neuerer, als Innovator, in Erscheinung zu treten.[44]

Länger als diese technisch-fachliche Vorrangstellung, die ihm im Zuge der Verwissenschaftlichung von Technik und Produktion durch die entstehenden technischen Büros, vor allem durch die seit 1868 entstehende Konstruktionsabteilung, entzogen wurde, verblieb dem Meister die zweite Grundlage seiner Macht: Er entschied über Einstellung und Entlassung der einzelnen Arbeiter, über die Höhe der Löhne wie über die Verteilung und die Höhe der seit Ende der fünfziger Jahre aufkommenden, aber sich erst nach 1870 durchsetzenden Akkorde. In dem Maße, in dem Rentabilitätserwägungen auch innerhalb der Werkstätte an Bedeutung gewannen, verschärfte sich der zunächst vor allem latente Spannungszustand zwischen Meistern und Arbeitern zu akuten Konflikten. Der Meister hatte strenger als zuvor auf Pünktlichkeit zu achten, für das Verderben von Arbeitsstücken zu bestrafen, die Arbeitsmethoden zu kontrollieren, die Trinkgewohnheiten zu reduzieren. Vor allem in Zusammenhang mit der zunehmenden Akkordentlöhnung traten Spannungen auf, die den Meister als den Vertreter des sich stärker durchsetzenden Prinzips der Rechenhaftigkeit und der Betriebsdisziplin zugleich erkennen ließen.[45] 1868 kam es zu

ker Reinhard bei der Ernennung zum Meister am 30.3.1858 [SAA 13 Lk 781]).

43. So noch am 26.11.1868 (SAA 13 Lk 781).

44. So wurde etwa 1872 der Meister März für einige Monate in die Maschinenfabrik Ludwig Loewe & Co geschickt, um dort den Betrieb von amerikanischen Spezialwerkzeugmaschinen zu studieren und ihn dann relativ selbständig bei S & H einzuführen (SAA 12 Lh 583).

45. Vgl. M. Weber, Wirtschaft und Gesellschaft. Studienausgabe, 2 Halbbde., Köln/Berlin 1964, S. 77: »*Strenge* Kapitalrechnung ist ferner sozial an

der ersten spontanen Arbeitsniederlegung auf Meistereiebene.[46] Die
Werkmeister der ersten Generation waren zumindest bei S & H mäch-
tige Männer mit Aufsichts-, Arbeitsleistungs-, Arbeitsvorbereitungs-,
Kontroll- und Verwaltungsfunktionen. Trotz einer schwankenden
Arbeiterzahl blieb ihre Anzahl von 1855 bis 1867 ziemlich konstant.
Jedem der vier oder fünf Werkmeister standen deshalb wechselnd
einmal 21, einmal 30, einmal sogar 38 Arbeiter gegenüber. »Die
Werkführer stehen den einzelnen Abtheilungen unseres Geschäfts vor
und sind dem Werkstatts-Vorsteher, Herrn Weiß untergeordnet, der
auch Ihr nächster Vorgesetzter sein würde und dessen Anordnungen
Sie überall pünktlich nachzukommen hätten", schrieben S & H an einen Bewerber für einen Meisterposten.[47] Spätestens seit 1855 unterstanden die Meister in dieser Weise dem ältesten von ihnen, der mit
zunehmender Zurückgezogenheit des in den ersten Jahren selbst in
der Werkstätte anwesenden Halske zur Leitungs- und Koordinations-
instanz aufrückte und sich als Werkstattvorsteher gern »Ingenieur«
nannte. Er überwachte und kontrollierte die Meister, führte die diszi-
plinarische Oberaufsicht und schlug die an die Arbeiter zu zahlenden
Prämien vor. Er verfügte über eine begrenzte Organisationsgewalt,
verbesserte die Arbeitsmethoden und verteilte die Arbeiten auf die
Säle und Meistereien. Die häufige Überschreitung der geplanten Fer-
tigstellungstermine fiel unter seine Verantwortung. Seine Selbständigkeit und die der Werkstatt gingen so weit, daß er über die Köpfe der
zuständigen Kontorbeamten hinweg geschäftliche Verbindungen auf-
nahm und sich bei schlechter Auftragslage selbständig um Aufträge
bemühte.[48]

Es kennzeichnet die überragende Bedeutung der Werkstatt in der
frühen Periode dieses Unternehmens, das von einem Mann geleitet
wurde, der sich primär als Erfinder, Techniker und Forscher verstand,
obwohl er die geschäftlich-kapitalistischen Interessen keineswegs ver-
nachlässigte, daß wichtige, später von selbständigen, der Werkstätte
gleich- oder gar übergeordneten Abteilungen ausgeübte Funktionen

---

›Betriebsdisziplin‹ *und* Appropriation der sachlichen Beschaffungsmittel, also:
an den Bestand eines *Herrschafts*verhältnisses gebunden.«

46. Nach den Erinnerungen des Meisters Schwennicke (SAA 12 Lh 583).

47. S & H an den Gießereimeister Wolff, der als Fachmann eines bisher
noch nicht in der Telegraphenbauanstalt gepflegten Gebietes ausnahmsweise
von außen in die Meisterposition engagiert wurde (am 13. 2. 1860 [SAA 13 Lk
781]).

48. Vgl. Erinnerungen Meister Schwennicke, S. 9 (SAA 12 Lh 583).

zunächst von Stabsstellen des Werkstattdirektors wahrgenommen wurden.[49] So unterstand diesem ein »Zeichner«, der Siemens, Halske, dem Werkstattvorsteher und (seltener) einem Meister beim »Konstruieren« zur Hand ging.[50] Daneben waren ihm der Materialverwalter und – schon vor 1860 – ein Werkstattschreiber unterstellt. Dieser entlastete den Werkstattleiter vor allem bei der Führung der Arbeiterpersonalien, der Lohnlisten und später des Akkordbuches. Er nahm zugleich den Meistern und Arbeitern schriftliche Arbeiten ab. Seit 1866 nannte er sich »Werkstatt-Rechnungsführer«, womit darauf hingedeutet war, daß die entstehende Kostenrechnung in seinen Funktionsbereich fiel. Werkstattvorsteher, Rechnungsführer, Zeichner, vielleicht auch der Materialverwalter sowie ein als Assistent des Vorstehers fungierender Meister hielten sich in dem schon vor 1860 bestehenden »Werkstatt-Comptoir« auf, wenn ihre Arbeit keine Rundgänge durch die Säle erforderlich machte.[51]

Hier, in unmittelbarer Nähe der Produktion, in der Werkstatt, die von Leitung und Kontor im Vorderhaus durch den Hof getrennt war, hatten (1860) acht von vierzehn Beamten ihren Arbeitsplatz. Erst im Zuge der späteren Verwissenschaftlichung der Produktion, der Systematisierung der Kapitalrechnung und der damit verbundenen Kontrollen vergrößerten sich die Büros außerhalb der Werkstatt und konzentrierte sich die Mehrzahl der Angestellten in produktionsfernen Abteilungen. Es mag mit dieser frühen nahen Nachbarschaft zusammenhängen, daß ein zeitgenössischer Autor »die Werkführer, contre-maîtres, oder wie sie sonst heißen«, und sogar die Personen, die

49. Erst 1868 entstand das Konstruktionsbüro unter dem ersten Akademiker der Firma, 1872 ein Labor unter einem ehemaligen Hochschuldozenten. Materialverwaltung, Lohnbuchhaltung, Kalkulation und Selbstkostenrechnung blieben noch bis ca. 1890 unter der immer formaleren Oberleitung des Werkstatt-Direktors, während sie inhaltlich der kaufmännischen Leitung unterstanden.

50. Die »Konstruktionen« bestanden aus Skizzen in groben Umrissen ohne Zahlenangaben. Ihre Ungenauigkeit trug dazu bei, Erfolg oder Mißerfolg des Herstellungsaktes weitgehend von der Tüchtigkeit des ausführenden Meisters abhängig zu machen. Später verfeinerten sich die Zeichnungen, blieben aber bis in die späten achtziger Jahre ohne Zahlenangaben.

51. Seit 1865 wurde der bisherige Meister Scholz als »Assistent« des Werkstattvorstehers bezeichnet, finanziell angehoben und – wahrscheinlich – ins Werkstattkontor versetzt, wenn auch nur für einen Teil seiner Zeit. 1867 trat er die Nachfolge des verstorbenen Werkstattvorstehers Weiß an.

»eine höhere technische oder kaufmännische Ausbildung besitzen, das sog. Directionspersonal« zu den gelernten Arbeitern zählte.[52]

Der Platz des einzelnen Beamten in der Hierarchie, das heißt der Grad seiner Teilhabe an den Entscheidungs- und Anordnungsbefugnissen des Unternehmens, hatte großen Einfluß auf seine Position in der Gehälterpyramide, wenn diese auch nicht völlig mit dem System der abgestuften Befehlsbefugnisse zusammenfiel.[53] Grundsätzlich erhielten die Beamten ein Jahresgehalt, das meist in monatlichen Raten »post numerando« ausgezahlt wurde. Aus der großen Mehrzahl der Gehaltsempfänger hebt sich eine kleine Gruppe von leitenden Beamten ab, die als »Tantièmisten« neben ihren fixen Bezügen prozentual und vertraglich festgelegte Anteile am Gewinn erhielten (Tabelle 1).

Tabelle 1
Tantièmen 1855 bis 1867 (in Talern)[54]

	1855	1856	1857	1858	1859	1860
Prokurist Meyer (ab 1860: 5% vom Gesamtgeschäft)	2509	1014	1027	905	1221	1733
Buchhalter Haase ab 1860: 2,5% vom Berliner Geschäft)		203	205	905	610	866
Werkstattvorsteher Weiß (ab 1860: 2,5% von der Berliner Werkstatt)				862	747	768

52. So O. Schwarz, Die Betriebsformen der modernen Großindustrie, in: Zeitschrift für die gesamte Staatswissenschaft, Bd. 25, 1869, S. 535–629, S. 545.

53. Vgl. etwa den Kassierer, der ohne Anordnungsbefugnisse mehr verdiente als die mit Befehlskompetenzen ausgestatteten Meister. Seine hohe Bezahlung dürfte aus seinem Umgang mit Geld und Werner Siemens' Furcht vor Unehrlichkeit seiner Beamten zusammengehangen haben.

54. Nach dem Geschäftsbuch des Berliner Werkes 1854–1867 (SAA 24 Ld 580).

	1862	1863	1864	1865	1866	1867
Prokurist Meyer (ab 1860: 5% vom Gesamtgeschäft)	74	984	1389	2219	3154	2366
Buchhalter Haase (ab 1860: 2,5% vom Berliner Geschäft)	37	492	694	1109	1577	1183
Werkstattvorsteher Weiß (ab 1860: 2,5% von der Berliner Werkstatt)	360	707	694	1109	1577	

Tabelle 2
Gehälter der Beamten bei Siemens & Halske
1860 bis 1866 ohne Tantièmen (in Talern)[55]

	1860	1863	1864	1865	1866
Prokurist Meyer	2000	2000	2000	2000	2000
Buchhalter Haase	700	700	700	700	700
Kassierer Haberstolz (1860) Lengner (ab 1863)	610	750	650	700	600
Registrator Lengner	425				
Komptoirdiener	275	250		325	
Werkstattvorsteher Weiß	700	700	700	700	700
Materialverwalter Klein (1860)	585				350
Werkmeister (im Durchschnitt)	(5)475	(5)468	(4)528	(4)552	(6)450
Werkstattschreiber	320	362	330	380	425
Zeichner	264	324	368	407	240

Der Gewinn, aus dem sich die jeweilige Tantième errechnete, resultierte aus jenem Geschäftsbereich, auf den der jeweilige Tantièmist Einfluß hatte.[55]

Vergleicht man die festen Gehälter der Beamten in den Jahren von 1860 bis 1866 (Tabelle 2), so fällt der zwischen den 264 Talern des Zeichners und den 2000 Talern des Prokuristen bestehende große Unterschied auf, der sich bei einer Addition der Tantième auf das Verhältnis 1 : 10 oder mehr erhöht. Klar läßt sich eine untere Gruppe abgrenzen, zu der das gesamte Werkstattpersonal außer dem Werkstattvorsteher sowie auch der Registrar und der Diener gehörten. Die Gehälter dieser Beamten überschnitten sich in ihrer Größenordnung schon in dieser frühen Zeit mit den Löhnern der gelernten Arbeiter, die um 1860 relativ gleichmäßig durchschnittlich etwa 5 Taler pro Woche und einschließlich der Prämien, der Sonntags- und Überstundenlöhne durchschnittlich knapp 300 Taler im Jahr verdienten. In den sechziger Jahren differenzierten sich die Arbeitsverdienste durch den beginnenden Akkordlohn mehr als bisher. Zur Mittelgruppe der Besoldeten gehörten Buchhalter, Werkstattvorsteher und Assistent, Materialverwalter und Kassierer, während der »general manager« weit vor den übrigen lag.

Fragt man, ob und inwieweit sich die Höhe der Bezahlung nach der jeweiligen Funktion, der Stelle oder der sie besetzenden Person, nach Leistung, Lebens- und Dienstalter, nach Qualifikation oder Anordnungsbefugnis, also nach Leistungs- oder Angemessenheitskriterien richtete, so muß bei allen Mängeln des zugrunde liegenden Materials vor allem auf Anordnungs- und Entscheidungsbefugnisse einerseits und auf das Dienstalter andererseits als hauptsächliche gehaltswirksame Faktoren hingewiesen werden. Nur jene Beamten erhielten Tantièmen, die eine tatsächlich wirksame Entscheidungsgewalt hatten. Die in späteren Jahren stark zunehmende Erfolgsbezahlungskomponente bei leitenden Beamten schloß sie vom Genuß staatsbeamtenähnlicher Gehaltserhöhungen nach Anciennitätsgesichtspunkten aus. Ihnen wurde neben einem hohen Fixum ein hoher variabler Gewinnanteil gezahlt und so die sich im Erfolg ausdrückende Leistung, nicht aber so sehr die sich in der Anzahl der Dienstjahre ausdrückende Treue und Erfahrung honoriert. Als Leistungsbezahlung anderer Art ist die individuell variierende, etwa die Höhe eines dreizehnten Monatsgehalts oder mehr erreichende »Inventurprämie« anzusehen, die

55. So erhielten je ein leitender Beamter in Petersburg und London 2,5 beziehungsweise 5 % vom Ertrag des jeweiligen Bereiches.

die nicht tantièmeberechtigten Beamten und einige ältere Lohnarbeiter erhielten. Sie richtete sich nach dem Geschäftserfolg des Jahres und nach der Leistung des einzelnen, konnte von diesem aber nicht vorhergesehen oder gar kontrolliert werden. Weder die Prämie selbst noch ihre Höhe stellte einen einklagbaren Anspruch dar, sondern behielt – in der Regel – den Charakter eines Unternehmergeschenks, das, weil es nicht mit Gewißheit zu erwarten war, ein vorzügliches Instrument zur Sicherung des Wohlverhaltens des Personals gewesen zu sein scheint.[56] Anciennitätsgesichtspunkte herrschten dagegen auf der unteren und mittleren Ebene der Gehaltspyramide, so etwa bei der Bezahlung der Meister,[57] des Werkstattschreibers und des Zeichners.[58] Ähnliches war in anderen Fabriken jener Zeit anzutreffen: Als 1851 ein Techniker bei Harkort mit dem Anfangsgehalt von 500 Talern eingestellt wurde, erhielt er die Zusage, daß man sein Gehalt jedes Jahr um 50 Taler aufstocken werde.[59] Das Anciennitätsprinzip bedeutete für die Betroffenen, daß ihr Einkommen gegen eigene kurzfristige Leistungsschwankungen und die unmittelbaren Einwirkungen des Geschäftserfolges abgesichert war.

Auf das gesamte Gehaltsgefüge eines Werkes – kaum aber auf das einmal festgesetzte einzelne Gehalt – wirkte die Situation auf dem Arbeitsmarkt ein. Carl Siemens forderte ausdrücklich, ein Beamter solle »so gestellt werden, wie andere Geschäfte von ähnlicher Ausdehnung ihn stellen würden«,[60] und wies damit auf eine bereits bestehende Vergleichbarkeit der Unternehmen hinsichtlich ihrer Gehaltssysteme

56. Vgl. Werner Siemens an seinen Bruder Carl am 18.7.1868: »Seit in Berlin alle Meister sogar eine jährliche, vom Werkstattgewinn abhängige Prämie erhalten, ist ein ganz anderer Geist eingezogen, wir arbeiten mehr, billiger und besser . . .« (zitiert bei Friedrich Heintzenberg [Hg.], Aus einem reichen Leben. Werner von Siemens in Briefen an seine Familie und an Freunde, Stuttgart 1953, S. 219).

57. Siehe S. 35, Tabelle 2. Die Senkung von 1860 bis 1861 kam durch das Ausscheiden eines älteren und den Eintritt eines jüngeren Meisters zustande. Auch 1865/1866 trat ein Jüngerer ein und ließ den Durchschnitt leicht absinken.

58. Dessen Gehaltssenkung kann als Bestätigung des Anciennitätsprinzips gelten, zeigte sie doch den Austritt des bisherigen und den Eintritt eines jüngeren Nachfolgers an.

59. Vgl. C. Matschoß, Ein Jahrhundert deutscher Maschinenbau. Von der mechanischen Werkstätte bis zur deutschen Maschinenfabrik. 1819–1919, Berlin 1919, S. 68.

60. Carl Siemens an Werner Siemens am 7.1.1871 (SAA Briefsammlung).

hin, die etwa von der Ähnlichkeit der Verhältnisse bei S & H einerseits und der in der Ilseder Hütte in Peine andererseits über Branchengrenzen hinweg bestätigt wird.[61] Neben solchen gehaltsbestimmenden Faktoren blieb die Abhängigkeit der Verdiensthöhe von der Stelle des Beamten zweitrangig.[62] Tatsächlich existierte ein festes System von Stellen nur bedingt, da sich ihre Funktionen mit wechselnden Inhabern oft veränderten.[63]

Ein Zusammenhang zwischen Ausbildung und Bezahlung ist schwer festzustellen. Nur der Spitzenbeamte Meyer konnte mehr als eine mittlere Bildung vorweisen: Zusammen mit Werner Siemens hatte er, der Sohn eines Leutnants, nach dem Gymnasium die Berliner Artillerie- und Ingenieurschule und danach das dortige Gewerbeinstitut besucht. Mindestens die Hälfte aller Siemens-Beamten – so etwa die Meister und Zeichner – waren früher Arbeiter gewesen, die innerhalb des Betriebes aufgestiegen waren.[64] Wenn man bedenkt, daß Werkmeister als Filialleiter eingesetzt wurden,[65] zum Werkstattvorsteher – bald: Werkstattdirektor – avancierten[66] oder zum Leiter des neuen Büros für technische Korrespondenz ernannt wurden[67], so folgt daraus, daß die Position des gelernten Arbeiters prinzipiell – faktisch freilich nur für eine Minderheit – an die Aufstiegswege angeschlossen war, und zwar manchmal sogar über die Ebene der Meister- und Zeichnerposition hinaus. Dies war möglich, solange für diese Verwaltungs- und

61. Man vergleiche die Siemens-Gehälter (oben Tabelle 2) mit den entsprechenden Gehaltsangaben für die Ilseder Hütte bei Treue, Geschichte der Ilseder Hütte, S. 113 ff.; s. auch Schulz, Arbeiter und Angestellte bei Felten & Guilleaume, S. 56 f.

62. Die sprunghaften Veränderungen der Bezahlung des Materialverwalters, des Kassierers, des Zeichners und einzelner Meister (vgl. oben Tabelle 2), die auf personelle Umbesetzungen dieser Stellen zurückzuführen sind, schließen eine solche Abhängigkeit aus.

63. So nahm etwa der vielseitige »Mehrzweckbeamte«, der 1860 als Materialverwalter geführt wurde, offenbar noch andere Funktionen in der Werkstatt wahr, die der Materialverwalter von 1866 nicht mehr ausführte (vgl. oben S. 35, Tab. 2).

64. Dazu gehörten neben den Meistern und Zeichnern der Werkstattvorsteher (einschließlich Assistent), wahrscheinlich der Schreiber und der Bote.

65. So der Meister Wolff am 10. 4. 1858 in Wien (SAA 13 Lk 781).

66. Die drei ersten Werkstattleiter (bis 1895) der Berliner Fabrik hatten zunächst als gelernte Arbeiter bei Siemens gearbeitet (nach SAA 13 Lk 781).

67. So der Meister Fromholz 1868 (nach den Erinnerungen des Meisters Schwennicke [SAA 12 Lh 583]).

Leitungsstellen die im Betrieb erworbenen Erfahrungen ausreichten, solange diese Aufstiegswege selbst noch im Entstehen begriffen waren und Rekrutierungsprobleme bestanden. Die Versetzung ins Büro wurde von den Arbeitern, wie es scheint, als Aufstieg gewertet, selbst wenn sie dort mit unbedeutenden Arbeiten beschäftigt wurden und nicht einmal mehr verdienten als in der Werkstatt.[68]

Dieses bei gut verdienenden Akkordarbeitern oder klassenbewußten Sozialisten sicherlich in geringerem Maße vorhandene Aufstiegsbewußtsein mag weniger mit Verdienstunterschieden als mit den sonstigen, den Siemens-Beamten gewährten Privilegien zusammengehangen haben. Neben der Bezahlungsform des Gehalts und einer finanziellen Gewinnbeteiligung der Beamten zumindest in Form der Inventurprämie, die außer ihnen nur eine kleine und abnehmende Minderheit von Arbeitern erhielt,[69] unterschieden sich die damaligen Angestellten von den Arbeitern in der Werkstatt durch eine sehr viel kürzere, nicht genau kontrollierte Arbeitszeit[70] und durch das noch nicht formulierte, aber faktisch gewährte Recht auf Urlaub, sofern ein Be-

68. Durchweg forderten nach 1868 die Konstruktionsabteilung und die Abteilung Technische Korrespondenz besonders tüchtige Arbeiter aus der Werkstatt an, falls sie zusätzlich eine untergeordnete Kraft suchten. Trotzdem wurden manche wegen mangelnder Eignung zurückgesandt. Vgl. für 1880/90 die Reaktion sogar einer klassenbewußten Arbeiterin auf ihre Beförderung ins Kontor, die sie von weiterer Agitation für die SPD abhalten sollte: »Ich war jetzt ›Fräulein‹ und konnte mich schön kleiden«; siehe Die Jugendgeschichte einer Arbeiterin von ihr selbst erzählt, hg. von A. Bebel, München 1909, S. 88. Die ins Büro beförderten Siemens-Arbeiter erhielten sog. »Zeichenzulagen« zu ihrem bisherigen Zeitlohn. – Für 1880 weist Bücher darauf hin, daß die Überfüllung des Handlungsgehilfenberufes teilweise auf ein positives Vorurteil von Handwerkern und Arbeitern gegenüber Büroarbeitern und ihren Andrang in entsprechende Berufe zurückzuführen sei. Vgl. Bücher, Die Arbeiterfrage, S. 23 f.

69. Vgl. K. Burhenne, Werner Siemens als Sozialpolitiker, München 1932, S. 106.

70. Bis zum Beginn der siebziger Jahre dauerte die Arbeitszeit in den Werkstätten von 6.00 bis 12.00 und von 13.00 bis 18.00 Uhr. Im Winter verschob sich der Zeitplan um eine Stunde. Für die Beamten fanden sich noch keine Reglements, doch bildeten sich Üblichkeiten heraus. Als nach 1880 die Bürozeiten normiert wurden, hatten die Angestellten nur 7,5 Stunden gegenüber den 9 Stunden der Arbeiter pro Tag zu arbeiten (Verfügung vom 27.3.1885 [SAA/32 Lo 590]). Überstunden wurden von den Beamten genauso selbstverständlich erwartet und geleistet wie von den Arbeitern, die jedoch die Überzeit (ohne Zuschlag) bezahlt erhielten.

amter mit guter Begründung darum ersuchte.[71] Wenn auch nur die wenigsten Spitzenbeamten kontinuierlichen Kontakt mit dem Unternehmer gehabt zu haben scheinen, so erhielten sich zwischen Werner Siemens und den Beamten dennoch Reste eines patriarchalischen Vertrauensverhältnisses länger als zwischen ihm und den Arbeitern. Obwohl die Angestellten keinen festen Anspruch darauf hatten, erstattete die Firma ihnen Krankheits- und Kurkosten, gewährte ihnen familienbedingte Unterstützungen und Wohngelder sowie gegebenenfalls Vorschüsse und Prämien. Solche nicht fest einkalkulierbaren Geschenke banden den Empfänger eng an das Unternehmen und seinen Chef. Anders als Rechtsansprüche verlangten und stärkten solche freiwilligen Leistungen das Vertrauen auf seiten des Beamten und bewirkten so ein hohes Maß an persönlicher Abhängigkeit der Beamten gegenüber dem Unternehmer. Eine enge Bindung zwischen den Beamten und der Firma sowie ein zusätzliches, wichtiges Unterscheidungsmerkmal gegenüber den Arbeitern bedeutete die ebenfalls nur zum geringen Teil – nämlich durch Kündigungsfristen[72] – kodifizierte, sonst nicht einklagbare, aber faktisch gewährleistete Sicherheit des Arbeitsplatzes. „Die Beamten bleiben bei uns, weil sie aus Erfahrung wissen, daß wir niemand entlassen, wenn er nichts verschuldet hat, selbst wenn wir nichts für ihn zu tun haben.«[73] Dieser Grundsatz bestimmte die Beamtenpolitik der Firma weit über den Untersuchungszeitraum hinaus. Besonders während kurzfristiger Auftragsflauten, die für die Arbeiter vor allem in der allgemeinen Krise nach 1873 – aus den Jahresdurchschnittszahlen nicht immer erkennbare – Entlassungen und Arbeitszeitverkürzungen zur Folge hatten, bedeutete diese Zusicherung ein wichtiges Privileg.

Sehr viel stärker als den Lohnarbeitern gegenüber ignorierte das Unternehmen somit bei der Behandlung seiner Beamten das spezifisch kapitalistische Prinzip der Trennung von Person und Arbeitskraft, indem es der Tendenz nach die ganze Person des Angestellten in seine Fürsorge – und seine Kontrolle – einbezog; sehr viel weniger als

71. Als Begründung galten u. a.: Krankheit, Erholung, wichtige Besuche. 1874 setzte die Firma fest, daß jedem Beamten ein 14tägiger Urlaub im Jahr zustünde (4.6.1874 [SAA 13 Lk 763]). Die Siemens-Arbeiter erhielten dagegen einen einwöchigen, teilweise bezahlten Jahresurlaub erst ab 1909.
72. Die Fristen waren wie auch die meisten andern Leistungen (einschließlich der Gehälter) individuell geregelt. Meister genossen eine einmonatige, der Werkstattvorsteher (1857) eine dreimonatige Kündigungsfrist (beidseitig) (nach SAA 13 Lk 781).

im Falle der Lohnarbeiter dominierte das kapitalistische Leistungs-
und Tauschprinzip im Verhältnis des frühindustriellen Unternehmens
zu seinen Angestellten: bekamen diese doch mit ihrem Gehalt einen
auf kurzfristige Einzelleistungen und auf Schwankungen der Arbeits-
marktverhältnisse nur sehr indirekt reagierenden, stetigen »angemessenen« Unterhalt, weniger dagegen ein Tauschäquivalent für ihre in
Zeit- oder Stückeinheiten gemessene Arbeit, wie es der Arbeiter mit
seinem Lohn erhielt. Die Stellung der Privatbeamten wies infolge all
dieser Privilegien staatsbeamtenähnliche Züge auf, die sich noch verstärkten, als ab 1872 eine firmeneigene Pensionskasse den aus Alters-
gründen Ausscheidenden eine feste Versorgung zusicherte.[74]

Die dreifache Entstehungsgrundlage
der Angestelltenfunktionen

BEZAHLUNGSART – wenn auch nicht durchweg Bezahlungshöhe –. Anciennitätsprinzip und Gewinnbeteiligung, kürzere Arbeitszeit und
Arbeitsplatzsicherheit, Urlaubsberechtigung und die mit großer
Wahrscheinlichkeit zu erwartenden Sonderleistungen zeichneten die
Arbeitsverhältnisse von 7 bis 10% der Arbeitnehmer in der Telegraphenbauanstalt Siemens & Halske während der ersten zwanzig Jahre
ihres Bestehens klar und deutlich vor den übrigen 90 bis 93% aus.
Zum Verständnis dieses im wesentlichen bisher nur beschriebenen innerbetrieblichen Unterschiedes zwischen Arbeitern und frühen Angestellten ist es notwendig, die festgestellten Gemeinsamkeiten der Angestellten auf die Gründe ihres Entstehens hin zu befragen. Welchem
prinzipiellen Unterschied verdankte diese Arbeitnehmergruppe ihren
Sonderstatus? Diese Frage zielt auf die Grundlage der Einheit der damaligen Angestellten und auf die Grundlage ihres Unterschiedes gegenüber den Arbeitern. Entsprechend dem hier verwendeten Ansatz
muß sie in Kategorien der betrieblichen Situation von Arbeitern und
Angestellten beantwortet werden. Dabei ist davon auszugehen, daß
ein Industrieunternehmen ein funktional gegliedertes Arbeitssystem
zur Produktion von Gütern und zu deren profitablem Verkauf wie
auch – zugleich und in unauflöslicher Durchdringung – ein Herrschaftsverband ist, in dem der Unternehmer kraft Eigenbesitzes an
Produktionsmitteln oder kraft Delegation seitens der Besitzer die An-

74. Vgl. Kocka, Unternehmensverwaltung, S. 127 ff.

ordnungsbefugnisse hat, das Ziel, die Dauer und die Art des Arbeitsprozesses einschließlich der Arbeitsverhältnisse der Arbeitnehmer in einer Weise zu bestimmen und zu formen, die dem ebenfalls vom Unternehmer definierten Unternehmensinteresse entspricht.[75] Der Unterschied Arbeiter – Angestellte muß deshalb letztlich in Kategorien des Unternehmens- beziehungsweise des Unternehmerinteresses angesichts einer noch zu klärenden funktionalen und hierarchischen Sonderstellung der Angestellten unter den Bedingungen der ersten Industrialisierungsperiode begriffen werden.

Ältere Erklärungsversuche, die die Grundlage des Unterschiedes zwischen Angestellten und Arbeitern darin sahen, daß jene »geistige« und diese »manuelle« Tätigkeiten ausüben, können auch in bezug auf die Siemens-Beamten im Untersuchungszeitraum wenig befriedigen.[76] Zwar mag eine solche Unterscheidung für die erste Industrialisierungsperiode eher zutreffen als heute.[77] Doch auch schon vor 1868

75. Es versteht sich, daß diese Entscheidungs- und Anordnungsbefugnis des Unternehmers nicht absolut ist, sondern sich innerhalb der (weiten) durch die allgemeine Gesetzgebung und gewisse gesellschaftliche Normen abgesteckten Grenzen zu bewegen hat. – Unter »Unternehmer« kann auch ein Kollektiv von Unternehmern einschließlich »Unternehmergehilfen« verstanden werden; vgl. dazu Fritz Redlich, Der Unternehmer in Theorie und Wirklichkeit, in: Der Unternehmer. Wirtschafts- und sozialgeschichtliche Studien, Göttingen 1964, S. 95–109, bes. S. 102. – Vgl. zu dem hier vorausgesetzten Unternehmensmodell Marx, Das Kapital, Bd. 1, bes. S. 192–213; M. Weber, Wirtschaft und Gesellschaft, S. 77f.; S. Braun, Zur Soziologie, S. 106ff.; R. Dahrendorf, Industrie- und Betriebssoziologie, 3. Aufl., Berlin 1965, S. 72ff., 92ff. Daß Werner Siemens der Inhaber einer »Kommando« gewalt war, daran zweifelte er selbst nie; vgl. etwa W. Siemens an seine Söhne am 7. 4. 1887, zitiert bei F. Heintzenberg (Hg.), Aus einem reichen Leben, S. 330.

76. Diese Unterscheidung wurde in differenzierter Weise von Lederer, Die Privatangestellten, S. 24, benutzt und findet sich wieder bei F. Dittmar, Das Recht des kaufmännischen Angestellten, Berlin 1929, S. 7, und bei F. W. Fischer, Die Angestellten, ihre Bewegung und ihre Ideologien, Staatswiss. Diss., Heidelberg 1932, S. 7. In modifizierter Form nahmen nach dem Krieg H. Popitz, Zum Begriff der Klassengesellschaft, in: Hamburger Jahrbuch für Wirtschafts- und Gesellschaftspolitik, Bd. 2, 1958, S. 93–102, besonders S. 98ff., sowie C. Binder, Wie weit reicht die Eigenständigkeit der Angestellten?, in: Gewerkschaftliche Monatshefte, Bd. 12, 1961, S. 143f., diesen Ansatz wieder auf.

77. Zur frühen Kritik vgl. M. Weigert, Die Privatangestelltenfrage, in: Handbuch der Politik, Bd. 2, Berlin/Leipzig 1912/13, S. 471. Dagegen nimmt G. Hartfiel, Angestellte, S. 83, an, daß die Kennzeichnung der Angestelltentä-

konnte die Arbeit eines Materialverwalters kaum »geistiger« genannt werden als die eines Apparatebauers. Umgekehrt nahmen die Meister zeitweise an der manuellen Arbeit der Werkstatt teil. Aber selbst wenn diese in ihrem Dualismus fragliche Abgrenzung stimmte, so bliebe zu fragen, warum sie eine für den Unternehmer wenigstens kurzfristig kostspielige Besserstellung der nicht manuell Arbeitenden begründen sollte. Warum sollte die »geistige« Arbeit seiner Meister Werner Siemens so beeindruckt haben, daß er ihnen Gehalt, Arbeitsplatzsicherheit und Urlaub gewährte, Dinge, die er aus wichtigen, nämlich rentabilitätsorientierten Gründen den anderen Arbeitnehmern verweigerte?

Noch unbefriedigender erscheinen Versuche, Angestelltenarbeiten als »gehobene« oder »höhere« Tätigkeiten von den »niedrigeren« der Arbeiter abzugrenzen.[78] Ganz abgesehen von den methodischen Problemen, die sich mit dem Versuch ergeben, eine Rangordnung von Funktionen und Tätigkeiten aufzustellen,[79] muß es in bezug auf das hier diskutierte Material mehr als fraglich erscheinen, daß der leidenschaftliche Techniker Siemens auch die Arbeit des Schreibers oder gar die des Boten höher als die seiner qualifizierten Mechaniker einordnete. Man wird außerdem auch für die damalige Zeit festzustellen haben, daß sich aufgrund der Kriterien »höher« – »niedriger« nur fließende Übergänge sowie Überschneidungen zwischen Arbeiter- und Angestelltentätigkeiten ergeben konnten.[80]

Die schon erwähnte Delegationstheorie Croners schließlich will die Zuordnung und privilegierte Sonderstellung der von ihm systematisch geordneten Angestelltenfunktionen und ihre Sonderstellung den Arbeitern gegenüber damit erklären, »daß die Arbeitsaufgaben des Angestellten ... einmal Aufgaben des Unternehmers gewesen sind«.[81]

---

tigkeiten bis etwa 1911 als »überwiegend geistige, nicht manuelle, höhere Tätigkeiten« berechtigt sei. Zur Fragwürdigkeit der Bezeichnungen »geistig« und »gehoben« in Anwendung auf moderne Angestelltenfunktionen vgl. D. Claessens u. a., Angestellte und Arbeiter, S. 34 ff.

78. Vgl. W. Kulemann, Die Berufsvereine, Jena 1908, Abt. 1., Bd. 1, S. 6. Das Angestelltenversicherungsgesetz vom 20.12.1911 nahm diese Unterscheidung auf. Vgl. die neuere Definition des Angestellten bei L. Heyde, Art. Angestellter, in: Handwörterbuch der Sozialwissenschaften, Stuttgart–Tübingen–Göttingen 1956, Bd. 1, S. 198.

79. Vgl. Croner, Soziologie, S. 52 ff.

80. Vgl. Claessens u. a., Angestellte und Arbeiter, S. 42, 45.

81. Vgl. oben Anm. 5. – Zur allgemeinen Kritik an der umstrittenen Delegationstheorie vgl. z. B. Hartfiel, Angestellte, S. 87 ff., 104 ff. Christmann lehnt

Die Verhältnisse bei S & H im Untersuchungszeitraum bestätigen diese Theorie nicht. Wenn man davon ausgeht, daß die doppelte Buchführung notwendiges und wesentliches Merkmal des kapitalistischen Unternehmens ist,[82] so machte gerade dieses Merkmal, das die Telegraphenbauanstalt vom typischen Handwerksbetrieb am klarsten unterschied, die ihrer Gründung fast unmittelbar folgende Einstellung eines ersten Beamten nötig, der Funktionen wahrnahm, die nie zu denen des Unternehmers gehört hatten: Als Unternehmen mit Kapitalrechnung benötigten S & H einen Buchhalter, da sowohl Siemens wie Halske wenig von kaufmännischen Fragen verstanden.[83]

Die Notwendigkeit, Produktions- und Verwertungsvorgänge schriftlich und rechnerisch zu erfassen, kennzeichnete jedes Unternehmen, das nicht mehr in rein handwerklichen Traditionen stand. Im Gegensatz zu den Handwerksmeistern galt jeder Fabrikunternehmer zugleich als Kaufmann und war deshalb auf fach- und sachkundige Buchführung zu eventuellen Beweiszwecken angewiesen.[84] Die beherrschende Funktion des zu Rentabilitätszwecken angelegten Kapitals in dem nach-handwerklichen Unternehmen und das dem kapitalistischen Wirtschaften eigene Prinzip der Rechenhaftigkeit überhaupt machten Schriftlichkeit und Buchführung zu den Unabdingbarkeiten auch der frühen kapitalistischen Unternehmen. Dies wurde im Falle der Handelsgesellschaften, der Personal- wie der Aktiengesellschaften besonders deutlich, da sich in ihnen die Kapitalinteressen, die sich teilweise von der direkten Geschäftsleitung loslösten, reiner darstellten als im Einzelbetrieb und nach zusätzlichem Schutz verlangten.

die Delegationstheorie für die Gegenwart zwar ab, hält sie jedoch für die Zeit bis 1914 für zutreffend. Vgl. A. Christmann, Angestelltenfrage und Gewerkschaft, in: Gewerkschaftliche Monatshefte Bd. 12, 1961, S. 148−155; vgl. ähnlich Claessens u. a., Angestellte und Arbeiter, S. 151; zuletzt: Schulz, Die industriellen Angestellten, S. 233f.

82. Vgl. W. Sombart, Die Entstehung der kapitalistischen Unternehmung, in: Archiv für Sozialwissenschaft und Sozialpolitik, Bd. 41, 1916, S. 299ff., bes. S. 310ff.

83. 1864 schrieb Siemens darüber, wie notwendig Buchhalter Haase für die Firma sei: »Leider sind wir alle keine Kaufleute. Eine zuverlässige kaufmännische Vertrauensperson muß uns zur Disposition stehen« (an Carl Siemens am 19.4.1864; SAA Briefsammlung).

84. Vgl. ALR II, 8, §§ 483, 562, 566: »Sollen Handlungsbücher Beweiskraft haben, so müssen sie nach kaufmännischer Art geführt sein.« §§ 567−613 spezifizieren, was unter »kaufmännischer Art« in dieser Hinsicht zu verstehen sei.

Jährliche Inventuren sowie Gewinn- und Verlustrechnungen schrieb den »Handlungsgesellschaften« schon das ALR vor.[85] Die Offene Handelsgesellschaft Siemens & Halske ging über diese Minimalbestimmungen hinaus. Wahrscheinlich zum Schutze des kapitalgebenden, aber nicht an der Geschäftsführung beteiligten stillen Teilhabers, des Justizrats Georg Siemens,[86] forderte ihr Gesellschaftsvertrag halbjährliche Inventuren und Revisionen sowie eine halbjährlich abzuschließende genaue Buchführung, die von den drei Teilhabern zu unterschreiben war. Sehr bald nach der Gründung stellte die Firma deshalb einen Buchhalter an.[87]

Ähnlich dürfte es sich in anderen Fabriken verhalten haben, deren Unternehmer nicht selbst in der Lage waren, die Kapitalrechnung zu übernehmen.[88] Sofern der Unternehmer jedoch als Kaufmann imstande war, die Bücher selbst zu führen, dürfte er umgekehrt in den allermeisten Fällen nicht in der Lage gewesen sein, einen Betrieb, der mehr als die allereinfachsten technischen Anforderungen stellte, allein zu leiten. Er mußte sich deshalb, wenn nicht ein beide Qualifikationen in der Geschäftsleitung zusammenfassendes Compagnon-Verhältnis das Problem von vornherein gelöst hatte, um einen Fachmann des jeweiligen Produktionsgebiets bemühen, das heißt um einen Techniker oder Meister, also um einen ersten technischen Beamten.[89] Sieht man von den kleinsten und technisch unkompliziertesten Unternehmen ebenso wie von den zahlreichen Compagnon-Verhältnissen einmal ab, so ergibt sich gerade aus dem Doppelcharakter des kapitalistischen Unternehmens, sowohl Güter mit immer komplizierteren technischen

85. Vgl. ALR II, 8, §§ 642 ff.
86. Vgl. G. Siemens, Geschichte, Bd. 1, S. 22 f.
87. Vgl. § 8 des Gesellschaftsvertrages vom 1.10.1847 (SAA 21 Li 53). – Das Eintrittsdatum des Buchhalters Fiedler ist schwer zu bestimmen. Wegen Krankheit und Unfähigkeit wurde er bereits 1854 in Berlin durch Haase ersetzt und selbst in Petersburg weiterbeschäftigt. Bereits 1855 wurde er als »alter Beamter« erwähnt. Die erste überlieferte Bilanz für den Zeitraum seit 1847 datiert vom 1.1.1850. Sie wurde von ihm fertiggestellt.
88. Dies dürfte – im Gegensatz zur Textilindustrie – für die Mehrzahl der Fälle in der Maschinenbauindustrie zugetroffen haben, da sich in dieser Sparte die Unternehmer vor allem aus Handwerkerkreisen rekrutierten; vgl. Kocka, Unternehmer in der deutschen Industrialisierung, Göttingen 1975, S. 47 ff.
89. Man denke etwa an Friedrich Harkort, der die Handelsschule absolviert und in einer Teppichfabrik gelernt hatte. Er brachte sich zur Gründung der mechanischen Werkstätte zwei englische Techniker von einer Reise mit (vgl. C. Matschoß, Ein Jahrhundert, S. 10 ff.).

Mitteln herzustellen wie diese als Ware auf dem Markt zu verwerten, die Notwendigkeit der Anstellung von Funktionsträgern im Betrieb, die zu den Privatbeamten gezählt wurden. Wenn auch nicht auf gesamtgesellschaftlicher, so doch auf innerbetrieblicher Ebene waren die Angestellten in ähnlicher Weise ein unmittelbares Ergebnis der industriellen Revolution wie die Fabrikunternehmer und die Fabrikarbeiter.[90]

Noch aus einem zweiten Grund scheint die Delegationstheorie keine ausreichende Erklärung des Problems zu bieten. Zwar können die Funktionen einiger Beamter der Telegraphenbauanstalt – wie die des Prokuristen oder die des Werkstattvorstehers, der Halske ersetzte – wenigstens teilweise als delegierte Unternehmerfunktionen verstanden werden, doch wäre es wenig sinnvoll, Funktionen wie die des Werkstattschreibers, Zeichners, Materialverwalters oder gar des Boten ganz oder auch nur hauptsächlich als Teile einer ursprünglich »umfassenden Unternehmerfunktion«[91] aufzufassen. Dies hätte einen ähnlich geringen Erklärungswert wie der formal nicht unmögliche Versuch, die Lohnarbeiterfunktionen als von einem ursprünglich umfassend tätigen und so auch die Handarbeit vollziehenden oder mitvollziehenden Unternehmer (Handwerker) delegiert anzusehen. Wenn auch in allen Angestelltenfunktionen – falls man so will und hinter eine genügende Anzahl von Vermittlungsstufen zurückfragt – etwas von einer ehemaligen Unternehmerfunktion zu finden sein mag, so ist doch zugleich auf zwei andere Entstehungsgrundlagen der Angestelltenfunktionen hinzuweisen.

Einerseits muß die Veränderung des Produktions- und Verwertungsprozesses bedacht werden: Die Verwissenschaftlichung der Technik, die Entwicklung und partielle Aufhebung der Konkurrenz,

90. Diese These von der Gleichzeitigkeit der Entstehung von industriellem Privatbeamtentum und kapitalistischer Industrie (vgl. auch die Studie des Generaldirektors der Voigt & Haeffner AG., A. Haeffner, Das industrielle Beamtentum, seine historische Entwicklung und seine sozialen Forderungen, Frankfurt/Main 1908, S. 7 f.) widerspricht der Delegationstheorie, die dazu benutzt werden kann, die Sonderstellung und hohe Bedeutung der Angestellten als »Unternehmensgehilfen« oder »Mannschaft von Steuermännern am Rad der Wirtschaft« ideologisch zu rechtfertigen (so etwa von dem ehemaligen führenden Afa-Funktionär Aufhäuser, der sich auf Croners Delegationstheorie stützt; vgl. S. Aufhäuser, An der Schwelle des Zeitalters der Angestellten. Eine wachsende und dynamische Leistungsschicht in Wirtschaft und Verwaltung, Berlin-Wilmersdorf 1963, S. 48, 55, 113).

91. Croner, Die Angestellten, S. 40 ff.

die staatlichen Interventionen verlangten betriebliche Verhaltensweisen, die im Kleinbetrieb am Anfang der Industrialisierung nicht oder doch nur in sehr formaler Weise vorhanden waren.[92] Andererseits ist auf die »Abspaltung« von Teilen ehemals vielseitiger, zusammengesetzter Arbeiterfunktionen hinzuweisen. So übernahmen die ersten Meister nicht nur die vorher vom Mitunternehmer Halske ausgeübten Anordnungs- und Leitungsbefugnisse, sondern auch bestimmte, bisher den Arbeitern überlassene Entscheidungen und Tätigkeiten, etwa die der Werkzeugwahl oder die des Anlernens von Neulingen. Der Werkstattschreiber schrieb Lohnlisten und Aufstellungen, die keiner der Unternehmer je angefertigt hatte; er nahm zugleich den Meistern und den Arbeitern einen Teil der bisher von ihnen selbst erledigten Schreibarbeiten ab. Noch 1875 befahl die Werkstattordnung jedem Arbeiter, in sein Arbeitsbuch »vor Beginn einer jeden Arbeit den Gegenstand und den feststehenden oder vereinbarten Accordsatz einzutragen« und vom Meister gegenzeichnen zu lassen.[93] Innerhalb des nächsten Jahrzehnts spaltete sich diese »verwaltende« Tätigkeit von der Gesamttätigkeit der Arbeiter ab, die sich dadurch konsequenter auf ihre Produktionsarbeit konzentrieren konnten; man faßte nunmehr die einzelnen Schreibarbeiten zusammen und beauftragte damit einen der Meisterei zugeteilten »Kalkulanten« oder Schreiber, dessen Funktion ihrerseits zu Beginn des Jahrhunderts insofern überholt war, als die entstehenden Arbeitsvorbereitungsbüros die meisten der in der Werkstatt anfallenden Schreibarbeiten an sich zogen. Einem ähnli-

92. So führte der Schreiber die Akkordrechnung, die um 1850 noch nicht bestanden hatte. Der erste Konstrukteur und Universitäts-Absolvent rechnete, plante und experimentierte mit seinem entstehenden Stab derart, daß es zweifelhaft ist, ob man diese Arbeit als neu oder delegiert beziehungsweise abgespalten interpretieren soll. Die späteren Angestelltenarbeiten, die die wirtschaftspolitische, sozialpolitische und die Steuerabteilung der Firma um den Ersten Weltkrieg beschäftigten, gab es um 1850/60 nicht.
93. Siehe § 3 der Werkstattordnung vom 15.2.1875 (SAA 32 Lo 612). Die Beteiligung der Arbeiter an der entstehenden Betriebsbuchführung war keine Seltenheit. Vgl. K. Möller, Über die Arbeiterverhältnisse der Maschinenfabrik, Kesselschmiede und Gießerei von K. & Th. Möller zu Brackwede bei Bielefeld, in: Der Arbeiterfreund. Zeitschrift des Centralvereins in Preußen für das Wohl der arbeitenden Klassen, Bd. 10, 1872, S. 145–160: In diesem Unternehmen notierten die Arbeiter auf Schiefertafeln, wieviel Lohn- und Akkordstunden sie an den ihnen zugeteilten Aufträgen arbeiteten. »Diese Angaben des Arbeiters bilden eigentlich die Grundlage der Lohnberechnung, sie werden mit den Notizen der Meister und der Markenkontrolle verglichen ...« (S. 155).

chen Abspaltungsprozeß verdankte der Materialverwalter seinen Tätigkeitsbereich. Auch das 1868 errichtete Konstruktionsbüro übernahm nicht nur Funktionen »von oben«, sondern auch »von unten«: Während in den ersten Jahren der Telegraphenbauanstalt der einzelne »Gehilfe«, dann vor allem der einzelne Meister mit eigenem Einfallsreichtum, vielfachem Probieren und eigener Gestaltungstätigkeit die als rohe Skizze vielleicht nur auf der Rückseite eines Stückes Glaspapier entworfene Idee des Chefs in einen Apparat umzusetzen hatte, übernahmen die Konstrukteure diese um die eigentliche manuelle Produktion gruppierten Vorbereitungs- und Nebenfunktionen.

Der delegierenden Auflösung der »allumfassenden Unternehmerfunktion« entsprach also eine vereinfachende Entmischung der ursprünglich vielseitigen, zusammengesetzten Arbeitertätigkeit – ein Prozeß, der im Zuge der Betriebsvergrößerung, der produktivitätsorientierten Rationalisierung und der zunehmenden Arbeitsteilung die dispositiven, arbeitsvorbereitenden, kontrollierenden, beschaffenden, transportierenden und aufbewahrenden Teiltätigkeiten dem einzelnen Arbeiter und später auch dem einzelnen Angestellten abnahm und sie, jeweils für eine Meisterei, eine Abteilung oder den ganzen Betrieb zusammengefaßt, den darauf spezialisierten Funktionsträgern oder Stellen zuwies. Der Delegierung der Unternehmerfunktionen und -tätigkeiten »von oben« entsprach die Abspaltung solcher »verwaltender« Teilfunktionen auf allen Ebenen des Betriebes.[94]

In den Funktionsbereichen einzelner Angestellter oder Angestelltengruppen verbanden sich somit Funktionen, deren Genesis innerhalb eines entwicklungsgeschichtlichen Betriebsmodells in verschiedener Weise abgeleitet werden muß.

Doch lassen sich die Entstehung und der Charakter von Angestelltentätigkeiten nicht ausschließlich in Kategorien der Delegierung und der Abspaltung von Funktionen diskutieren. Da das Industrieunternehmen nicht nur ein funktional gegliedertes Arbeitssystem zur Produktion und zum Verkauf von Gütern, sondern auch ein Herrschaftsverband ist, bedeutet die Delegierung von Unternehmerfunktionen zugleich auch immer Delegierung von Autorität und Anordnungsbe-

94. Der hier verwandte Begriff der »Abspaltung« unterscheidet sich von dem bei G. Hartfiel (Angestellte, S. 87 ff.) benutzten insofern, als »Abspaltung« und »Aufspaltung« sich bei Hartfiel auf verschiedene Aspekte der Delegation von Unternehmerfunktionen und -tätigkeiten beziehen, während es sich hier sozusagen um »Delegation von unten« handelt.

fugnis.[95] Soweit die beschriebenen Funktionen der Beamten sich aus dem Delegationszusammenhang ergaben, partizipierten diese Angestellten am betrieblichen Autoritätssystem. Das traf vor allem für den Manager an der Spitze, aber auch für den Werkstattvorsteher, den ersten Buchhalter gegenüber seinem Untergebenen und für die Meister zu.[96] Die anderen Beamten verfügten nicht über direkte Anordnungsbefugnisse und hatten nur auf sehr vermittelte Weise und in geringerem Maße an der Unternehmermacht teil: der Schreiber etwa, indem er Vorgänge aufschrieb, die dem Unternehmer und seinen unmittelbaren Gehilfen die Kontrolle erleichterten; der Materialverwalter, indem er die Produktionsmittel zwar nicht besaß, aber verwaltete, über die zu verfügen den Arbeitern versagt war; der Zeichner, indem er Skizzen anfertigte, die den Arbeitsgang anderer bestimmten, wenn er auch ein bloß Ausführender blieb und seine Teilhabe am Autoritätsystem außerordentlich gering war.

Viel adäquater denn als Herrschaftsträger lassen sich diese Beamten, die nicht mit Anordnungsbefugnis ausgestattet waren, als herrschaftsunterworfene Mitglieder des betrieblichen Arbeitssystems beschreiben, deren Funktion entweder durch Abspaltung von Arbeiterfunktionen entstanden oder aber ihnen durch Veränderung des Ar-

95. Diese Konsequenz wurde von F. Croner (Soziologie, S. 17f., 75) nicht gezogen, weil er das Moment betrieblicher und allgemein gesellschaftlicher Herrschaft vernachlässigt beziehungsweise bewußt negiert, wohl aber von R. Dahrendorf (Soziale Klassen und Klassenkonflikt in der industriellen Gesellschaft, Stuttgart 1957, S. 223), da er das industrielle Unternehmen vor allem als Herrschaftsverband analysiert; für ihn sind alle »Angestelltenpositionen des Industriebetriebes der Quasi-Gruppe der Träger der Herrschaft« zuzurechnen. – In der amerikanischen Neuauflage seines Buches (Class and Class Conflict in Industrial Society, Stanford/Calif. 1959) revidierte Dahrendorf diese wenig überzeugende These. Er räumte ein, daß etwa ein Drittel der Angestellten (vor allem aus dem tertiären Sektor, aber auch Werkmeister und Vorarbeiter) als »white-collar workers« die Klassenlage der herrschaftsunterworfenen Lohnarbeiter teilen, während die Mehrheit der Angestellten weiterhin als Unternehmensbürokraten und Träger delegierter Herrschaft verstanden werden (S. 55, 256). Vgl. ähnlich ders., Gesellschaft und Demokratie in Deutschland, München 1965, S. 106ff. Damit gibt Dahrendorf allerdings den Versuch auf, die trotz allem bestehenden Gemeinsamkeiten aller Angestellten (im Unterschied zu den Arbeitern) zu erklären.

96. Es traf dies sogar für einige Arbeiter zu, nämlich für die hier nicht behandelten, im Wochenlohn bezahlten »Vizemeister« oder Vorarbeiter. Auch aus diesem Grunde erscheint es unmöglich, die Beamtenschaft in erster Linie mit Hilfe ihrer Teilhabe an der betrieblichen Herrschaft zu definieren.

beits- und Verwertungsprozesses zugewachsen waren, ohne daß sie jemals zu einer sinnvoll definierten Unternehmer-Gesamtfunktion gehört hätten. Genauso wie das Unternehmen funktional gegliedertes Arbeitssystem und zugleich Herrschaftsverband in unlösbarer Verbindung war, ließen sich in der betrieblichen Wirklichkeit auch damals unter den Beamten keineswegs die »Herrschaftsträger« reinlich von den herrschaftsunterworfenen Mitgliedern des Arbeitssystems scheiden. Vielmehr galt folgendes: So, wie die anordnungsbefugten Beamten nicht nur herrschten, sondern auch fremdbestimmte Sachleistungen erbrachten,[97] so gingen in den Tätigkeitsbereichen der anderen Beamten Sachleistung und Autoritätsausübung oft untrennbar ineinander über. Zum Beispiel hatte die oben in rein funktionalen Kategorien erwähnte Ausgliederung und Zentralisation bestimmter Tätigkeiten im Konstruktionsbüro, dem durch die Verwissenschaftlichung der Technik und des Arbeitsprozesses zusätzlich neue Aufgaben zuwuchsen, zugleich etwas von einem Unterordnungsvorgang an sich, der die alte Autonomie der Werkstatt beschnitt.[98] Die unauflösbare »Zwieschlächtigkeit« des Produktionsprozesses, der sich einerseits als Arbeitssystem, andererseits als Herrschaftsverband darstellte, spiegelte sich in dem doppeldeutigen Status der ersten Industriebeamten wider, in deren Funktions- und Tätigkeitsbereichen sich das Erbringen von Sachleistungen und das Ausüben von Herrschaft in einer untrennbaren, mit dem Rang innerhalb der Hierarchie sich verändernden Weise mischten.[99]

97. Meyer schrieb einen Teil der Technischen Korrespondenz und verhandelte; Weiß zeichnete und verbesserte die Arbeitsmethoden. Die Meister arbeiteten teilweise sogar manuell mit.

98. Rückschauend beklagte sich ein Meister: »In früherer Zeit unter Halske (vor 1868) hatte die Werkstatt selbst gelegentlich brauchbare Konstruktionen hervorgebracht; seit dem Bestehen des Konstruktionsbüros . . . wurde alle praktische Erfahrung niedergehalten, ja überhaupt jede eigene Meinung in Konstruktionsangelegenheiten unterdrückt« (Erinnerungen Jacobi [SAA 12 Lh 582]).

99. Vgl. Braun, Zur Soziologie, S. 115, der sich auf Marx, Das Kapital, Bd. 1, S. 351, bezieht. Brauns Hauptaugenmerk liegt auf einem späteren Entwicklungsstadium der Angestelltenschaft.

Der innerbetriebliche Sinn des Unterschieds zwischen Arbeitern und Angestellten

NACH DEM VERSUCH, die damalige Angestelltenschaft als Gruppe von Arbeitnehmern zu bestimmen, deren Funktionen auf eine dreifache Art entstanden und in besonderer Weise in das Autoritätssystem des Unternehmens eingefügt waren, bleibt doch immer noch die Frage zu beantworten, warum eine solche, auch nach Genesis und Autoritätsteilhabe sehr heterogene Gruppe jenen Sonderstatus genoß, der sich in Bezahlungsart, Anciennitätsbezahlung, Gewinnbeteiligung, Arbeitszeitprivilegien, Urlaubsberechtigung, Arbeitsplatzsicherheit und sonstigen Sonderleistungen des Unternehmers manifestierte. Man wird davon ausgehen müssen, daß die Beamten der Telegraphenbauanstalt von Werner Siemens in einer Weise angestellt wurden, die es ihnen erlaubte oder die sie dazu zwang, den Zweck ihrer Anstellung, nämlich den Dienst an den – vor allem vom Unternehmer selbst definierten – Unternehmenszielen optimal zu erfüllen, will man nicht andererseits unterstellen, daß der sonst sehr zweckrational im Sinne des Geschäftserfolges kalkulierende und entscheidende Siemens sich gerade bei der Behandlung von 10% seiner Belegschaft von betriebsfremden und im Sinne des Geschäftserfolges irrationalen Überlegungen habe leiten lassen.[100] Es gibt keinen Grund, warum Werner Siemens seinen Beamten diesen Sonderstatus hätte gewähren sollen, wenn er nicht der Meinung gewesen wäre, daß dieser im Interesse des Unternehmens liege. Gefragt wird also nach dem Grund des Interesses, das der damalige Unternehmer am Sonderstatus dieser Arbeitnehmergruppe haben konnte.[100a]

100. Wie sehr Siemens nötigenfalls bereit war, das »Geschäftsinteresse« gegen die persönlichen Interessen eines Beamten durchzusetzen, läßt seine Auseinandersetzung mit Hefner-Alteneck, dem ersten Akademiker und Konstrukteur der Firma, 1873 erkennen. Vgl. die Briefe von Siemens an Hefner-Alteneck am 10. 10. 1873 und 20. 10. 1873, in: F. Heintzenberg, Friedrich von Hefner-Alteneck, München/Düsseldorf 1951, S. 19 ff., 24 ff.

100 a. Schulz (Die industriellen Angestellten, S. 237) kritisiert diese Argumentation, indem er die Bereitschaft der Unternehmer, den Angestellten ein günstigeres Arbeitsverhältnis als den Arbeitern zuzugestehen, stärker als »Adaption vorhandener Traditionsmuster« und Anpassung an verbreitete Sozialbeziehungen, weniger als »Resultat eines rationalen Kalküls« deutet Einzuräumen ist die große Wirkung insbesondere bürokratischer Traditionen, die auch die Unternehmer beeinflußt haben dürften; darauf bleibt zurückzukommen. Vgl. etwa unten S. 70ff. Aber es ist unwahrscheinlich, daß Traditionen und

Der Gebrauch des Begriffes »Beamter« wurde den Beteiligten in ihrem innerbetrieblichen Verkehr miteinander wie in ihren Briefen an Außenstehende nicht problematisch. Ihre unreflektierte Sprechweise erscheint verständlich, wenn man bedenkt, daß für die am Arbeitsprozeß Beteiligten kaum ein praktisches Bedürfnis bestand, die systematische Klärung dieses Begriffes vorzunehmen. Aus den Akten des ersten Firmenjahrzehnts läßt sich nur eine einzige, allerdings immer wiederkehrende Situation erkennen, in der sich das Unternehmen vor die praktische Notwendigkeit einer klaren Unterscheidung zwischen Arbeitern und Beamten als Konsequenz des Betriebsgeschehens gestellt sah: die Arbeitskostenrechnung. Spätestens, als der Buchhalter Haase 1854 die Buchführung von seinem unfähigen Vorgänger übernahm und ein differenziertes Kontensystem einrichtete, nahm er in systematischer und reflektierter Weise eine Aufteilung der Belegschaft in drei Gruppen vor, die dem hier diskutierten Unterschied Beamte – Arbeiter entsprach und zugleich dessen innerbetrieblichen Sinn aufdeckte: Die Personalkosten erschienen auf den drei Konten »Arbeitslöhne«, »Arbeitsleute« sowie »Salär- und Gratifikationskonto«.[101] Klar unterschied damit die Buchhaltung zwischen den noch weitgehend im Zeitlohn (Stunden-, Tage- und vereinzelt noch Wochenlohn) bezahlten gelernten Arbeitern (»Gehilfen«), die durchweg unmittelbar in der Fertigung arbeiteten, den wenigen einheitlich und niedrig bezahlten Hilfsarbeitern (»Arbeitsleuten«)[102] und denjenigen, die ein monatlich (oder seltener: vierteljährlich) zahlbares Jahresgehalt erhielten. Während das Konto »Arbeitslöhne« die Arbeiterberufe, wie Schlosser, Dreher, Mechaniker, Uhrmacher etc., nicht im einzelnen aufführte, sondern nur zusammenfassend die Lohnsumme aller nannte, spezifizierte das »Salär- und Gratifikationskonto« die einzelnen

Konventionen so prägend für die Arbeitnehmerpolitik der Unternehmen geworden wären, wenn sie nicht den Unternehmensinteressen entsprochen hätten. Vor anderen Traditionen, wie dem handwerklichen Arbeitsrhythmus der gelernten Werkstattarbeiter machte das Effizienz- und Rentabilitätsstreben der Unternehmensleitungen schließlich *nicht* halt. Der Verweis auf Traditionen per se erklärt wenig. Gezeigt werden müssen die Bedingungen, die ihre Tradierung erlaubten oder nahelegten.

101. Nach dem Geschäftsbuch des Berliner Werkes 1854−1867 (SAA 24 Ld 580).

102. Die Hilfsarbeiter erhielten durchschnittlich zwei Drittel des Durchschnittsverdienstes der gelernten Arbeiter.

Funktionen der Gehaltsempfänger und zählte sie einzeln auf.[103] Mindestens im Hinblick auf ihre Bezahlung erschien dem Schreiber die Gruppe der Arbeiter (und Hilfsarbeiter) offensichtlich viel homogener als die der Beamten. Wenn somit die Bezahlungsweise (Gehalt beziehungsweise Lohn) als Kriterium der Unterscheidung zwischen Arbeitern und Beamten in den Vordergrund rückt,[104] wird man bei diesem Ergebnis nicht stehenbleiben können, sondern fragen müssen, was es bedeutete und woraus es seinerseits resultiert.

Während die handwerklichen Traditionen sich in der neugegründeten Telegraphenbauanstalt noch darin zeigten, daß neben dem schnell weichenden Wochenlohn der Tageslohn als Bezahlungsmodus der »Gehilfen« und »Arbeitsleute« vorherrschte, setzte sich doch bald der Stundenlohn durch. Nur einige ältere Arbeiter wie auch die Vorarbeiter erhielten weiterhin Wochenlohn. Fragt man, was die Firma zu dieser Änderung ihrer Bezahlungsweise veranlaßt haben mag,[105] so ist zugleich zu bedenken, daß es sich um Erwägungen gehandelt haben muß, die nicht in gleicher Weise für die Gehaltsempfänger galten, denn deren Bezahlungsspannen änderten sich nicht oder wurden sogar verlängert – nominell bis zu einem Jahr, tatsächlich aber wurde das Gehalt jeden Monat ausgezahlt.

Die tendenzielle Verdrängung des Wochenlohnes durch den Tageslohn und schließlich durch den Stundenlohn erlaubte dem Unterneh-

103. Zeitweise nennt das Konto sogar die Namen dieser einzelnen Funktionsträger, die in anderen Zusammenhängen als Beamte erscheinen.

104. Auch in einer zeitgenössischen Statistik grenzte man die Beamten von den Arbeitern mit Hilfe von Buchhaltungsgesichtspunkten ab. G. v. Viebahn (Hg.), Statistik des zollvereinten und nördlichen Deutschlands. Unter Benutzung amtlicher Aufnahmen, T. 3, Berlin 1868, S. 1029, zählt zum »Directions- und Aufsichtspersonal . . . diejenigen, welche der Fabrikant im Generalkonto führt, einschließlich seiner selbst«. Siemens & Halske trennten jedoch schon Generalunkosten (auf diesem Konto wurde aber der Portier geführt) und Gehälterkonto.

105. Immerhin bedeutete es bei der zunehmenden Anzahl der Arbeiter eine größere Belastung durch Rechen- und Auszahlungsarbeiten, wenn die Arbeiter in kurzen statt in den vorindustriellen langen Spannen bezahlt wurden. Auch hätte die Firma zinsenmäßig von längeren Lohnberechnungsspannen profitiert, da es üblich war, die Verdienste im nachhinein (»post numerando«) zu zahlen. Wenn diese Nachteile auch nicht besonders stark ins Gewicht gefallen sein dürften, so deuten sie doch darauf hin, daß der Veränderung der Entlohnungsart bewußte Überlegungen über anderweitige Vorteile zugrunde gelegen haben müssen.

men größere Flexibilität bei der Reaktion auf wechselnde Auftragslagen: Die kurzen Lohnberechnungsperioden ermöglichten es, bei Arbeitsmangel die Arbeiter kurzfristig zu entlassen oder auf Kurzarbeit zu setzen, um so das Lohnkonto zu entlasten und ein Maximum an Wirtschaftlichkeit zu erzielen. Wochenlohn bot dagegen den Arbeitern größere Sicherheit und belastete das Unternehmen mit dem ganzen Risiko der gerade in den ersten Jahrzehnten häufig auftretenden Auftragsflauten.[106] Je stärker das Rentabilitätsgebot die Behandlung der Arbeiter bestimmte, desto deutlicher erwies sich der Wochenlohn für den Unternehmer als eine ungenügende Regelung.[107] In dem Maße, in dem die Arbeiter durch Vergrößerung des Angebots auf dem Arbeitsmarkt und durch entwickeltere Arbeitsteilung ihrer Beschäftigung besser zu ersetzen waren und zugleich die Kalkulation des von wechselnden Marktlagen abhängigen Unternehmers schärfer wurde, mußte dessen Interesse in den Vordergrund treten, sich nicht durch

106. Die Gewerbeordnung vom 17.1.1845 bestimmte zwar in Preußen (§ 139) eine 14tägige beidseitige Kündigungsfrist, aber nur, »wenn nicht ein Anderes verabredet ist«. Die erste aufgefundene Werkstattordnung (1875) sah dagegen für S & H vor (§ 10): »Die Auflösung des Arbeitsverhältnisses kann von beiden Seiten ohne vorhergehende Kündigung zu jeder Zeit stattfinden.« – Wie einige Lohnlisten anzeigen, behalf sich die Firma oft ohne Kündigung, indem sie die Arbeiter bei Auftragsrückgang auf Kurzarbeit setzte. Auch dies wäre bei Wochenlohnbezahlung nicht von Vorteil für die Firma gewesen.

107. Vgl. als Kontrast die entgegengesetzte Unternehmerpolitik unter den vorindustriellen Bedingungen des 18. und zu Anfang des 19. Jahrhunderts, die bei noch fehlender Freizügigkeit durch Arbeitermangel gekennzeichnet waren: H. Rachel, Das Berliner Wirtschaftsleben im Zeitalter des Frühkapitalismus, Berlin 1931, S. 27f. W. Fischer, Die Anfänge der Fabrik von St. Blasien (1809–1848). Ein Beitrag zur Frühgeschichte der Industrialisierung, in: Tradition, Bd. 7, 1962, S. 59–78, besonders 71ff. (wd. in: ders., Wirtschaft und Gesellschaft im Zeitalter der Industrialisierung, Göttingen 1972, S. 408–427).O. Reuter, Die Manufaktur im fränkischen Raum, Stuttgart 1961, S. 84f. Den Umbruch zur privatwirtschaftlichen Rechenhaftigkeit, die die Ware »Arbeit« solange benutzt, wie dies der Auftragsbestand erfordert, und keine Stunde länger, zeigt anschaulich das Material bei Hermann Mitgau, Die Gewehrfabrik zu Herzberg (Harz) (1739–1876) und die Hof-Rüstmeisterfolge der Tanner, in: Tradition, Bd. 6, 1961, S. 271–284, besonders S. 278f. Wenn sich diese natürlich nicht allgemein datierbare und in ihrer Intensität wechselnde Veränderung auch bei S & H zeigte, so mußte sie reiner noch in zeitgenössischen Unternehmen auftreten, in denen die Arbeiter weniger qualifiziert und deshalb ersetzbarer waren als bei S & H, diesem aus der Feinmechanik und dem Apparatebau entstandenen jungen Industriezweig.

lange Entlohnungsspannen oder gar Kündigungsfristen seine Handlungsfreiheit in bezug auf Einstellung und Entlassung der Arbeiter einschränken zu lassen. Die Umwandlung des Wochenlohns in den Tages-, den Stunden- oder gar den Akkordlohn aufgrund konsequenter Rentabilitätserwägungen unter den Bedingungen der Freizügigkeit, eines sich ausbildenden und angebotsstärkeren Arbeitsmarktes und der zunehmend verwirklichten kapitalistischen Konkurrenzwirtschaft stellt sich somit als wichtiger Aspekt des Überganges vom Handwerks- zum Industriebetrieb und vom Handwerksgesellen zum Fabrikarbeiter dar.

Dieselben Rentabilitätserwägungen wirkten sich nun für die Beamten in einer grundlegend anderen Weise aus. »Im Beamtenpersonal liegt unsere Achillesferse«, stellte Werner Siemens 1857 fest.[108] Dem lag zugrunde, daß die Firma von ihren Beamten, die zum Teil betriebliche Herrschaftsfunktionen ausübten, die in ihrer großen Mehrzahl Zugang zu – den Arbeitern verschlossenen – betrieblichen Informationen hatten und die oft Erfahrungen und Sachwissen voraussetzende, nicht leicht kontrollierbare Tätigkeiten ausübten, ein gesteigertes Maß an Loyalität und Qualifikation fordern mußte, das unter den Bedingungen der ersten Industrialisierungsphase besonders schwer zu finden war.

Im Vergleich zu späteren Zeiten waren die Möglichkeiten der Angestelltenkontrolle unentwickelt. Mit Hilfe bürokratischer Reglements konnte man ihnen doch erst dann ihre Tätigkeiten vorschreiben, wenn diese ein bestimmtes Maß an Arbeitsteilung und eine gewisse Kontinuität und Einförmigkeit erreicht hatten und damit generalisierbar geworden waren, das heißt, wenn ihre Aufgabe weitgehend in voraussehbare und in Regeln zu fassende *Fälle* aufgelöst werden konnte. Dies war zunächst angesichts der rasch wechselnden Geschäfte, ihrer persönlich bestimmten Natur und des Schusses »Projektmacherei«, der ihnen noch anhaftete, in bezug auf die nicht in der Werkstatt beschäftigten Beamten kaum möglich. Auch die Tätigkeit von Werkstattbeamten ließ sich nur schwer generalisieren und nach Regeln systematisieren, solange die Produktion den stark individuellen Charakter trug, der nur langsam mit zunehmender Standardisierung auf dem Wege zur Serienherstellung abnahm.

Da sowohl Kontor- wie Werkstattbeamte der internationalen Verzweigung und der Installationsaufgaben der Firma wegen häufig rei-

108. Werner Siemens an Carl Siemens am 21.12.1857, zitiert bei Matschoß, Werner Siemens, S. 125.

sten, erschwerte das unentwickelte Kommunikationssystem ihre Kontrolle seitens der Unternehmensleitung und überließ ihnen notgedrungen ein hohes Maß an Entscheidungsspielraum in nicht genau voraussehbaren und deshalb nicht durch Instruktionen im voraus zu regelnden Situationen.[109] Loyalität mußte stärker als später die Kontrolle ersetzen. In der deutschen Industrialisierungsperiode bis 1873 stand man deshalb vor ähnlichen Problemen wie in England ein paar Jahrzehnte zuvor.[110] Gesucht wurden verläßliche Privatbeamte, die zugleich qualifiziert waren. Unehrlichkeiten einzelner Beamter bestärkten Werner Siemens darin, die Loyalität vor der fachlichen Qualifikation zu betonen.[111] Aus den Bedingungen der damaligen Produktions- und Marktverhältnisse folgte, daß mehr Beamte eine größere Vertrauensstellung innehatten als ihre späteren Kollegen.[112] Es gehörte geradezu zu den Leitungsprinzipien von Werner Siemens, »so ziemlich alles (exkl. Finanzen) au jour für die höheren Beamten« zu halten.[113] Noch nach 1880 hielt man es für nötig, allen Beamten – nicht aber den Arbeitern – einzuschärfen, keine Betriebsgeheimnisse nach draußen zu tragen.[114]

Hochgeschätzt waren ferner das Können und Wissen der meisten Beamten. Eine nur teilweise verbreitete Allgemeinbildung und der

109. Vgl. Werner Siemens an Bruder Carl (aus Ragaz nach Petersburg) am 17. 7. 1868: »Schade, daß ich mich nicht mal zu Dir hin oder Dich hertelegraphieren kann! Bei der zweimonatlichen Briefwechselperiode ist nicht leicht ins reine zu kommen. Schon mit Wilhelm hat das bei 8tägigem Wechsel seine Schwierigkeit. Und doch ist jetzt ein energisches und einheitliches Zusammenwirken so notwenig.« – Noch am 20. 1. 1882 klagt Carl aus Petersburg über die oft verlorengehende Post: »Die Pest scheint in die hiesige Post gefahren zu sein.« (SAA Briefsammlung.)

110. Vgl. zu England: Sidney Pollard, The Genesis of Modern Management. A Study of the Industrial Revolution in Great Britain, London 1965, S. 12, 17 ff. u. pass.

111. Vgl. W. Siemens an Carl Siemens am 4. 11. 1863: »Diese ewigen Betrügereien sind doch gräulich und müssen uns sehr vorsichtig machen« (zitiert bei R. Ehrenberg, Die Unternehmungen der Brüder Siemens, Bd. 1, Berlin 1906, S. 465). Am 7. 4. 1880: »Mein Maßstab für Geschäftsbeamte ist der, ob sie niemals ihre eigenen Interessen über das Geschäftsinteresse stellen oder ob man sich darauf nicht verlassen kann« (SAA Briefsammlung).

112. Vgl. ähnlich Croner, Die Angestellten, S. 49 ff.; Hartfiel, Angestellte, S. 84.

113. Vgl. Werner Siemens an Carl Siemens am 13. 11. 1876 (zitiert bei Matschoß, Werner Siemens, S. 506).

114. Instruktion vom 22. 4. 1884 (SAA 32 Lo 589).

Mangel an Fachschulen schränkten das Angebot an brauchbaren Privatbeamten ein. Bevor während der großen Krise nach 1873 erste industrie-organisatorische Publikationen erschienen,[115] gab es keinerlei allgemeine Regeln für »administrative« Tätigkeiten im Industriebetrieb; die aus dem Kameralismus entwickelte Disziplin der »Handlungswissenschaft« war nach Beginn des Jahrhunderts im wesentlichen nicht weitergeführt worden; nur die sich immer stärker auf wissenschaftliche Erkenntnisse gründende Technik hatte einen Stand erreicht, auf dem sie teilweise in der Form allgemeiner Sätze in einem mit staatlicher Hilfe ausgebildeten, jedoch in der expansiven Industrialisierungsepoche den Bedarf an Technikern und Ingenieuren keineswegs deckenden Schulsystems tradiert werden konnte.[116]

Weiterhin resultierte die teilweise vorhandene Unersetzbarkeit der Beamten aus der individuellen Ausprägung der von Betrieb zu Betrieb und von Sparte zu Sparte stark differierenden Produktionsweisen, Verkaufstechniken und Organisationsformen. Das Bewußtsein Werner Siemens', als Pionier einem eigentümlichen, individuell organisierten, komplizierten Unternehmen vorzustehen, das zudem lange das einzige bedeutende seiner Branche blieb, nahm mit dessen Größe sogar zu.[117] Erfahrung rangierte weit oben auf der Skala der vom Beamten erwarteten Qualitäten. Bis nach 1880 litten S & H aus diesen Gründen in Zeiten der Expansion an Beamtenmangel. 1855 bildete man in der Petersburger Filiale mehr Büropersonal aus, als man im Augenblick benötigte, damit bei einer Zunahme der Aufträge oder eventuell notwendig werdenden Entlassungen oder Kündigungen »die

115. Vgl. etwa J.J. Bourcart, Die Grundsätze der Industrie-Verwaltung. Ein praktischer Leitfaden, Zürich 1874; Eduard Roesky, Die Verwaltung und Leitung von Fabriken, speciell von Maschinen-Fabriken, unter Berücksichtigung des gegenwärtigen Standes der deutschen Industrie mit besonderer Bezugnahme auf die Eisenbranche, Leipzig 1878; J. Kocka, Industrielles Management: Konzeptionen und Modelle in Deutschland vor 1914, in: VSWG, Bd. 56, 1969, S. 332–372.

116. Für S & H und die entstehende Elektrotechnik traf auch das nicht zu. Die ersten Lehrstühle für Elektrotechnik entstanden 1876 am Polytechnikum in Dresden, 1882 an den Technischen Hochschulen von Berlin und Stuttgart. Dagegen lehrte Ferdinand Redtenbacher Maschinenbau am Karlsruher Polytechnikum schon seit 1841. (Vgl. E. Schnabel, Die Anfänge des technischen Hochschulwesens, Karlsruhe 1925, S. 47).

117. Noch in der 1882 auftretenden Leitungskrise seiner Firma hielt er es für völlig unmöglich, einen »Fremden« in eine leitende Position des angeblich für ihn zu komplizierten »Geschäftes« zu nehmen.

Maschine durch Ausfallen nie ins Stocken geraten kann«.[118] Stärker und länger als über Arbeitermangel, der spätestens seit 1873 behoben war, klagte Siemens über das unzureichende Angebot an Privatbeamten, die seinen Anforderungen genügten.[119] Die neue Elektro-Industrie dürfte sich hierin von anderen Industrien zwar durch eine gewisse zeitliche Verspätung, nicht aber im Prinzip unterschieden haben.

Unter solchen Bedingungen bedeutete es eine in bezug auf das Geschäftsinteresse rationale Personalpolitik, alles zu tun, um einen festen Beamtenstamm an die Firma zu ketten. Auch in Krisen entließ die Firma keinen Angestellten. Ausdrücklich bezeichnete Werner Siemens den Grundsatz, »daß wir keinen Beamten entlassen und brotlos machen, der immer seine Schuldigkeit tat«, als Basis der Solidität seiner Geschäfte.[120] Die Abhängigkeit des Gehalts vom Dienstalter entsprach solchem Bemühen ebenso wie die Gewährung langer Kündigungsfristen. Logischerweise – und dies ist innerhalb der hier behandelten Fragestellung die entscheidende Konsequenz – konnte es dem Unternehmen nicht darauf ankommen, sich durch die Verkürzung der Lohnberechnungsperioden freie Hand für eine flexible Einstellungs- und Entlassungspolitik – wie im Falle der Lohnarbeiter – zu schaffen. Indem er die Beamten in längeren Zeitabschnitten entlohnte, kettete der Unternehmer sie vielmehr um so fester an sich.

Die genannten Ursachen für die teilweise bestehende Unersetzlichkeit und damit für die Privilegien dieser Arbeitnehmergruppe, nämlich die aus Kontrollschwierigkeiten resultierende Loyalitätsforderung des Unternehmers, der unentwickelte Stand der allgemeinen und der Fachausbildung, die Individualität der Unternehmen und die daraus resultierende Dominanz der Erfahrungskomponente in der Privatbeamtenqualifikation, galten zweifellos in sehr viel stärkerem Maße für die höheren und mittleren Beamten als für die niederen, und es mag als fraglich erscheinen, ob die bisherige Analyse die Sonderbehandlung, die auch die Zeichner, Schreiber und Boten genossen, hinreichend erklärt; denn: war wirklich mehr Loyalität vom Zeichner gefordert als von einem hochqualifizierten und in seiner Arbeit wenig überwachbaren Apparatebauer oder auswärts tätigen Monteur? Es

118. W. Meyer an Werner Siemens 18.10.1855 (SAA 2 Lh 849).

119. Vgl. die Briefe Werner Siemens' an Hefner-Alteneck vom 5.7.1877 (bei Matschoß, Werner Siemens, S. 529) und an Carl Siemens am 14.12.1878, 25.3.1880 und am 15.12.1881 (Saa Briefsammlung).

120. Vgl. Werner Siemens an Wilhelm Siemens am 10.4.1882 (bei Heintzenberg, Aus einem reichen Leben, S. 313).

scheint nötig, zwei weitere Unterscheidungsmerkmale zwischen Beamten und Arbeitern heranzuziehen, um vollständiger zu verstehen, warum jene selbst auf den unteren Rängen Gehalt, diese aber Lohn erhielten.

Ganz abgesehen von dem Grad ihrer Ersetzbarkeit hatten im Beschreibungszeitraum alle Gehaltsempfänger Aufgabenbereiche, die für den gesamten Betrieb nur je einmal besetzt waren und von je einer Person für das ganze Unternehmen wahrgenommen wurden.[121] Im Gegensatz zu den von den Lohnarbeitern ausgeführten Arbeiten wurden die Angestelltentätigkeiten in diesem Stadium nicht arbeitsteilig oder kollektiv ausgeführt. Während die Firma aus naheliegenden Gründen während einer anhaltenden und fühlbaren Auftragsflaute einen Teil von den mehreren im Signalebau beschäftigten Mechanikern ohne unliebsame Folgen für ihren weiteren Bestand entbehren, also entlassen konnte, ohne damit den Signalebau überhaupt stillzulegen, war es unmöglich, die jeweils als Individuen eine bestimmte betriebliche Funktion monopolisierenden Beamten in der gleichen Weise zu reduzieren wie die Arbeiter, wollte man nicht sofort die ganze Funktion mit ihrem einzigen Funktionsträger abwerfen und damit – falls es sich um eine notwendige Funktion handelte – den ganzen Betrieb gefährden. Dies galt für den Schreiber, den Zeichner und den Boten ebenso wie für den Manager, den Werkstattdirektor und den Buchhalter.[122] Diese Eigenart der Angestelltentätigkeit erklärt ebenfalls, warum es der Firma nicht darauf ankommen konnte, sie auf möglichst flexible, zu unterbrechende, auf kurze Zeitspannen bemessene Weise zu entlohnen, warum das Unternehmen seinen Beamten ohne allzu großes Risiko eine stärker auf Dauer berechnete Stellung einräumen konnte, die sich unter anderem durch Arbeitsplatzsicherheit und Bezahlungsart auszeichnete.

Schließlich ist zu bedenken, daß sich die meist produktorientierten, weniger zusammengesetzten, spezialisierteren und damit stetigeren Tätigkeiten der Arbeiter viel leichter quantifizieren, nach Stück oder Zeit bemessen und in Lohn bezahlen ließen als die noch sehr heterogenen, oft durch Pausen unterbrochenen, meist kein unmittelbar

121. Vgl. oben S. 28 das Schaubild. Jeweils nur mit einer Person besetzt sind die Beamtenfunktionen auch in dem von E. Roesky 1878 beschriebenen Modellbetrieb (Die Verwaltung, S. 39 ff.).

122. Es galt auch für die Meister, insofern ihre produktionstechnische Spezialisierung – der eine leitete die Telegraphen-Werkstatt, der andere den Wassermessersaal etc. – ihre gegenseitige Ersetzbarkeit ausschloß.

meßbares Ergebnis zeitigenden, eher daten- und informations-, statt produktorientierten Angestelltentätigkeiten, denen die Bezahlungsart des Gehaltes auch deshalb besser entsprach.

Die Unterscheidung zwischen Gehalt und Lohn und damit zwischen Gehaltsempfängern (Beamten) und Lohnempfängern (Arbeitern)[123] ist somit als auffällige und sozial bedeutsame Konsequenz von Struktur und Arbeitsweise des damaligen Industriebetriebes erklärt. Die Gehalt-Lohn-Differenz weist vor allem auf eine prinzipielle Eigenart der frühen Fabrik hin, die zwar schon die industriespezifische Vergesellschaftung der Produktionsarbeiten kannte,[124] aber noch unter dem Zeichen der individuellen Wahrnehmung der – um Croners Systematisierung zu benutzen – arbeitsleitenden, konstruktiven, verwaltenden und merkantilen Funktionen stand.[125] Diese Gehalt-Lohn-Unterscheidung trat spätestens mit der Einführung eines genauen Buchhaltungs- und Kontensystems auf, also an einem Wendepunkt, an dem das kapitalistische Industrieunternehmen einen der wichtigsten Schritte vollzog, die es vom handwerklichen Betrieb, der eine Kapitalrechnung in Form einer doppelten Buchführung nicht kannte, abgrenzten. Dabei mögen bereitstehende Begriffe[126] zunächst nur zögernd zur Bezeichnung eines Unterschiedes benutzt worden sein, der sich mit einer gewissen Folgerichtigkeit aus dem erwerbswirtschaftlich-kapitalistischen Arbeits- und Produktionsprozeß unter den Bedingungen der frühen Industrialisierung ergab.

Die allgemeine soziale Relevanz der Gehalt-Lohn-Differenz für die gesellschaftliche Gruppen- und Bewußtseinsbildung kann in einer

123. Neben der Individualität der Angestelltentätigkeit, wie sie sich im persönlich gehaltenen Engagementsschreiben äußerte – dagegen verpflichteten sich die eintretenden Arbeiter auf eine für alle gleiche Werkstattordnung – diente denn auch die Bezahlungsform des Gehaltes als Merkmal der ersten bei S & H vorgenommenen Definition des Beamten: Die von Siemens 1872 eingerichtete innerbetriebliche Pensionskasse unterschied nämlich nach Beiträgen und Leistungen zwischen den »mit Jahresgehalt durch Kontrakt oder Engagementsschreiben angestellten Beamten« und »sonstigen Bediensteten und Arbeitern«. Vgl. § 3 der Statuten der Pensions-, Witwen- und Waisenkasse vom 11.5.1873. »Weibliche Arbeiter« wurden als dritte Kategorie genannt (SAA 68 Lr 553).

124. Vgl. dazu das Kapitel »Maschinerie und große Industrie« bei Marx, Das Kapital, Bd. 1, S. 391–407; vgl. auch Bahrdt, Industriebürokratie, S. 28 f., 40.

125. Vgl. F. Croner, Soziologie, S. 112 f.

126. Vgl. oben Anm. 22.

Studie, die vor allem die Untersuchung innerbetrieblicher Verhältnisse bezweckt, nur angedeutet werden. Das als »vornehm« geltende
Gehalt[127] erlaubte im Gegensatz zum leistungsorientierteren Lohn die
Anwendung von beamtentypischen Anciennitäts- und Angemessenheitskriterien und verlieh dem Verdienst des Angestellten eine gewisse Unabhängigkeit von kurzfristigen Schwankungen des Arbeitsmarktes, des Unternehmenserfolges und seiner eigenen Leistung.
Kurzarbeit konnte das weitgehend vorhersehbare Einkommen der
Angestellten nicht beeinflussen, während die meisten Siemens-Arbeiter einen von ihnen am Wochenanfang nicht genau bestimmbaren
Verdienst erhielten, der durch Kurzarbeitsphasen und aufgrund der
häufigen Überstunden unter anderem die Auftragslage widerspiegelte. Je eindeutiger das Leistungsprinzip in Form des Akkordsystems die
Bezahlung der Arbeiter bestimmte, desto mehr nahm ihre Verdienstkurve – und damit nicht selten ihre Lebenskurve – jenen für so viele
typischen Verlauf, der einen Höhepunkt gleichzeitig mit der physischen Leistungsspitze um das vierzigste Lebensjahr zeigte und dann
zum Alter hin abfiel.[128] Dagegen verlief die Verdienstkurve des
durchschnittlichen Privatbeamten – falls er nicht, wie in den zur
Einstellung der Arbeit gezwungenen Betrieben besonders in der Krise
nach 1873 vorkam, seinen Arbeitsplatz verlor –, dem Anciennitätsprinzip entsprechend, maßvoll-regelmäßig aufwärts und stagnierte
vielleicht zum Alter hin, sank aber nicht. Die Auswirkungen der
Lohn-Gehalt-Differenz auf die soziale und ideologische Kluft zwischen Arbeitern und Angestellten sollten nicht unterschätzt werden,
wenn diese Kluft auch nicht vollständig aus jenem Unterschied abgeleitet werden kann.

127. Vgl. J. S. Ersch/J. G. Gruber (Hg.), Allgemeine Encyclopädie der Wissenschaften und Künste, 3 Sectionen, Leipzig 1818ff., Section 1, Bd. 6 (1853),
S. 54: Gehalt sei, »was Jemand Bestimmtes als Angestellter erhält; hauptsächlich wird es hierbei in Beziehung auf Jemanden angewendet, der sich zu den
Pflichten eines Amtes verbindlich macht«. Dies gelte auch für die »Personen im
Privatdienst«: »Lohn nämlich, was man eigentlich gebrauchen sollte, klingt
nicht vornehm genug.«
128. Vgl. Alfred Weber, Das Berufsschicksal der Industriearbeiter, in: ASS,
Bd. 34, 1912, S. 377–405, S. 384ff.; dies relativiert jetzt: H. Schäfer, Die Industriearbeiter. Lage und Lebenslauf im Bezugsfeld von Beruf und Betrieb, in:
H. Pohl (Hg.), Sozialgeschichtliche Probleme in der Zeit der Hochindustrialisierung (1870–1914), Paderborn 1979, S. 143–216, hier S. 187ff.

Zusammenfassende Thesen

1. DIE INDUSTRIELLEN ANGESTELLTEN zeichneten sich vor anderen industriellen Arbeitnehmern durch einen Sonderstatus[129] aus, der sich in Gehalts- und Anciennitätsbezahlung, in Arbeitsplatzsicherheit und Arbeitszeitprivilegien, in Urlaubsberechtigung und anderen Sonderleistungen des Unternehmens konkretisierte und ihnen die Vorteile eines in mancher Beziehung staatsbeamtenähnlichen Dienstverhältnisses sicherte. Insofern beeinflußten die dem kapitalistischen Wirtschaften spezifischen Tausch-, Vertrags- und Leistungsgesichtspunkte den innerbetrieblichen Status der Angestellten später und unvollkommener als den der Lohnarbeiter.

2. Dieser Sonderstatus resultierte – vermittelt durch die Interessen des Unternehmers – aus dem Charakter der Angestellten-Funktionen, die im Gegensatz zu den unmittelbar der Produktion dienenden Arbeiten in der frühen Fabrik noch nicht vergesellschaftet und schwer zu quantifizieren waren, aus gewissen Eigenarten des noch nicht standardisierten, schwer kontrollierbaren Arbeitsprozesses und eines kaum entwickelten Arbeitsmarktes sowie aus der – allerdings sehr verschiedenartigen – Teilhabe der Angestellten am Herrschafts- und Informationssystem des Unternehmens.

3. Das industrielle Unternehmen unterschied zwischen Gehaltsempfängern (Angestellten) und Lohnempfängern (Arbeitern) spätestens bei Einführung eines genauen Buchhaltungs- und Kontensystems, das heißt an jenem Wendepunkt, an dem es sich prinzipiell vom Handwerksbetrieb absetzte und sich als kapitalistisches Unternehmen zu erkennen gab. Somit konstituierten sich die industriellen Angestellten als innerbetrieblich klar identifizierbare Arbeitnehmergruppe und als unmittelbares Produkt des Industriekapitalismus, lange bevor sie als gesamtgesellschaftliche Gruppe auftraten.

4. Angestellten-Funktionen entstanden a) durch Delegierung von Unternehmerfunktionen und -tätigkeiten, b) durch Abspaltung und

129. Es wird deutlich geworden sein, was mit »Sonderstellung« oder »Sonderstatus« der Angestellten gemeint ist. Es mag bessere Bezeichnungen dafür geben. Doch die Kritik von Schulz (Die industriellen Angestellten, S. 233, bes. Anm. 70) erscheint mir nicht zwingend, denn in der Tat handelt es sich um eine Sonderbehandlung einer Minderheit von Arbeitnehmern (im Unterschied zu dem, was in der Behandlung der großen Mehrheit, nämlich der Arbeiter, die Regel war), um eine Sonderbehandlung, die aus den angeführten Gründen – siehe vor allem oben S. 51 ff. – nicht selbstverständlich, sondern erklärungsbedürftig ist.

vereinfachende Entgliederung der dem Prozeß zunehmender Arbeitsteilung unterworfenen, ehemals zusammengesetzten Arbeiterfunktionen und -tätigkeiten sowie c) neu infolge sich verändernder technologischer und gesamtgesellschaftlicher Bedingungen.

5. Insofern der Industriebetrieb sowohl ein in funktionalen Kategorien beschreibbares Arbeitssystem als auch ein Herrschaftsverband ist, durchdrangen sich Sachleistung und Autoritätsausübung innerhalb der Funktions- und Tätigkeitsbereiche der Angestellten in sehr verschiedenen, sich mit dem Rang innerhalb der Hierarchie ändernden Mischungsverhältnissen.

Die bisherigen Überlegungen haben den Sinn des Arbeiter-Angestellten-Unterschieds ausschließlich interessenanalytisch zu entschlüsseln und aus Strukturmerkmalen des frühen Industrieunternehmens zu begründen versucht. Dabei sind gesamtgesellschaftliche Wirkungsfaktoren, wie überlieferte Traditionen und Konventionen, nur am Rande ins Blickfeld getreten; der die Situation der Angestellten definierende Unternehmer rückte primär als Exekutor von Unternehmensinteressen, kaum als Mitglied einer bestimmten historischen Gesellschaft ins Bild. Auch die Angestellten sind noch nicht in ihren überbetrieblichen Dimensionen analysiert worden. Dies soll sich in den folgenden Kapiteln ändern. Die unternehmensinterne Analyse soll durch eine gesamtgesellschaftliche ergänzt werden.

Bisher wurde nur über industrielle Angestellte gesprochen. Doch gab es auch im zweiten Jahrhundertdrittel andere Angestelltenkategorien, die die Mehrheit darstellten.[130] Auch der folgende Abschnitt konzentriert sich auf die industriellen Angestellten, doch wird später die Analyse auf die Angestelltenschaft insgesamt ausgeweitet.[131] Schließlich sollen die folgenden Abschnitte die Entwicklung vom Ende der ersten Industrialisierungsphase, von den 1870er Jahren, bis zum Ersten Weltkrieg verfolgen. Ins Blickfeld rückt damit die Zeit, in denen die Angestellten auch außerhalb der Unternehmen als Gruppe mit spezifischem Selbstverständnis und Fremdverständnis faßbar werden.

130. Vgl. z. B. R. Engelsing, Die wirtschaftliche und soziale Differenzierung der deutschen kaufmännischen Angestellten im In- und Ausland, in: ders., Zur Sozialgeschichte deutscher Mittel- und Unterschichten, Göttingen 2. Aufl. 1978, S. 51–111; F. G. Rudl, Die Angestellten im Bankgewerbe 1870–1933. Eine sozialstatistische Untersuchung, Diss. Mannheim 1975.

131. Vor allem Abschnitte 4–6.

2.
Industriebürokratie und »neuer Mittelstand« im Kaiserreich

Rahmenbedingungen

DIE VORINDUSTRIELLE GESCHICHTE eines Landes beeinflußt Verlauf, Geschwindigkeit und Eigenart seiner Industrialisierung. Insbesondere gehören Interessen, Einstellungen und Verhaltensweisen der vorindustriellen Herrschaftseliten zu den prägenden Faktoren der wirtschaftlichen Wachstums- und sozioökonomischen Wandlungsprozesse, die als »Industrialisierung« zusammengefaßt werden können. Das Ausmaß der Einwirkung staatlicher, oft bürokratischer Herrschaftsgruppen auf diese Prozesse wächst mit dem Grad der relativen ökonomischen »Rückständigkeit« eines Landes bei Beginn seiner Industrialisierung, wie der Vergleich der früh industrialisierenden westeuropäischen mit den später folgenden zentraleuropäischen Staaten und den Nachzüglern Rußland und Japan zu zeigen scheint. Ökonomische »Rückständigkeit« und damit verknüpfte vorindustrielle Traditionen beeinflussen nicht nur die Geschwindigkeit des Wachstums, die industrielle Organisation, die Methoden der Kapitalbeschaffung und andere im engeren Sinne ökonomische Veränderungen, sondern auch die Heftigkeit des sozialen Wandels, die Manifestation, Schärfe und Ausformung der im Laufe der Industrialisierung notwendig auftretenden sozialen Konflikte sowie die begleitenden Ideologien. Durch die Untersuchung vorindustrieller Wirkungsfaktoren der deutschen Industrialisierung kann der Historiker deshalb hoffen, nicht nur unterstützende und hemmende Bedingungen des industriellen Wachstums zu entdecken, sondern auch zur Analyse von sozialen Krisen und Protesten beizutragen, die aus den Widersprüchen des kapitalistisch-industriellen Bereichs allein nicht zu erklären sind.[1]

1. Vgl. vor allem A. Gerschenkron, Economic Backwardness in Historical Perspective, Cambridge/Mass. 1962 (New York 1965[2]), bes. S. 5–30,

Beiträge zur Verwirklichung dieses hier nicht systematisch und detailliert zu entfaltenden Forschungsansatzes fehlen keineswegs, wenn sie auch häufig unter anderer spezifischer Fragestellung erarbeitet wurden: Die Bedeutung des landbesitzenden Adels und seiner soziokulturellen Werteinstellung für die »Feudalisierung« der bürgerlichen Oberschichten und die damit verbundenen illiberalen und antidemokratischen Folgen, die reaktionäre Allianz agrarischer und industrieller Organisationen seit den späten 1870er Jahren und die Rolle agrarischer Interessen bei der Aufrechterhaltung eines traditionellen soziopolitischen Herrschaftssystems trotz gleichzeitiger ökonomischer Modernisierung fanden zu Recht die Aufmerksamkeit der Forschung. Die Einwirkung von Militär und militärischen Vorbildern auf Politik und Gesellschaft Preußens und Deutschlands wurden behandelt. Die Funktionen der Bürokratie für die Modernisierung der preußisch-deutschen Gesellschaft wurden vor allem für die Zeit bis 1848 untersucht, ihre Bedeutung als Belastung für die deutsche Verfassungsentwicklung bis weit ins 20. Jahrhundert hinein erkannt und – manchmal ins Stereotyp und in Vereinfachungen abgleitend – der Einfluß bürokratisch-militärischer Traditionen auf die politische Kultur und Geistesgeschichte Preußen-Deutschlands im allgemeinen betont.[2]

353–363; B. Moore, Social Origins of Dictatorship and Democracy, Boston 1967[2] (dt.: Soziale Ursprünge von Diktatur und Demokratie, Frankfurt 1968); D. S. Landes, Die Industrialisierung in Japan und Europa, in: W. Fischer (Hg.), Wirtschafts- und sozialgeschichtliche Probleme der frühen Industrialisierung, Berlin 1968, S. 29–117, bes. 36 f., 72–117; zum Industrialisierungsbegriff: W. Fischer, Ökonomische und soziologische Aspekte der frühen Industrialisierung, in: ebd., S. 1–20, bes. 3 f. (wd. in: ders., Wirtschaft und Gesellschaft im Zeitalter der Industrialisierung, Göttingen 1972, S. 15–27). Die Vielzahl der sozialen Veränderungen, die hier unter Industrialisierung zusammengefaßt werden, behandelt systematisch: W. E. Moore, The Impact of Industry, Engelwood Cliffs/N. J. 1965.

2. Vgl. u. a.: M. Weber, Der Nationalstaat und die Volkswirtschaftspolitik (1895), in: Gesammelte Politische Schriften, Tübingen 1958[2], bes. S. 18 ff.; W. Zorn, Unternehmer und Aristokratie in Deutschland, in: Tradition, Bd. 8, 1963, S. 241–254; Moore, Origins, S. 425 f., 437, pass.; H. Rosenberg, Die Demokratisierung der Rittergutsbesitzerklasse, in: Zur Geschichte und Problematik der Bürokratie. Festgabe f. H. Herzfeld, Berlin 1958, S. 459–486, wd. in: ders., Probleme der deutschen Sozialgeschichte, Frankfurt 1969, S. 7–49 als »Die Pseudodemokratisierung der Rittergutsbesitzerklasse«; A. Gerschenkron, Bread and Democracy in Germany, Berkeley 1943, New York 1966[2]; H.-J. Puhle, Agrarische Interessenpolitik und preußischer Konserva-

Wenn sich die folgenden Bemerkungen mit einem Teilgebiet dieses Gesamtkomplexes, mit dem Einfluß von Bürokratie auf industrielle Organisation und Verwaltung, sowie auf die damit zusammenhängende soziale Gruppen- und Ideologienbildung beschäftigen, so mit der leitenden Hypothese, daß auf einen begrenzten Sektor bestimmte vorindustrielle, vorkapitalistische, nämlich bürokratische[3] Traditio-

tivismus im Wilhelminischen Reich, Hannover 1966 (2. Aufl. 1975); H. Lebovics, »Agrarians« versus »Industrializers«, in: IRSH, Bd. 12, 1967, S. 31–65. – E. Kehr, Zur Genesis des Kgl. Preußischen Reserveoffiziers, in: ders., Der Primat der Innenpolitik, Berlin 1965, S. 53–63; G. Ritter, Staatskunst und Kriegshandwerk, 4 Bde., München 1954–68, Bd. 1, 1959[2]; C. Helfer, Über militärische Einflüsse auf die industrielle Entwicklung Deutschlands, in: Schmollers Jb., Bd. 83, 1963, S. 597–609; A. Vagts, A History of Militarism (1937), rev. ed. New York 1967, bes. S. 14, 407 ff., 451 ff. – H. Rosenberg, Bureaucracy, Aristocracy and Autocracy, Cambridge/Mass. 1958, 1966[2]; E. Kehr, Zur Genesis der Bürokratie und des Rechtsstaats, in: ders., Primat, S. 31–52; R. Koselleck, Preußen zwischen Reform und Revolution, Stuttgart 1967; E. Fraenkel, Historische Vorbelastungen des deutschen Parlamentarismus, in: VfZ, Bd. 8, 1960, S. 323–340, bes. 334 f. (wd. in: ders., Deutschland und die westlichen Demokratien, Stuttgart etc. 1968[3]); G. A. Ritter, Deutscher und britischer Parlamentarismus, Tübingen 1962, bes. S. 49–54 (wd. in: G. A. Ritter, Arbeiterbewegung, Parteien und Parlamentarismus, Göttingen 1976, S. 190–221); K. D. Bracher, Staatsbegriff und Demokratie in Deutschland, in: PVS, Bd. 9, 1968, S. 2–27; H.-U. Wehler, Das Deutsche Kaiserreich 1871–1918, Göttingen 3. Aufl. 1977.

3. Bürokratische Strukturen und Prozesse sind durch ein hohes Maß an Formalisierung gekennzeichnet, die sich in unpersönlichen, meist schriftlichen Regeln äußert; durch die Tendenz, Angelegenheiten als Fälle zu behandeln; durch einen hohen Grad der Institutionalisierung von Zuständigkeiten als Hierarchien und arbeitsteilige Spezialisierung; durch Kontinuierlichkeit und Aktenkundigkeit: durch den Beamten- oder beamtenähnlichen Status des Personals. Diesen wiederum charakterisieren ein spezifisches Dienst-, Loyalitäts- und Fürsorgeverhältnis; die Rekrutierung und Beförderung auf der Basis generell geregelter Qualifikationen und Prüfungen; Anstellung auf Lebenszeit; Gehaltszahlung (weniger als Äquivalent für bestimmte gemessene Leistungen, eher als angemessene Entschädigung, u. a. nach dem Anciennitätsprinzip); Pensionsberechtigung. – Als ausführlichere Diskussion dieses hier idealtypisch verwandten Begriffs mit Literatur: J. Kocka, Unternehmensverwaltung und Angestelltenschaft, Stuttgart 1969, S. 15–18, 26–30; außerdem: R. Mayntz (Hg.), Bürokratische Organisation, Köln/Berlin 1968. – Als kapitalistisch soll ein ökonomisches System gelten, welches vorwiegend auf privatem Besitz und privater Verfügung über Kapital beruht, das der Produktion und dem Tausch von Waren dient (D. S. Landes [Hg.], The Rise of Capitalism, New York/Lon-

nen unter bestimmten Bedingungen und in gewissen Grenzen ökonomisches Wachstum förderten und daß dieselben Traditionen zugleich – mit der Industrialisierung notwendig ablaufende – Strukturveränderungen in einer Weise beeinflußten, die sich letztlich als hinderlich für eine liberale Demokratisierung von Staat und Gesellschaft herausstellte.

Im Gegensatz zu den angelsächsischen Ländern bestand in Preußen lange vor der Industrialisierung, deren erste Phase (nach mannigfachen Vorbereitungen) in den 1830er Jahren begann, eine ausgebildete, mächtige Bürokratie. In dem Bestreben, den nationalen Wiederaufbau Preußens zu fördern, wurde sie, nach dem Zusammenbruch des ancien régime und auf bereits im Ansatz vorhandenen sozioökonomischen Modernisierungstendenzen (besonders in den westlichen Provinzen) fußend, zum Initiator und Leiter eines grundlegenden Wandels der Staatsverfassung, des Sozialgefüges und des Wirtschaftssystems. Die Reformen der Bürokratie ermöglichten die Entstehung einer in gewissem Sinne bürgerlichen Gesellschaft, die sich – zum großen Teil vergeblich – gegen eben diese Bürokratie schließlich auflehnte. Die deutlichen Grenzen dieses obrigkeitlich gelenkten, andernorts gegen die Obrigkeit durchgesetzten Emanzipationsprozesses lagen einerseits in der seit den 1820er Jahren zunehmenden Abhängigkeit der Bürokratie vom großgrundbesitzenden Adel, andererseits in den aufrechterhaltenen Herrschaftsinteressen der modernisierenden Elite selbst. Entsprechend verwoben sich in der preußischen Wirtschaftspolitik des Vormärz industrialisierungsfördernde und -hindernde Momente in einem zeitlich, regional und sektoral wechselnden Mischungsverhältnis, aber doch in einer Weise, die die Feststellung er-

don 1966, S. 1). Der moderne Industriekapitalismus ist zusätzlich durch die industrielle Unternehmung auf der Basis von Kapitalrechnung und fremdbestimmter, arbeitsvertraglich geregelter, formal freier Lohnarbeit bestimmt. In diesem Sinne muß die Wirtschaft des Deutschen Reiches durchaus als kapitalistisch bezeichnet werden. – Vorkapitalistisch – im Sinn von industriekapitalistisch – sind bürokratische Strukturen, Prozesse und Haltungen nicht nur in historisch-chronologischer Hinsicht, d. h. weil sie vor der kapitalistischen Industrialisierung entstanden, sondern auch insofern, als ihnen zufolge die Verteilung von Funktionen und Erfolgen nicht primär durch den Markt geregelt werden, Erfolge und Belohnungen nicht eng auf meßbare Leistungen bezogen sind, Wettbewerb und Risiko, Profitmotiv und finanzielle Anreize von geringerer Bedeutung sind und das bürokratische Dienstverhältnis weniger spezifiziert ist sowie in bezug auf Loyalitäts- und Fürsorgeerwartungen weiter geht als das normale Arbeitsvertragsverhältnis.

laubt, daß die Industrialisierung ebensowenig gegen die Bürokratie begonnen und durchgesetzt wurde wie die bürgerliche Emanzipation im allgemeinen, daß sie vielmehr unter obrigkeitlicher Anleitung und Aufsicht, unter starker Beeinflussung und begrenzter Förderung durch die staatliche Verwaltung fortschritt.[4] Die Organisations- und Verhaltensformen, der Geist und die Leitbilder der Bürokratie drangen damit in alle Bereiche von Wirtschaft und Gesellschaft ein.[5]

Diese ökonomische und soziale Bürokratisierung im weitesten Sinn blieb, wenn auch modifiziert und im Ganzen abgeschwächt, weit über den Vormärz hinaus erhalten. Zwar trat der unmittelbare Einfluß der Bürokratie im ökonomischen Bereich nach 1848 zurück, wirtschaftspolitische Zugeständnisse kamen den selbstbewußteren Forderungen der Wirtschaftsbürger entgegen. Gerade dadurch wurde es jedoch der Bürokratie erleichtert, trotz Revolutionsversuch und Konfliktzeit, ihre politische und allgemein-gesellschaftliche Herrschaftsstellung in Allianz mit feudalen Gruppen aufrechtzuerhalten. Zumal nach den nationalpolitischen Erfolgen und begrenzten verfassungspolitischen Zugeständnissen des preußischen Staates seit 1866 zeigten sich in der Reichsgründungszeit und erst recht nach 1878 im Bürgertum starke Tendenzen, die Dominanz der bürokratischen und agrarischen Führungsschichten zu akzeptieren. Der bürgerliche Emanzipationskampf um Parlamentarisierung und begrenzte Demokratie, der nicht vor der Industrialisierung ausgetragen worden war, fand angesichts des mit der Industrialisierung entstehenden Proletariats und der sich damit für das Bürgertum eröffnenden »zweiten Front« erst recht nicht statt: Mit der Ausprägung des Gegensatzes zwischen Kapital und Arbeit neigte vor allem das besitzende Bürgertum dazu, sich mit der obrigkeitlichen

4. Zur Datierung oben S. 16 f. u. Anm. 12. Vgl. U. P. Ritter, Die Rolle des Staates in den Frühstadien der Industrialisierung, Berlin 1961; I. Mieck, Preußische Gewerbepolitik in Berlin 1806–1844, Berlin 1965; W. O. Henderson, The State and the Industrial Revolution in Prussia 1740–1870, Liverpool 1958; kritischer: R. Tilly, Financial Institutions and Industrialization in the Rhineland 1815–1870, Madison/London 1966; H. Kisch, Prussian Mercantilism and the Rise of the Krefeld Silk Industry, Philadelphia 1968; Koselleck, Preußen, bes. S. 355, 443 ff., 587 ff., 600 ff., 609 ff., 616 ff.; Landes, Die Industrialisierung in Japan, S. 89 ff. – S. auch W. Fischer, Der Staat und die Anfänge der Industrialisierung in Baden 1800–1850, Berlin 1961.

5. Vgl. T. Parsons, Democracy and Social Structure in Pre-Nazi Germany, in: ders., Essays in Sociological Theory, rev. ed. Glencoe, Ill. 1954, S. 104–123, 108, 110 f.; R. Dahrendorf, Gesellschaft und Demokratie in Deutschland, München 1965, S. 89 f., 107 f., 114, 120.

Gewalt zu verbünden, um die ihren Machtanteil fordernde oder gar die Gesellschaft in ihren Prinzipien in Frage stellende Arbeitnehmerschaft in engen Schranken halten zu können.[6] Als im Zusammenhang mit den schweren Wachstumsstörungen in der zweiten Phase der deutschen Industrialisierung ab 1873 die relativ liberalste Periode deutscher Wirtschafts- und Gesellschaftspolitik ihren Abschluß fand, verstärkten staatliche Instanzen wiederum ihre Eingriffe in den sozialen und wirtschaftlichen Prozeß, übernahmen Pflichten und Rechte der gesellschaftlichen Integration und förderten als Adressaten der Forderungen organisierter Interessen eine nach-liberale »Formierung« der Gesellschaft, in der die immer weniger liberale, mit feudalen Gruppen alliierte Bürokratie eine Schlüsselstellung innehielt.[7] In der wachstumsintensiven, dritten Industrialisierungsphase von der Mitte der 90er Jahre bis zum Ersten Weltkrieg verstärkten sich nicht nur die Konzentrations- und Zentralisationstendenzen in der deutschen Wirtschaft sowie die Macht der wirtschaftlichen und sozialen Verbände bei der Organisation von Markt und Arbeitskampf, sondern auch die interventionsstaatlichen Tendenzen. Indem staatliche Organe an der Gestaltung und Stabilisierung der Machtverhältnisse und an der Förderung des wirtschaftlichen Wachstums mitwirkten und umgekehrt organisierte Interessen verstärkten Einfluß auf sie zu erlangen suchten, verzahnten sich staatliche und sozioökonomische Handlungsbereiche enger als zuvor. Für die Art des ökonomischen Lebens in Deutschland, seine Organisation, seinen Stil, seine Träger und deren Selbstverständnis gewann damit eine politische Machtstruktur an neuer Bedeutung, die in ihrer Entwicklung mit der ökonomischen Modernisierung nicht Schritt gehalten hatte und weiterhin von vorin-

6. Vgl. L. Beutin, Das Bürgertum als Gesellschaftsstand im 19. Jahrhundert, in: Bll. f. dt. Landesgeschichte, Bd. 90, 1953, bes. S. 144 f.; F. Zunkel, Der rheinisch-westfälische Unternehmer 1834–1879, S. 223 f.; W. Zorn, Wirtschafts- und sozialgeschichtliche Zusammenhänge der deutschen Reichsgründungszeit 1850–1879, wd. in: H.-U. Wehler (Hg.), Moderne deutsche Sozialgeschichte, Köln/Berlin 1966, S. 303 ff., passim.

7. Vgl. zu dieser zweiten Industrialisierungsphase: A. Spiethoff, Die wirtschaftlichen Wechsellagen, Tübingen 1955, Bd. 1, S. 123–130; D. S. Landes, The Unbound Prometheus, Cambridge/Mass. 1969, 231 ff. (dt.: Der entfesselte Prometheus, Köln 1973); H. Rosenberg, Große Depression und Bismarckzeit, Berlin 1967; H.-U. Wehler, Bismarck und der Imperialismus, Köln/Berlin 1969, S. 61–111; zur konservativen Wendung der Bürokratie: E. Kehr, Das soziale System der Reaktion in Preußen unter dem Ministerium Puttkamer, in: ders., Primat, S. 64–86.

dustriellen Herrschaftsschichten, von Bürokratie, Militär und Adel, bestimmt wurde. Ohne Berücksichtigung dieser allgemeinen gesellschaftlichen Entwicklungen, die hier nur äußerst flüchtig skizziert werden können, wäre kaum zu verstehen, warum die aus den spezifischen Bedingungen der deutschen Frühindustrialisierung stammende bürokratische Einfärbung verschiedener, sich im übrigen stark verändernder, sozioökonomischer Bereiche so lange andauerte.[8]

Bürokratische Traditionen und die Privatbeamten

DIE KANÄLE, durch die bürokratische Organisations- und Verhaltensmuster in die entstehende Industrie und besonders in ihren Verwaltungsbereich eindrangen, waren vielfältig. Die merkantilistische Verknüpfung von Staat und Wirtschaft in vorindustrieller Zeit führte zu mannigfachen Abhängigkeiten und Verschmelzungen zwischen Teilen der Bürokratie und den Manufakturunternehmern, die obrigkeitliche Funktionen wahrnahmen und oft einen den Fürstendienern ähnlichen Status erhielten. Staatliche Instanzen suchten und fanden Einfluß auf Auswahl, Behandlung und Orientierung des manufakturellen Personals.[9] Vor und nach 1800 agierten preußische Beamte als Unternehmer. Der Staat betrieb in eigener Regie von Beamten geleitete Unternehmen, vor allem Bergwerke und einzelne Musterbetriebe bis weit in die zweite Hälfte des 19. Jahrhunderts hinein. Seit den 20er Jahren bildeten staatliche Beamte in staatlichen Gewerbe-, später Polytechnischen und Technischen Hochschulen Handwerker, Werkmeister, Techniker, Ingenieure und Unternehmer aus. Allein das Berliner

8. Zum Zeitraum 1895 bis 1913: J. A. Schumpeter, Business Cycles, Bd. 1, S. 397 ff. (dt. Konjunkturzyklen, Göttingen 1961); K. E. Born, Der soziale und wirtschaftliche Strukturwandel Deutschlands am Ende des 19. Jahrhunderts, in: VSWG, Bd. 50, 1963, S. 361–376; H.-U. Wehler, Der Aufstieg des Organisierten Kapitalismus und Interventionsstaates in Deutschland, in: H.-A. Winkler (Hg.), Organisierter Kapitalismus. Voraussetzungen und Anfänge, Göttingen 1974, S. 36–57.
9. Vgl. H. Rachel, Das Berliner Wirtschaftsleben im Zeitalter des Frühkapitalismus, Berlin 1931, S. 14, 123, 142; F. Redlich, Der Unternehmer, Göttingen 1964, S. 315 f.; O. Reuter, Die Manufaktur im fränkischen Raum, Stuttgart 1961, S. 22, 74; H. Mitgau, Die Gewehrfabrik zu Herzberg (Harz) (1739–1876) und die Hofrüstmeisterfolge der Tanner, in: Tradition, Bd. 6, 1961, S. 271–284.

Gewerbeinstitut entließ in den ersten 50 Jahren seines Bestehens 3500 ausgebildete Techniker in die aufnahmebereite Wirtschaft. In den technischen und gewerblichen Gesellschaften des frühen 19. Jahrhunderts waren der Anteil der Beamten hoch und Kontakte zwischen Gewerbetreibenden, Wissenschaftlern, Beamten und Offizieren leicht.[10] Weiterhin stellten die technischen Offiziere und Beamten ein bevorzugtes Rekrutierungsfeld für die industriellen Unternehmen dar. Die Bedeutung des Begriffs »Ingenieur«, der in Deutschland besonders lange, bis weit ins 19. Jahrhundert hinein, vor allem den Kriegsbaumeister mit Erd- und Maschinenbaukenntnissen meinte, wies auf die militärische Tradition dieser Berufsgruppe hin. 1850 verfügte Preußen über ein Ingenieurkorps von 4000 Mann und 220 Offizieren. Der absolutistisch-merkantilistischen Periode entstammte eine Bau- und Wegeverwaltung, die technische Beamte mit Bau- und Maschineningenieurkenntnissen ausbildete und beschäftigte und die wahrscheinlich die Hauptursache dafür war, daß sich in Deutschland im Unterschied zu England und USA keine größere Gruppe selbständiger Zivilingenieure herausbildete. Der Staats- und Militärbürokratie warb insbesondere der Eisenbahnbau Beamte ab.[11] Schließlich waren die

10. Vgl. Redlich, Der Unternehmer, S. 251 ff. – Henderson, The State, S. 9 ff.; F. Zunkel, Beamtenschaft und Unternehmertum beim Aufbau der Ruhrindustrie 1849–1880, in: Tradition, Bd. 9, 1964, S. 261–276; H. D. Krampe, Der Staatseinfluß auf den Ruhrkohlenbergbau in der Zeit von 1800–1865, Köln 1961. – Zur preußischen Seehandlung: Jb. f. d. amtl. Statistik d. Preuß. Staats, Bd. 2, 1867, S. 17–28. – U. P. Ritter, Die Rolle des Staates, S. 36; F. Schnabel, Die Anfänge des Technischen Hochschulwesens, Karlsruhe 1925; F. W. Nottebohm, Chronik der Kgl. Gewerbeakademie zu Berlin, Berlin 1871; R. Rürup, Die Technische Universität Berlin 1879–1979: Grundzüge und Probleme ihrer Geschichte, in: ders. (Hg), Wissenschaft und Gesellschaft. Beiträge zur Geschichte der Technischen Universität Berlin 1879–1979, Berlin 1979, S. 3–47; C. Matschoß, Preußens Gewerbeförderung und ihre großen Männer, Berlin 1921, S. 36.

11. H. Schimank, Das Wort »Ingenieur«, in: Zs. d. VDI, Bd. 83, 1939, S. 325–331; Das große Conversations-Lexicon für die gebildeten Stände, hg. v. J. Meyer, Hildburghausen 1840–53, Bd. 16, S. 619; zum Fehlen der Zivilingenieure: Zs. d. VDI, Bd. 11, 1867, S. 872 sowie Werner an Carl Siemens am 7. 12. 1850, in: C. Matschoß, Werner Siemens, Berlin 1916, S. 312; zur englischen und amerikanischen Entwicklung: A. M. Carr-Saunders/P. A. Wilson, The Professions, Oxford 1953, S. 158 f.; D. H. Calhoun, The American Civil Engineer, Cambridge/Mass. 1960; M. A. Calvert, The Mechanical Engineer in America 1830–1910, Baltimore 1967, S. 23 ff. – Zu den Bemühungen der Behörden, die Abwanderung technischer Beamter in den privaten Sektor zu er-

entstehenden Fabriken Teil einer Gesellschaft, in der das Bild des Beamten aus Macht, Bildung, Pflichtethos und sozialer Sicherheit für viele erstrebenswert schien, in der das ausgeprägte Selbstbewußtsein des Beamten seine Parallele in weitverbreiteter Anerkennung fand und in der bürokratische Organisations- und Verhaltensmuster offenbar hoch angesehen waren.[12]

Diese Zusammenhänge wirkten sich auf die Struktur und die Verhaltensweisen in den frühen Unternehmen aus. Im Unterschied zum Handwerksbetrieb und zum Verlagssystem erforderten Manufaktur und Fabrik die Koordination und Disziplinierung einer Vielzahl von Arbeitskräften unter den durch Arbeitsplatzzentralisierung, Werkzeuge und Maschinen vorgegebenen Bedingungen, bei immer eindeutigerer Trennung von Leitungs- und Ausführungsfunktionen im Interesse eines vom Unternehmer definierten und durchzusetzenden Unternehmenszieles und innerhalb eines von ihm mit zunehmender Genauigkeit determinierten, arbeitsteiligen, zu integrierenden, planmäßigen Arbeitsprozesses. Spezifische Organisationsformen, Anweisungs-, Koordinations- und Überwachungssysteme, Zu-, Über- und Unterordnungsverhältnisse wurden dadurch notwendig, die in den bisherigen Formen der gewerblichen Wirtschaft kaum vorgebildet waren und die den Unternehmer zu organisatorischen Innovationen zwangen. Die Einbindung des Unternehmens in eine sich immer klarer

schweren vgl. die Verordnungen Beuths vom 25. Sept. 1844, 30. und 31. März 1845, bei L. v. Rönne/H. Simon, Die Baupolizei des Preußischen Staates, Suppl.-Bd., Breslau 1852, S. 44 f. Als Beispiel eines zum Eisenbahnbau überwechselnden Wasserbau-Inspektors: V. v. Unruh, Erinnerungen aus dem Leben . . ., hg. v. H. v. Proschinger, Stuttgart 1895.

12. Vgl. G. W. F. Hegel, Grundlinien der Philosophie des Rechts, Hamburg 1955[4], §§ 289; L. v. Ranke, Die Großen Mächte. Das Politische Gespräch, Göttingen 1963, S. 69; H. Holborn, Der deutsche Idealismus in sozialgeschichtlicher Beleuchtung, in: HZ, Bd. 174, 1952, S. 367 (wd. in: H.-U. Wehler [Hg.], Moderne deutsche Sozialgeschichte, Köln/Berlin 1966, S. 85–108). W. Roessler, Die Entstehung des modernen Erziehungswesens in Deutschland, Stuttgart 1961, S. 150; Beobachtungen eines Ausländers bei: A. Heller, Preußen, der Beamtenstaat, dargest. durch B. Constant u. S. Laing, Mannheim 1844, S. 53–165, bes. 65 ff., 124; zur Nachfrage nach Beamtenstellungen im Vormärz: Koselleck, Preußen, S. 438 ff., 444; Zunkel, Beamtenschaft, S. 275. – Zur Bürokratiekritik, die in den 40er Jahren anschwoll, sich aber oft nur gegen Auswüchse wandte: R. Mohl, Über Bureaukratie, in: ZGS, Bd. 3, 1846, S. 330–364; Th. Wilhelm, Die Idee des Berufsbeamtentums, Tübingen 1933, S. 7–20.

durchsetzende Markt- und Konkurrenzwirtschaft, sein Leistungscharakter, seine Profitorientierung und der Zwang zur Akkumulation großer Mengen fixen Kapitals stellten völlig neue Organisationsprobleme. Diese vermehrten und verschärften sich mit der Ausdehnung der Betriebe, die von technologischen und kommerziellen Faktoren nahegelegt, durch Management-Schwierigkeiten jedoch häufig behindert wurde. Die Bewältigung dieser Probleme war und ist eine wichtige, keineswegs automatisch gegebene Bedingung industriellen Wachstums.[13]

Die modifizierende Verwendung im öffentlichen Bereich entwickelter, bereitstehender Organisations- und Verwaltungsmodelle erleichterte den frühen preußisch-deutschen Unternehmern die Lösung dieser Aufgabe.

So läßt eine detaillierte Untersuchung der 1847 gegründeten, 1872 über 500 Beschäftigte verfügenden, elektrotechnische Artikel herstellenden und Telegraphenlinien errichtenden Fabrik Siemens & Halske Berlin die klare und bewußte Übernahme bürokratischer Organisationsmuster erkennen, und zwar in einem Ausmaß, das ausländische Parallelbeispiele jener Zeit nicht aufwiesen und das möglicherweise auch über das durch den Produktions- und Verwertungsprozeß in jener Wachstumsphase Geforderte hinausging. Ansätze zur Formalisierung unternehmensinterner Kommunikation, klare Unter- und Überordnungsverhältnisse, bürokratische Kontrollen des angestellten Personals auf der unteren und mittleren Ebene sowie aus dem Behördenverkehr bekannte Stilelemente kennzeichneten die sie entwickelnde Industrieverwaltung zumindest dieses Unternehmens in einem hohen Maße.[14] Allerdings blieb die Anwendung solcher bürokratie-orientierter Strukturen und Methoden klar begrenzt. Neben ihnen verwandte das Unternehmen finanzielle Anreize und Strafen sowie Management-Techniken, die auf der verwandtschaftlichen oder freund-

13. Zur Bedeutung von Management-Problemen in der Industrialisierung allgemein: F. Harbison/C. A. Myers, Management in the Industrial World, New York 1959, S. 20 ff., 87 ff.; für Großbritannien: S. Pollard, The Genesis of Modern Management, London 1965; R. Braun, Sozialer und kultureller Wandel in einem ländlichen Industriegebiet, Erlenbach-Zürich/Stuttgart 1965, S. 50 ff., 89 ff.

14. In USA dürften die Eisenbahnen zu dieser Zeit am ehesten bürokratisch organisiert gewesen sein. Dazu: A. D. Chandler (Jr.), The Railroads: Pioneers in Modern Corporate Management, in: Business History Review, Bd. 39, 1965, S. 16–40, wd. in: J. Baughman (Hg.), The History of American Management, Englewood Cliffs, N. J. 1969, S. 29–52.

schaftlichen Loyalität leitender Angestellter beruhten oder eine ähnliche Loyalität durch patriarchalische Maßnahmen in der Belegschaft herzustellen versuchten. Formale, vom Wechsel der Personen unabhängige Organisation bildete sich nur allmählich heraus. Arbeitszerlegung und Spezialisierung blieben begrenzt, besonders im Büro. Der Fabrikherr war zudem jederzeit in der Lage, die von ihm erlassenen Ordnungen zu durchbrechen, Hierarchien kurzzuschließen und durch schnelle Entschlüsse etablierte Prozeduren zu stören. Die Fabrik war eindeutiger als spätere Riesenbetriebe Privatbesitz und privater Verfügung unterworfen; der Unternehmer glich eher dem Fürsten im vorkonstitutionellen, autokratischen Staat, in dem die entstehende Bürokratie aus abhängigen Fürstendienern bestand, als dem ersten Beamten eines modernen bürokratischen Herrschaftssystems. Schließlich setzte die Marktabhängigkeit und Leistungs- beziehungsweise Profitorientiertheit des Unternehmens seinem bürokratischen Charakter klare Grenzen, was sich u. a. in der wechselnden Leistungsbezahlung besonders für leitende Angestellte und für eine wachsende Zahl von Arbeitern, in der Nichtachtung formaler, genereller Qualifikationskriterien bei der Besetzung der Positionen, in der prinzipiellen Entlaßbarkeit und prinzipiellen Unsicherheit aller Beschäftigten (auch der »Unternehmensbeamten«) zeigte.[15]

Soweit bürokratische Management-Methoden angewandt wurden, förderten sie vorwiegend den Erfolg des Unternehmens. Bürokratische Ordnungsvorstellungen und erwerbswirtschaftliche Rationalisierungsabsichten griffen ineinander, um die noch handwerklich und vorkapitalistisch orientierten Arbeiter dem neuen Geist anzupassen: größere Pünktlichkeit, schärfere Aufsicht, Gehorsam sowie exakte Kompetenz- und Arbeitsteilung, Schriftlichkeit und Regelmäßigkeit entsprachen auf dieser Stufe sowohl dem bürokratischen wie dem Erwerbsprinzip. Unternehmensgünstig wirkte sich auch der Einfluß bürokratischer Ordnungsvorstellungen auf Situation und Selbstverständnis der frühen Angestellten, der »Privatbeamten«, aus.

15. Vgl. M. Weber, Wirtschaft und Gesellschaft, Köln/Berlin 1964, S. 1074 ff.; zum hier implizierten Modell des Industrieunternehmens als Herrschaftsverband und Arbeitssystem vgl. oben S. 50 u. Kocka, Unternehmensverwaltung, S. 24 (mit Literatur), zu den Einzelheiten ebda., S. 65 ff., 98 ff., 169 f. – Zu den verschiedenen Managementmethoden in der ersten Phase der Industrialisierung vgl. ders., Management und Angestellte im Unternehmen der industriellen Revolution, in: R. Braun u. a. (Hg.), Gesellschaft in der industriellen Revolution, Köln 1973, S. 162–204.

Als innerbetriebliche Gruppe sind die Angestellten bereits in der ersten Phase der Industrialisierung klar identifizierbar. Eine Minderheit der Arbeitnehmer – Buchhalter, Ingenieure, Kassierer, Registratoren, Werkstattvorsteher, Meister, Werkstattschreiber, Zeichner, später Ingenieure, Korrespondenten, etc. – (bei Siemens & Halske Berlin 1866 13 von insgesamt 165, 1873 knapp 50 von ca. 580 Beschäftigten) zeichnete sich vor den anderen industriellen Arbeitnehmern durch einen Sonderstatus aus, der sich in Gehalts- und teilweiser Ancennitätsbezahlung, in relativer Arbeitsplatzsicherheit und geringerer Arbeitszeit, in weniger Kontrollen und in Vorteilen innerhalb früher unternehmerischer Pensions- und Versicherungskassen, in Urlaubsberechtigung und anderen Sonderleistungen des Unternehmens konkretisierte und ihnen die Vorteile eines in mancher (längst nicht in jeder) Beziehung staatsbeamtenähnlichen Dienstverhältnisses sicherte. Insofern beeinflußten die dem kapitalistischen Wirtschaften spezifischen Tausch-, Vertrags- und Leistungsgesichtspunkte den innerbetrieblichen Status der Angestellten später und unvollkommener als den der Lohnarbeiter. Dieser Sonderstatus resultierte, wenigstens zum größten Teil, aus dem Charakter der Angestelltenfunktionen, die im Gegensatz zu den unmittelbar der Produktion dienenden Arbeiten in der frühen Fabrik noch nicht vergesellschaftet und schwer zu quantifizieren waren; aus gewissen Eigenarten des noch nicht standardisierten, schwer kontrollierbaren Arbeitsprozesses und eines in bezug auf die Angestellten kaum entwickelten Arbeitsmarktes; sowie aus ihrer – allerdings sehr verschiedenartigen – Teilhabe am Herrschafts- und Informationssystem des Unternehmens. Die Unterscheidung zwischen Gehalt empfangenden Angestellten und Lohnarbeitern scheint somit aus den Erfordernissen des frühindustriellen Unternehmens hervorgegangen zu sein, beziehungsweise der durch das Unternehmerinteresse bestimmten ökonomischen Rationalität des Produktions- und Verwertungsprozesses entsprochen zu haben und müßte mithin auch in ähnlichen frühindustriellen Betrieben anderer Länder in ähnlicher Form nachzuweisen sein.[16]

Jedoch sowohl die Behandlung der Angestellten durch den Unternehmer als auch (in noch stärkerem Maße) deren Verhalten und Selbstverständnis wiesen eine am Beamtenmodell orientierte Färbung auf, die sich in dem zunehmend widersprüchlichen Begriff »Privatbeamter« spiegelte, die sich nicht aus Sachanforderungen des Unternehmens erklären läßt, die in vergleichbaren Unternehmen anderer

16. Siehe oben Kap. 1.

Länder nicht aufgetreten zu sein scheint und die auf die bürokratische Tradition der deutschen Industrialisierung verweist. Das durch ihre objektive Situation im Betrieb nicht voll gerechtfertigte (prinzipielle Entlaßbarkeit, große Abhängigkeit von Unternehmerentscheidungen!), am Beamtenmodell orientierte Selbstverständnis dieser Arbeitnehmer, das ihnen die ideologische Identifikation mit der prestigebesetzten Staatsbeamtenschaft, die Stilisierung ihrer Tätigkeit als »geistig«, die eigene Verantwortung als Autoritätsträger im Dienste der Firmen-»Obrigkeit« und damit die klare Absetzung von den Lohnarbeitern als herrschaftsunterworfener Gegengruppe erlaubte, war stark und verbreitet genug, um nach den auch für manche Gehaltsempfänger existenzbedrohenden Erfahrungen der Depression der 1870er Jahre 1881 als Grundlage eines ersten überberuflichen Zusammenschlusses von Buchhaltern, Ingenieuren, Werkführern, Revierförstern, Verwaltern, wissenschaftlichen Hilfsarbeitern und ähnlichen Kategorien zu dienen. In diesem, vor allem Versicherungsleistungen anbietenden, mit Unternehmern kooperierenden, unpolitischen »Deutschen Privat-Beamten-Verein« (Magdeburg) verdeutlichte sich, zum ersten Mal auf überbetrieblicher Ebene greifbar, das am Beamtenmodell orientierte Selbstverständnis dieser Gruppe und ihre Tendenz, sich als »Stand«, als Teil des »Mittelstandes« zu verstehen und zu organisieren. Ganz der beamtentypischen Herrschafts- und Vermittlungsideologie folgend, begriffen sie sich unkorrekt aber schmeichelnd als Autoritätsträger zwischen Arbeitgeber und Arbeiter:

»Niemand steht dem Arbeiter näher als der kleine Beamte . . . Solange diese kleinen Autoritäten den Agitatoren im Wege stehen dicht neben dem Arbeiter, so lange hat es gute Wege mit der Furcht vor dem Umsturz . . . Wer bildet den natürlichen wertvollen Vermittler zwischen dem Arbeitgeber und den murrenden Arbeitermassen? der Beamte.«[17]

Diese Beamtenideologie der frühen Angestellten lag in mehrfacher Hinsicht im Interesse der Unternehmensleitungen: Einmal mußte ihnen erwünscht sein, daß ihre Angestellten gesellschaftlich von den Kunden und Vertragspartnern akzeptiert wurden. Dabei konnte ihnen ihr Auftreten als Beamte in einer von der Achtbarkeit des Beamten überzeugten Gesellschaft nur nützen.

Zum anderen: Solange die Kontrolltechniken, die den Unternehmern zur Verfügung standen, wenig leistungsfähig waren, mußte das

17. Privat-Beamten-Zeitung, Bd. 5, 1899, S. 3.

Beamtenselbstverständnis und -ethos ihrer Angestellten in ihrem Interesse liegen, wenn dieses Ethos wenigstens seinem Anspruch nach »Rechtschaffenheit, Pflichtgefühl, uneigennützige[n] Fleiß, Gemeinsinn, unbeugsames Rechtsgefühl und schlichte Treue« enthielt. Sofern es praktisch wurde, erfüllte das Beamtenselbstverständnis der frühen Angestellten in Deutschland die Funktion, die im England der Frühindustrialisierung das durch die Bildung von Berufsvereinen unterstützte Berufsbewußtsein der Techniker und Manager leistete: Es wirkte als Kontrolle gegen die gefürchtete Unzuverlässigkeit und den sich bis zum Betrug steigernden Eigennutz einer Gruppe von Beschäftigten, von deren Loyalität die Firmen ganz besonders abhingen.[18]

Schließlich: Zu einer Zeit, da die Arbeiter begannen, ihre Lage durch kollektiven Arbeitskampf zu verbessern, trug das beamtenhafte Firmenbewußtsein der Angestellten dazu bei, einerseits eine etwa bestehende Gefahr ihrer Solidarisierung mit den Arbeitern zu verringern – denn wie konnten sie sich auf die Stufe jener stellen, an deren Leitung sie anspruchsgemäß teilhatten –, andererseits aber die Angestellten von einer kollektiven Aktion zur Verbesserung ihrer eigenen Lage abzuhalten. Ein Beamter konnte sich wohl mit einer individuellen Bitte an seinen Dienstherrn wenden, kaum aber mit einer Kollektivpetition und schon gar nicht mit einer Streikdrohung.

Erneute Bürokratisierung und die Entstehung der Angestelltenschaft

MIT ZUNEHMENDER AUSDEHNUNG der Firma – besonders seit die Belegschaftszahl 1872 über 500 geklettert war – verstärkte sich die Tendenz, immer größere Teile des Unternehmens – von der Werkstatt über die technischen und zu den kaufmännischen Abteilungen fortschreitend – schriftlichen Regeln (Arbeitsordnungen, Instruktionen, Stellenbeschreibungen, Anweisungen in Engagementsschreiben) zu unterwerfen. Auch andere Veränderungen wiesen auf eine zunehmende Anwendung bürokratischer Organisationstechniken hin, die, wie aus den seit Ende der 60er Jahre vereinzelt publizierten Industrie-

18. Zum Problem der Unehrlichkeit von Angestellten in der frühen Industrialisierung: Harbison/Myers, Management, S. 49; Pollard, The Genesis, S. 126 ff. zu Großbritannien; Aufzählung der Eigenschaften bei O. Hintze, Der Beamtenstand, in: ders., Soziologie und Geschichte, Göttingen 1964[2], S. 77.

verwaltungslehrbüchern ersichtlich, keineswegs auf Siemens & Halske begrenzt war. Die Wirtschaftskrise der 70er Jahre verstärkte die Suche der Unternehmensleitungen nach kostensparender, zweckrationaler Unternehmensorganisation, und zwar nunmehr auch durch überbetrieblichen Erfahrungsaustausch; neben bürokratischen dienten jetzt auch zunehmend und explizit militärische Organisationsprinzipien als vorbildhaft – sicherlich nicht unbeeinflußt von den gefeierten Erfolgen und dem gesellschaftlichen Glanz der preußischen Armee seit den Einigungskriegen.[19] Am längsten entzog sich die Leitungsorganisation einer systematischen Reorganisation: Häufig scheinen sich Unternehmer an traditionelle, persönlich vermittelte Leitungsmethoden geklammert zu haben, die, über die Zeit ihrer sinnvollen Anwendung hinaus aufrechterhalten, in den wachsenden und immer komplexeren Großbetrieben zu Leitungsschwächen führten, die ihrerseits auf mittlerer und unterer Ebene Erscheinungen von Erstarrung und Bürokratismus zur Folge haben konnten. Gerade der Mangel an maßvoll bürokratischen Leitungsmethoden verstärkte in diesen Fällen eine Bürokratisierung der Abteilungen in einer dem Wachstum und dem Unternehmenserfolg durchaus abträglichen Weise. Um die dadurch auftretenden Hemmnisse und Störungen zu beseitigen, reorganisierten Siemens & Halske nach 1890 die Unternehmensspitze, die zwar flexibler und weniger formalisiert als die mittleren und unteren Ebenen der Unternehmensverwaltung blieb, jetzt aber ebenfalls arbeitsteilig systematisiert wurde. Der immer lebhaftere öffentliche Erfahrungsaustausch über industrielle Organisationsfragen dürfte seit der Jahrhundertwende die Ähnlichkeiten in den Organisationen der großen Unternehmen verstärkt haben.[20]

Die zunehmende Verwissenschaftlichung der Technik und die Standardisierung der Fabrikation, die immer klarere Trennung von

19. Vgl. J.J. Bourcart, Die Grundsätze der Industrieverwaltung, Zürich 1874, S. 52 ff., 93, 104; E. Roesky, Die Verwaltung und Leitung von Fabriken, Leipzig 1878, S. 21 f.

20. Vgl. J. Kocka, Industrielles Management, in: VSWG, Bd. 56, 1969, 360 ff. zur Fachliteratur über Leitungsorganisation und industrielles Management seit der Jahrhundertwende. – Beispiele von bürokratischer Orientierung: E. Redl, Elemente der Organisation und Administration industrieller Unternehmungen, Leipzig/Wien 1900; W. van den Daele, Der moderne Geschäftsbetrieb und seine Organisation, Stuttgart 1904, S. 74, 76 f., 94; W. Grull, Die Organisation von Fabrikbetrieben, Leipzig 1914, S. 9 f. – Zu Siemens: Kocka, Unternehmensverwaltung, S. 233–254 (Krisen der traditionellen Leitungsorganisation), 383–459 (Reorganisation).

Hand- und Kopfarbeit in der Produktion erhöhten die Schriftlichkeit in den Werkstätten, unterwarfen die Arbeitsvorgänge detaillierten, generellen Regeln und trieben die systematische Arbeitsteilung weiter voran. Die Kommerzialisierung der Unternehmenspolitik schlug sich in den großen Elektrounternehmen organisatorisch in der Entstehung riesiger, bürokratisch geordneter Angestelltenabteilungen nieder, in denen strikte Verteilung von Kompetenzen und Befehlsbefugnissen, genau reglementierte Geschäftsgänge und detailliert fremdbestimmte Arbeitsteilung erfolgreich in den Dienst größerer kaufmännischer Erfolge gestellt wurden. Der wachsende Angestelltenanteil an den sich vergrößernden Belegschaftszahlen reflektierte diesen Prozeß. In den deutschen Siemens-Unternehmen arbeiteten:

	Arbeiter	Angestellte	Verhältnis
1872	ca. 530	ca. 50	10,6
1890	2 540	360	7,1
1895	3 470	685	5,0
1912	44 378	12 502	3,5

Im Verwaltungsgebäude in Siemensstadt, das 1913 ca. 3000 Angestellten Raum bot, beförderten vier Aufzüge die Belegschaft, fünf halbautomatische Paternoster die Postsachen in alle Flügel und Stockwerke. 1897 zählte man im Berliner (ab 1905: Werner-)Werk S & H 86 000, 1907 559 000 und 1913 1 311 000 Postein- und -ausgänge.[21]

Zwar setzten auch jetzt noch die Institution des Privateigentums und die daraus resultierende Macht an der Spitze, die Leistungsorientierung und die Marktabhängigkeit des Unternehmens den Bürokratisierungstendenzen klare Grenzen, die sich etwa in neuartigen unbüro-

21. Vgl. auch den hohen Grad an Schriftlichkeit und Systematik bei der Deutschen Maschinenfabrik vor dem Krieg: C. Matschoß, Ein Jahrhundert deutscher Maschinenbau, Berlin 1919, S. 267 f. – Allerdings bestanden zwischen den einzelnen Sparten und Regionen große Unterschiede. Zur späten Einführung schriftlicher Ordnungen in der Dürener Textilindustrie: F. Decker, Die betriebliche Sozialordnung der Dürener Industrie im 19. Jh., Köln 1965, S. 61 f.

kratischen Kooperationsformen in der Leitung, aber auch zwischen Werkstatt, Konstruktion und Verkauf, in programmatischer Dezentralisierung und im Einbau von Marktelementen in Form eines inneren Preissystems, in der Bedeutung finanzieller Anreize und in dem in mancher Hinsicht vom Beamtenstatus unterschiedenen Arbeitnehmerstatus der meisten Angestellten zeigte. Weiterhin verbot sich die Gleichsetzung öffentlicher und privatwirtschaftlicher Bürokratie, in der zudem wichtige Veränderungen schon vor 1914 auf eine gewisse Enthierarchisierung, auf den Abbau direkter Befehls-Gehorsams-Verhältnisse und auf die Zunahme funktionaler Momente drängten.[22]

Doch ohne Zweifel glichen die Riesenunternehmen der Vorweltkriegszeit öffentlichen Bürokratien mehr als je zuvor. Ihr Wachstum und der weitgehend verschwundene Einfluß direkter, unmittelbarer Leitung; die Genauigkeitsanforderungen der komplizierten, kapitalstarken technischen und organisatorischen Apparatur; der Abbau hochkapitalistischer Verhaltensweisen auf einem zunehmend organisierten Markt und das Bedürfnis nach Aufrechterhaltung unternehmerischer Herrschaft über nicht mehr direkt zu kontrollierende Belegschaften waren die unternehmensimmanente Basis dieser weitgehenden Bürokratisierung. Wenn der bürokratische Charakter deutscher Unternehmen zunächst von außerindustriellen Bereichen induziert worden war und einen Grad aufgewiesen hatte, der durch die produktionstechnischen und kommerziellen Erfordernisse nicht voll gerechtfertigt gewesen zu sein scheint, so wurde er in den großen Industrieunternehmen nunmehr unabdingbar. Entsprechend begannen vergleichbare Großunternehmen in den USA seit den 1890er Jahren bürokratische Organisationen aufzubauen. Deutsche Unternehmen konnten dagegen auf bereits bestehende Organisationsmuster zurückgreifen, die sie zum Teil bereits selbst angewandt hatten und die sie lediglich zu modifizieren und zu modernisieren hatten; sie machten sich zudem weiterhin die Organisationsfähigkeiten öffentlicher Beamter zunutze, die sie mit Hilfe höherer Verdienstangebote leicht den öf-

22. Vgl. Kocka, Unternehmensverwaltung, S. 552 ff.; H. Bossetzky, Bürokratische Organisationsformen in Behörden und Industrieverwaltungen, in: R. Mayntz (Hg.), Bürokratische Organisation, S. 179–188; A. Gouldner, Patterns of Industrial Bureaucracy, Glencoe, Ill. 1954. – S. auch W. Fischer, WASAG, die Geschichte eines Unternehmens 1891–1966, Berlin 1966, S. 33–48, bes. 35 f., wo trotz straffer, in vieler Hinsicht bürokratischer Organisation das behördliche Modell für die Gehaltspolitik durch die Unternehmensleitung ausdrücklich abgelehnt wird.

fentlichen Verwaltungen abwarben.[23] In der so erleichterten Systematik und Effizienz der industriellen Verwaltung und Organisation im
Kaiserreich, die auch zeitgenössischen Betrachtern auffiel, wird man,
besonders wenn man sie mit gleichzeitigen Erfahrungen Großbritan-
niens vergleicht, dessen nachlassendes Wirtschaftswachstum zu einem
Teil aus Management-Schwächen erklärt werden kann, eine der
Grundlagen der raschen und erfolgreichen Expansion der deutschen
Industrie vor 1914 sehen müssen, das heißt einen das Wachstum för-
dernden Faktor, der zum Teil als nachwirkender Vorteil der bürokratischen Bedingungen deutscher Industrialisierung zu analysieren ist.[24]

In den ausgedehnten Büroabteilungen erreichten Arbeitsteilung
und Routine, die Einfachheit und zum Teil Quantifizierbarkeit vieler
Tätigkeiten, sowie die Kontrollierbarkeit und Austauschbarkeit der
meisten Angestellten ein hohes Maß. Die allgemeine Verbreitung von
Grundkenntnissen im Lesen und Schreiben, der Ausbau des gewerblichen und technischen Schulwesens und die anhaltende Attraktivität

23. Vgl. O. Heinemann, Kronenorden Vierter Klasse, Düsseldorf 1969, S.
100, der den leitenden Einfluß von Staats- und Gemeindebeamten bei Ausbildung und Aufbau des »industriellen Beamtentums« bei Krupp in der Vorkriegszeit erwähnt. Ebd., S. 135 und W. Fischer, Staatsverwaltung und Interes-
senverbände im Deutschen Reich 1871–1914, in: Interdependenzen von Staat
und Wirtschaft, Berlin 1967, S. 444 zu Beispielen für Übergänge aus der öffentlichen in die industrielle Verwaltung, die häufig genug vorkamen, um 1912
den Reichstag zu beschäftigen. Zur Rolle des ehem. Leiters der Reichsversi-
cherungsanstalt bei der Reorganisation der Siemens-Verwaltung um 1900 vgl.
Kocka, Unternehmensverwaltung, S. 401 ff.

24. Zur amerikanischen Unternehmensorganisation: J. A. Litterer, Syste-
matic Management: The Search for Order and Integration, in: Business History
Review, Bd. 35, 1962, S. 461–476; ders., Systematic Management: Design for
Organizational Recoupling in American Manufacturing Firms, in: ebd., Bd. 37,
1963, S. 369–391, wd. in: Baughman, The History of American Management,
S. 53–74; A. D. Chandler, The Beginnings of ›Big Business‹ in American Industry, in: Business History Review, Bd. 33, 1959, S. 1–31, wd. in Baughman,
The History of Management, S. 1–28. – Zu englischen Management-Schwächen: A. L. Levine, Industrial Retardation in Britain 1880–1914, New York
1967, S. 57–78. – Zur zeitgenössischen Hochschätzung deutscher Organisationsfähigkeiten, die allerdings oft klischeehafte Züge annahm: A. u. V. L.
Shadwell, Deutschland, England und Amerika, Berlin 1907; dazu C. Matschoß, Arthur Shadwells Vergleich der industriellen Leistungsfähigkeit Eng-
lands, Deutschlands und Amerikas, in: Technik und Wirtschaft, Bd. 1, 1905, S.
351–359, 401–406, bes. 357 ff.; A. Marshall, Industry and Trade, London
1919, S. 129 ff.

nichtmanueller Berufe ließen bis 1900 eine »Reservearmee« ausreichend qualifizierter Angestellter zumindest in Ansätzen entstehen. Diese Veränderungen, die zum Aufstieg der Industrie als ganzer beitrugen, stellten allmählich die in Eigenarten der frühen Industrie wurzelnde funktionale Grundlage der Privatbeamtensonderstellung für eine zunehmende Anzahl nichtmanueller Arbeitnehmer in Frage. Tatsächlich bewirkten sie, von Betrieb zu Betrieb nach Intensität und Zeitpunkt wechselnd, von deren Größe, Bürokratisierung, Kommerzialisierung, Technologie und Personalpolitik abhängig, eine Verringerung der durchschnittlichen Bezahlungsdifferenz zwischen der Masse der Gehalts- und den besser verdienenden Lohnempfängern. Nach Verdienst und Aufstiegsmöglichkeiten, innerbetrieblicher Stellung und wohl auch Lebenschancen überhaupt nahmen die Unterschiede zwischen verschiedenen Angestelltenkategorien – selbst innerhalb ein und desselben Unternehmens – zu. Die Unternehmensleitungen standardisierten und schematisierten ihre Politik gegenüber der wachsenden Zahl unterer und mittlerer Angestellter. Deren Spezialisierung nahm zu. Ihre Aufstiegschancen nahmen wahrscheinlich ab. Sie wurden leichter ersetzbar. Markt- und Leistungsgesichtspunkte bestimmten Gehalt und Sicherheit dieser Arbeitnehmer mehr als zuvor. Damit wurden sie den Lohnarbeitern ähnlicher. Viele von ihnen wurden immer detaillierteren Kontrollen unterworfen und erhielten immer weniger Informationen über das Unternehmensgeschehen als ganzes. Den betroffenen Angestellten, deren Mitarbeiter- und Beamtenselbstverständnis damit immer mehr in Widerspruch zu ihrer tatsächlichen Situation als privatindustrielle Arbeitnehmer trat, erschienen diese Veränderungen als Degradierung, gegen sie protestierten.[25]

25. Als ausführliche Analyse dieses seit den frühen 80er Jahren bei Siemens erkennbaren Prozesses: Kocka, Unternehmensverwaltung, S. 254–311, 463–500, 501, 508 f.; als Beispiel des unternehmensintern geäußerten Protestes gegen allmählichen Statusverlust: die Petition von 72 Ingenieuren und Technikern der Bahnabteilung S & H v. 16. Juli 1901 (SAA 32/Li 754) und den anonymen Brief eines »älteren Angestellten« an Wilhelm von Siemens am 16. Nov. 1913 (SAA 4/Lk 25), beides in: Werner-von-Siemens-Institut München. Die Differenzierungsvorgänge innerhalb des Angestelltenbereichs betont zu Recht: G. Schulz, Die industriellen Angestellten, in: H. Pohl (Hg.), Sozialgeschichtliche Probleme in der Zeit der Hochindustrialisierung (1870–1914), Paderborn 1979, S. 238–242, 255; S. 246–256 enthalten wichtige Warnungen vor einer allzu schematischen Verwendung der sog. »Proletarisierungsthese«.

Wenn Unternehmensleitungen die sich vom Arbeiter abhebende
Sonderstellung der Angestellten auch für die zunehmende Zahl jener
Angestellten, deren Tätigkeit, Ersetzbarkeit, Eingeweihtheit, Autori-
tätsanteil und Entscheidungsspielraum keinerlei Sonderbehandlung
ökonomisch rechtfertigten, in einem gewissen, wenn auch abnehmenden Maße aufrechterhielten, so – neben anderen Faktoren – zunehmend aus sozialpolitischen Erwägungen und mit unernehmensintegra-
tiver Zielsetzung. Spätestens seit den 1880er Jahren läßt sich in den
Siemens-Unternehmen ein Überschuß an Arbeiter-Angestellten-Dif-
ferenzierung feststellen, die offenbar den Erwartungen der Angestellten entsprach und, ökonomisch-funktionaler Notwendigkeiten weitgehend entkleidet, »künstliche« Aufstiegsmöglichkeiten schaffte. In
der zeitgenössischen Diskussion wurde der Sinn einer solchen Politik
ausgesprochen: Um die Explosionsgefahr der sozialen Frage zu bändi-
gen und den »Arbeiterstand« wieder »wurzelfest« zu machen, forderte Gustav Schmoller 1889 die Schaffung eines geordneten »Stu-
fenganges« und zahlreicher Arbeiterkarrieren. ». . . es ist die Herausbildung von festgeordneten Lebenslaufbahnen, die zwar im engeren
Kreis verlaufen, aber allen tüchtigen gesunden Familienvätern ein si-
cheres, für viele erreichbares Ziel vor Augen halten. Und das ist es,
was der gewöhnliche Mann haben muß, um glücklich zu werden.« Dieses keineswegs voll durch Sachnotwendigkeiten des Arbeitsprozesses
geforderte Ausmaß an Differenzierung der Arbeitnehmerschaft ant-
wortete, nachdem im Großbetrieb direkte, persönliche Integrations-
methoden an ihre Grenzen gestoßen waren, auf das Problem, soziale
Konflikte zu entschärfen und die im Betriebsinteresse erforderliche
Verbundenheit der Belegschaft mit dem Unternehmen zu sichern.
Während die Lösungsversuche im Rahmen eines bewußt und künstlich wiedererweckten Patriarchalismus die distanzierende Anonymität
und unpersönliche Sachlichkeit des Großbetriebes zu mildern suchten,
akzeptierte die hier diskutierte Integrationsmethode die typisch groß-
betriebliche Distanz, paßte sich ihr an und versuchte innerhalb ihrer,
auf bürokratie-orientierte Weise, Anreize und Verbundenheit zu
schaffen.[26] Besonders im Zuge der Verschärfung der Arbeitskämpfe

26. G. Schmoller, Wesen und Verfassung der großen Unternehmen, in: Zur
Social- und Gewerbepolitik der Gegenwart, Leipzig 1890, S. 418; vgl. ähnlich
L. Sinzheimer, Über die Grenzen der Weiterbildung des fabrikmäßigen Groß-
betriebs in Deutschland, Stuttgart 1893, S. 185; zur antisozialistischen Stoßrichtung einer solchen Beförderungspolitik: Die Jugendgeschichte einer Arbeiterin, von ihr selbst erzählt, hg. v. A. Bebel, München 1909, S. 86.

nach der Jahrhundertwende, nachdem sich (1904/05) der erste gewerkschaftlich orientierte Technikerverband gebildet hatte und Unternehmerverbände (mindestens seit 1908) zu Kampfmaßnahmen gegen organisierte Angestellte aufgerufen hatten, mußte es für die Unternehmensleitungen naheliegen, den ökonomisch zum Teil überholten Quasi-Beamtenstatus der dafür empfänglichen Angestellten, soweit wie ökonomisch irgend vertretbar, auch auf den unteren und mittleren Ebenen der Hierarchie aufrechtzuerhalten.[27]

Ein ähnliches Wechselspiel zwischen ökonomisch bedingtem Statusverlust, daraus folgendem Angestelltenprotest und dessen partieller Befriedigung durch die entsprechenden Herrschaftsgruppen aus sozialintegrativen Gründen fand zur selben Zeit auf gesamtgesellschaftlicher Ebene statt. Die beschriebene und durch unternehmerische Integrationsmaßnahmen in ihren nivellierenden Folgen nicht voll zu entschärfende Modernisierung der Arbeitsverhältnisse, wie sie für den industriellen Bereich angedeutet wurde und im Handels-, Versicherungs- und Bankensektor sogar noch klarer nachgewiesen werden könnte, beeinflußten die ökonomische Situation vieler Angestelltenkategorien in einer mit ihrem traditionellen Selbstverständnis schwer vereinbaren Weise. Die Entlassungen und Gehaltsreduktionen der Rezession 1900−1902 machten ihnen dieses Dilemma erneut bewußt. Diese Infragestellung des überlieferten Beamtenselbstverständnisses

27. Der Sozialexperte der Siemens-Firmen, R. Fellinger, formulierte am 2. März 1910 (SAA 3/Lk 17,2, Werner-von-Siemens-Institut): »Wirft man die Angestellten mit den Arbeitern zusammen, so konstruiert man künstlich einen Gegensatz zwischen dem Unternehmen und den Angestellten und eine Gleichartigkeit zwischen den Angestellten und den Arbeitern, die nicht vorhanden sind, die aber dadurch gefördert werden! Man fördert die Geschäfte der Sozialdemokratie.« 1911 war es für O. Hintze nicht zweifelhaft, daß man versuchen sollte, die Lage der Arbeiter der von Beamten anzunähern, da »man nur die Wahl hat zwischen einer Verstärkung der Sozialdemokratie oder einer Ausdehnung des Beamtenverhältnisses« (Der Beamtenstand, S. 120). Zum gewerkschaftlichen Bund der technisch-industriellen Beamten: W. Mertens, Zur Bewegung der technischen Privatbeamten, in: ASS, Bd. 25, 1907, S. 649−713; zum Boykottaufruf des Verbandes Bayerischer Metallindustrieller vom 3. Juni 1908: Deutsche Industriebeamten-Zeitung, 4, 1908, S. 196f. − Diese aus der Konfliktstruktur des Unternehmens (und darüber hinaus der Klassenverhältnisse überhaupt) resultierende Ursache für die partielle Aufrechterhaltung des Angestellten-Sonderstatus wird man nicht verabsolutieren, aber auch nicht vernachlässigen dürfen, wie dies neuerdings wieder bei Schulz (Die industriellen Angestellten, S. 233 ff.) geschieht.

führte bei den meisten Betroffenen jedoch nicht zu dessen Auflösung, sondern zu dessen Beschwörung und Betonung. Wie die Stellungnahmen von Angestelltenvertretern klar erkennen lassen, bewunderten die Angestellten auch nach 1900 auf durchaus kapitalismusfremde Weise vor allem die Sicherheit der Beamtenstellungen, die nun, wie auch in früheren Wirtschaftsflauten an Anziehungskraft gewann. Mehr kam hinzu:

>>Gewiß sind es zum großen Teil wirtschaftliche Rücksichten, die Sicherheit der Stellung und die Aussicht auf Pension, die für den Privatangestellten die Beamtenqualität erstrebenswert machen, aber zum großen Teil ist es auch das Streben nach gesellschaftlicher Anerkennung, nach Hebung des Ansehens, was die Sehnsucht hervorruft, aus Angestellten zu Beamten zu werden.<<[28]

In der bis dahin expansivsten Phase des deutschen Industriekapitalismus orientierten sich, wie häufig herausgestellt wurde, viele Unternehmer an vorindustriellen Idealen und Lebensformen feudal-agrarischer Provenienz, während, wie aus einer solchen Auskunft eines Angestelltenvertreters in typischer Weise hervorgeht, ein sich ständig verbreiternder Anteil ihrer Arbeitnehmerschaft sich an ebenfalls vorindustriellen, nämlich beamtentypischen und bürokratischen Modellen ausrichtete und bürgerlich-unternehmerische Werte wie Risiko, Initiative, Leistungswettbewerb und individuelle Eigenverantwortung für wenig erstrebenswert hielt. Den Feudalisierungstendenzen vieler deutscher Unternehmer entsprachen die Verbeamtungstenden-

28. H. Potthoff, Die Organisation des Privatbeamtenstandes, Berlin 1904, S. 7; bestätigend: G. Stresemann, Die Stellung der Industrie . . ., in: Wirtschaftspolitische Zeitfragen, Dresden 1910, S. 54 f.; ähnlich: Jb. f. d. soziale Bewegung der Industriebeamten, Jg. 1910, S. 9 f. – Zum hohen Prestige der Beamten: S. Whitman, Das kaiserliche Deutschland, Berlin 1889; A. v. Mendelssohn-Bartholdy, The War and German Society, New Haven, 1934, S. 214. – Zu nichtindustriellen Angestelltengruppen vgl. u. a.: L. Arps, Auf sichern Pfeilern, Göttingen 1965 (Versicherungsangestellte); A. Michel, Handarbeit und Bureauarbeit, in: ASS, Bd. 26, 1908, S. 741–766; H. Janberg, Die Bankangestellten, Wiesbaden 1958; P. Lange, Die soziale Bewegung der kaufmännischen Angestellten, Berlin 1920; I. Hamel, Völkischer Verband und nationale Gewerkschaft, Frankfurt 1967; sowie die Arbeiten von Engelsing und Rudl oben S. 63, Anm. 130. – Es kann hier nur darauf verwiesen werden, daß die ökonomische Entwicklung nicht nur die bei industriellen Angestellten vorherrschenden Beamtenideologien, sondern auch die vor allem bei Handlungsgehilfen vertretenen, sich oft mit einem beamtenähnlichen Selbstverständnis verbindenden berufsständischen Vorstellungen mit ganz ähnlichen sozialen Wirkungen in Frage stellte.

zen ihrer Angestellten. Die in der Entstehung der deutschen bürgerlichen Gesellschaft und in den Bedingungen der deutschen Industrialisierung fußenden Bürokratisierungsansätze verbanden sich mit den historisch unvermeidlichen Erschütterungen der kapitalistischen Wirtschaft, um in deren Zentrum einen in seinem Denken und Wünschen antikapitalistischen »Mittelstand« zu produzieren.

1900 manifestierte sich diese lange angelegte Entwicklung als wirkungsvolle sozialpolitische Forderung. Die Mehrheit der Angestellten, die sich über berufliche, den bisherigen Organisationen meist als Abgrenzung dienende Unterschiede hinweg, eigentlich erst jetzt als gesamtgesellschaftliche Gruppe sichtbar konstituierten und organisierten, forderte in Ausschüssen und Versammlungen, mit Publikationen und Wahlbeeinflussungen eine gesetzliche Angestelltenversicherung, die sie von den Lohnarbeitern und deren längst bestehender, bis dahin auch die meisten Angestellten einbeziehender Versicherung unterscheiden und ihnen beamtenähnliche Anrechte sichern sollte. Die Aktivität der Angestellten, die bereits 1904 als »lawinenartige Bewegung« in einem »großen und mächtigen Zweig des Mittelstandes« bezeichnet wurde, führte zum Erlaß des Angestelltenversicherungsgesetzes von 1911, das nicht nur die Gruppe der Angestellten vor der Masse der Arbeiter versicherungsmäßig privilegierte, sondern auch eine erste rechtliche Definition des Angestelltenbegriffs enthielt, die seitdem in andere, sozial- und arbeitsrechtliche Gesetze sowie in die Tarifverträge mit ähnlichem Differenzierungseffekt übernommen wurde und so eine nicht zu unterschätzende gruppenbildende, sozialstrukturierende Kraft entfaltete. Während die ökonomische Entwicklung die Differenzierung zwischen einzelnen Angestelltenkategorien in den Unternehmen und in der Gesellschaft überhaupt vorantrieb, trat hier von der Gesetzgebung her ein mächtiger Wirkungsfaktor auf den Plan, der das Gemeinsame aller Angestellten und damit ihre Abgrenzung von der Lohnarbeiterschaft entscheidend verstärkte.[29]

29. Die verwickelte Geschichte des Angestelltenversicherungsgesetzes wurde noch nicht geschrieben. Vgl. vorläufig: Kocka, Unternehmensverwaltung, S. 516–544; G. Hartfiel, Angestellte und Angestelltengewerkschaften in Deutschland, Berlin 1961, S. 134 ff.; S. Mielke, Der Hansa-Bund für Gewerbe, Handel und Industrie 1909–1914. Der gescheiterte Versuch einer antifeudalen Sammlungspolitik, Göttingen 1976, S. 97–102. – Zu den beamtentypischen Forderungen der Angestelltenmehrheit vgl. Schriften des Werkmeister-Verbandes, Bd. 1, 1906, S. 17; das Angestelltenversicherungsgesetz in RGBl. 1911, S. 989 ff., bes. § 1 (Definition). – Vgl. G. Schelp, Das Angestell-

Wie das Absonderungsstreben der Angestellten in den einzelnen Unternehmen zu seiner partiellen Verwirklichung der gleichgerichteten sozialpolitischen Intentionen der Unternehmensleitungen bedurfte, so konnte sich das auf ihrem Berufs- und Beamtenbewußtsein fußende Absetzungsstreben der Angestellten gesamtgesellschaftlich nur durchsetzen, weil ihm die Unterstützung einflußreicher Gruppen zuteil wurde. Neben finanziellen Interessen des Reiches und der Konkurrenz der Parteien um die schnell sich vergrößernde Wählergruppe kamen den Angestellten »mittelständische«, besonders antisozialdemokratische Absichten einflußreicher Kräfte entgegen. Das Schlagwort vom »neuen Mittelstand«, das eine durch objektive Interessenlagen kaum gerechtfertigte Übereinstimmung zwischen kleinen Selbständigen (»altem Mittelstand«) und Angestellten (»neuer Mittelstand«) suggerierte, wurde von den Befürwortern der Angestelltensonderversicherung geschickt eingesetzt. Dieser ungenaue, ideologisch aufgeladene Begriff erlaubte es, in einer vom Zerfall ständischer Strukturen gekennzeichneten Wirklichkeit die traditionellen ständischen Implikationen des Wortes zu übernehmen und zugleich etwas von zukunftsfroher Zuversicht auszustrahlen. Er gestattete den auf Privilegierung bedachten Angestellten und den die (ohnehin kaum in Ansätzen sichtbare) sozialkritische Solidarisierung von Arbeitern und Angestellten ablehnenden Unternehmern und Politikern, innerhalb eines hierarchischen Gesellschaftsbildes eine scheinbar klare Linie zwischen meist sozialdemokratisch ausgerichteten, bekämpften und antiproletarischen, »national zuverlässigen« Arbeitnehmern zu ziehen.[30] Die vor allem in Kreisen um den Bund der Industriellen feststellbare, seit der Gründung des Hansa-Bundes offenbar verstärkte Absicht, das »Zusammengehörigkeitsgefühl der Privatbeamten mit Handel und Industrie« zu betonen (Stresemann), die gesellschaftliche Basis einer bürgerlichen, antifeudalen Sammlungspolitik zu schaffen oder zu festigen, den ersten angestelltengewerkschaftlichen Tendenzen die Spitze abzubrechen und eine eventuelle, den Status quo be-

tenproblem in der Gesetzgebung, in: Der Angestellte zwischen Arbeiterschaft und Management, hg. v. H. Bayer, Berlin 1961, S. 187–202; von der »lawinenartigen Bewegung« sprach Abg. Nacken (Zentrum) am 10. Mai 1904 im Reichstag (SBR, Bd. 200, S. 2821).

30. Vgl. G. Schmoller, Was verstehen wir unter dem Mittelstande? in: Die Verhandlungen des 8. Evangelisch-sozialen Kongresses, Göttingen 1897, S. 132–185, bes. 134f., 157f.; H. Böttger, Vom alten und neuen Mittelstand, Berlin 1901, S. 5f., 9, 38ff.. – Im übrigen: unten Kap. 5.

drohende Einheitsfront aller Arbentnehmer zu erschweren, verhalf den »mittelständischen«, am Beamtenmodell orientierten antiproletarischen Absetzungsbestrebungen der Angestellten zum Erfolg. Auch hier zeigt sich also: Die als bedrohlich empfundenen klassengesellschaftlichen Spannungen und Konflikte sind der Boden, auf dem sich – gewissermaßen als Antwort und Reaktion – so etwas wie eine deutlich profilierte Angestelltenschaft und ein klar definierter Angestelltenbegriff endgültig herausbilden konnten, wenn die Herausbildung von Angestelltenschaft und Angestelltenbegriff auch keineswegs allein auf jene Wirkursache zurückgeführt werden kann.

Die Mobilisierung der durch die ökonomische Entwicklung bedrohten bürokratisch-mittelständischen Traditionen im Selbstverständnis der Angestellten trug dazu bei, daß diese Gruppe, unterstützt von den gekennzeichneten Interessen herrschender Gruppen, noch rechtzeitig, d. h. kurz bevor die reale ökonomische Basis ihrer bisherigen privilegierten Sonderstellung für die Mehrheit ihrer Mitglieder im arbeitsteiligen Büro ganz dahinschwand, eine sozialpolitische, versicherungsrechtliche Fixierung dieser Sonderstellung durchsetzte, die in dieser Form weder in England noch in den USA auftrat. Bürokratische Traditionen der deutschen Industrialisierung trugen damit zu einem Überschuß an hierarchischer Differenzierung und sozialer Ungleichheit bei, die immer weniger funktional gerechtfertigt waren, die aber dazu dienten, den Status quo mit Hilfe eines Minimums an Zugeständnissen zu erhalten und es vorübergehend ermöglichten, auf tiefergreifende, für die Herrschenden kostspieligere Reformen zu verzichten. Durch die Verschärfung und vorläufige Zementierung einer immer weniger durch Eigenarten des ökonomischen Prozesses bedingten Gesellschaftsgliederung trugen sie zur Aufrechterhaltung traditioneller, in gewissem Sinne vorindustrieller, hierarchischer, »mittelständischer« Erwartungen bei, die in Krieg, Inflation und Depression um so schärfer in Widerspruch zu unaufhaltsamen, auf Abbau überholter Statusunterschiede drängenden ökonomischen Entwicklungen traten und »mittelständische« Proteste auch in den abhängigen Mittelschichten auslösten, die den angelsächsischen Ländern – in dieser Stärke und Form – erspart blieben.

Daß sich in Deutschland der Arbeiter-Angestellten-Unterschied schärfer herausbildete als anderswo, und auch schärfer, als es aus den Bedingungen und Anforderungen des sich schnell modernisierenden und differenzierenden Wirtschaftssystems notwendig folgte, ist eine Hauptthese der vorausgehenden Ausführungen. Weiterhin wurde argumentiert, daß zu diesem Überschuß an sozialer Ungleichheit fortwirkende vor-industrielle Reststrukturen und Traditionen beitrugen, die aus angebbaren Gründen fortlebten, reaktiviert wurden oder durch staatliche Politik verfestigt wurden. Diesem Mechanismus soll nun des Näheren nachgegangen werden, und zwar unter Konzentration auf einen bisher nur am Rande erwähnten Teilaspekt: auf das Bildungswesen und seine Wirkungen für die Herausbildung des Arbeiter-Angestellten-Unterschieds und für die innere Differenzierung der entstehenden Angestelltenschaft.

3.
Bildung und soziale Ungleichheit: Entstehung und Differenzierung angestellter Mittelschichten im 19. und frühen 20. Jahrhundert

Schulbildung im industriellen Nachfolgeland:
die Fragestellung

ALS DIE GEWERBLICHE ENTWICKLUNG in Deutschland eine Intensität und Beschleunigung erfuhr, so daß man rückblickend vom Beginn der Industriellen Revolution sprechen kann – also in den 1830er/40er Jahren –, hatte England den Beginn seiner Industriellen Revolution bereits ca. 50 Jahre hinter sich. Deutschland war bekanntlich ein Spät-Ankömmling, ein Spät-Starter in puncto Industrialisierung, jedenfalls wenn man es mit dem weiter entwickelten West-Europa vergleicht. Seit Alexander Gerschenkrons Aufsätzen ist verstärkt ins Bewußtsein der Historiker getreten (was viele Zeitgenossen im 19. Jahrhundert durchaus wußten und diskutierten), daß ein zeitliches Nachhinken der Industrialisierung zugleich deren qualitative Andersartigkeit bedeutet. Mit anderen Worten: Die deutsche Industrialisierung begann nicht nur deutlich später als die englische, sie war auch in bestimmten Hinsichten anders als diese, und diese partielle Andersartigkeit hing mit jener Verspätung kausal zusammen.[1]

Ein Moment, durch das sich der ›Spätankömmling‹ vom ›Frühindustrialisierer‹ unterschied, war das größere Gewicht, das im später industrialisierenden Land auf formale Bildung und Ausbildung gelegt wurde. Das später industrialisierende Preußen und andere deutsche Staaten versuchten gewissermaßen, den Vorsprung der Engländer dadurch schneller aufzuholen, daß sie den Ausbau des allgemeinen, des

---

1. Vgl. A. Gerschenkron, Economic Backwardness in Historical Perspective, New York 1965[2].

gewerblich-technischen und z. T. auch des kaufmännischen Schulwesens forcierten, um wirtschaftlich günstige Qualifikationen und Motivationen zu entwickeln und zu verbreiten, die im Pionierland England größtenteils aus der gewerblich-kaufmännischen Praxis der vorindustriellen Zeit herausgewachsen, empirisch tradiert und ohne bewußte Schulung vorhanden waren. Früher als in England wurde in den meisten deutschen Staaten die allgemeine Schulpflicht erlassen und allmählich auch durchgesetzt; vor allem wurde seit den 1820er Jahren ein staatliches gewerblich-technisches Schulwesen aufgebaut, das in England oder in den USA keine Parallele hatte.[2] Die ständige Fortentwicklung dieses technischen Schulwesens auf den verschiedensten Ebenen ging dann Hand in Hand mit der fortschreitenden Verwissenschaftlichung der Produktionstechnik, die in den folgenden Jahrzehnten und in der Tat bis heute die Anforderungen zunehmen ließ, die an die Qualifikation von Teilen des gewerblich-industriellen Personals gestellt werden. Die meisten Zeitgenossen und die meisten Wirtschaftshistoriker waren und sind überzeugt, daß dieser vergleichsweise frühe und dann resolute Ausbau des allgemeinen und vor allem des technischen Bildungswesens in Deutschland kräftig dazu beitrug, daß die deutsche Wirtschaft in der zweiten Hälfte des 19. Jahrhunderts und im frühen 20. Jahrhundert sich sehr erfolgreich entwickelte, die Spitzenstellung auf dem Kontinent errang und auf einigen Gebieten bis 1914 sogar den einstmals beneideten Pionier England überholte, der, ohne früh und rechtzeitig zum Ausbau eines entsprechenden Schulsystems gezwungen gewesen zu sein, die späten Früchte früherer Rückständigkeit nicht in dieser Weise ernten konnte und – natürlich auch aus vielen anderen Gründen – seine frühe Pionierrolle mit späterer Verlangsamung des industriellen Wachstums bezahlte.[3]

Wie gesagt, die stärkere Betonung der schulischen Ausbildung in Deutschland läßt sich nicht nur funktional mit dem späteren Industrialisierungsstart hierzulande in Verbindung bringen, sondern auch intentional, nämlich als Nachhol-Motivation im Bewußtsein der den Ausbau des Schulwesens befördernden Beamten. Doch läßt sich die frühere und gründlichere Ausbildung eines staatlichen Bildungs- und

2. Als Überblicke vgl. P. Lundgreen, Industrialization and the Educational Formation of Manpower in Germany, in: Journal of Social History, Bd. 9, 1975/76, S. 64–79, bes. 65–71; ders., Sozialgeschichte der deutschen Schule im Überblick. Teil I: 1770–1918, Göttingen 1980.

3. Vgl. z. B. D. S. Landes, The Unbound Prometheus, Cambridge 1969, S. 344 f. [dt. u. d. T.: Der entfesselte Prometheus, Köln 1973].

Ausbildungssystems natürlich nicht nur aus der relativen Rückständigkeit der deutschen Wirtschaftsentwicklung und dem relativ späten Industrialisierungsbeginn in Deutschland erklären. Auf mindestens zwei andere Faktoren ist vielmehr hinzuweisen, die sowohl mit dem Problem der relativen Rückständigkeit wie miteinander verknüpft waren, dennoch aber selbständig wirkten:

Einmal hatten die Bedürfnisse der Beamtenausbildung und der »inneren Staatsbildung« (O. Hintze) im absolutistischen Staat – also schon in vorindustrieller Zeit – zur Errichtung eines relativ gut entwickelten höheren Schulwesens und zu frühen Ansätzen der Volksbildung geführt, einschließlich solcher zur Entwicklung eines technischen Schulsystems – man denke u. a. an die Berliner Bauakademie, die 1799 aus der viel älteren Akademie der Künste hervorging und in den 1870er Jahren in die Technische Hochschule (TH) Charlottenburg einmünden sollte. Vergleichbare staatliche Veranstaltungen gab es im nicht-absolutistischen England nicht. Überhaupt hat dort bekanntlich sowohl die Praxis wie auch die Vorstellung von der engen Koppelung schulischer Ausbildungsgänge, genereller Prüfungen und spezialisierter Berufslaufbahnen lange gefehlt, eine Praxis und Vorstellung, die auf dem Kontinent aus der bürokratischen Tradition und dem damit verbundenen Berechtigungswesen her bekannt und – das ist entscheidend – sozial legitimiert waren. In Deutschland ging eben die Entwicklung öffentlicher Bürokratien der Industrialisierung voraus – ganz im Unterschied zu den angelsächsischen Ländern –, und diese Verschiedenartigkeit spiegelte sich in der unterschiedlich starken Betonung der schulischen Ausbildung in den einzelnen Ländern.[4]

Zum andern zeichnete sich die Entwicklung des deutschen Bürgertums schon in vorindustrieller Zeit durch eine besonders hohe Wertschätzung von Bildung aus. Bildung galt in verschiedenen bürgerlichen Gruppen als Grundlage des Anspruchs auf soziale Geltung, teilweise und vorübergehend auch als Grundlage des Anspruchs auf politischen Einfluß, gerade wenn und soweit Geburt und Reichtum als Grundla-

4. Vgl. F. Schnabel, Die Anfänge des technischen Hochschulwesens, Karlsruhe 1925; J. Becker, Von der Bauakademie zur Technischen Universität, (Berlin) 1949; R. Rürup (Hg.), Wissenschaft und Gesellschaft. Beiträge zur Geschichte der Technischen Universität Berlin 1879–1979, Bd. 1, Berlin 1979. W. Fischer u. P. Lundgreen, Recruitment and Training of Administrative and Technical Personnel, in: Ch. Tilly (Hg.), The Formation of National States in Western Europe, Princeton 1975, S. 456–561 (zum Vergleich zwischen Preußen, England und Frankreich).

gen solcher Ansprüche fehlten. Bildung als zentrales Element bürgerlicher Selbstlegitimation und bürgerlichen Selbstverständnisses finden wir auch anderswo, doch scheint es so, als ob dieses Phänomen in Deutschland besonders stark ausgeprägt war. Sicherlich hing das damit zusammen, daß ohne erfolgreiche Revolution hier die bürgerliche Emanzipation gegen feudale Gewalten und Obrigkeitsstaat *praktisch* vergleichsweise begrenzt geblieben war und sich zu einem guten Teil im Bereich der Ideen, nicht zuletzt der Philosophie, abgespielt hatte. Doch kann dem hier nicht weiter nachgegangen werden.[5]

Relative wirtschaftliche Rückständigkeit und später Industrialisierungsbeginn zum einen, absolutistisch-bürokratische Traditionen zum zweiten und eine spezifische Hochschätzung von Bildung im deutschen Bürgertum drittens haben den frühen und resoluten Ausbau eines allgemeinen und eines gewerblich-technischen Schulsystems in Deutschland befördert, und dieses Schulsystem trug zum erfolgreichen Wachstum der deutschen Industriewirtschaft, besonders in den späteren Jahrzehnten, bei. So wurde bisher, unter Verzicht auf an sich notwendige Qualifikationen und Modifikationen,[6] argumentiert. – Im folgenden soll nicht der wirtschaftsgeschichtlichen Frage nachgegangen werden, auf welche Weise und mit welchem Ergebnis schulische Bildung und Ausbildung die wirtschaftliche Entwicklung beeinflußten, förderten und vielleicht doch auch manchmal bremsten. Vielmehr sollen einige sozialgeschichtliche Auswirkungen dieses vergleichsweise früh und stark ausgebauten schulischen Bildungs- und Ausbildungssystems diskutiert werden. Die Hauptthese, die in den folgenden Überlegungen entwickelt, gestützt und illustriert werden soll, ist folgende: Das Bildungs- und Ausbildungssystem in Deutschland, jedenfalls in den Bereichen, die hier zur Debatte stehen, trug zu einem Überschuß an sozialer Hierarchisierung bei, zu sozialer Ungleichheit in einem Ausmaß, das sich nicht mit Notwendigkeit aus den Mechanismen der industriekapitalistischen Entwicklung ergab und auch nicht in jedem industriekaptialistischen System ähnlichen Entwick-

5. Vgl. H. Holborn, Der deutsche Idealismus in sozialgeschichtlicher Beleuchtung (1952), wd. in: H.-U. Wehler (Hg.), Moderne deutsche Sozialgeschichte, Köln/Berlin 1966, S. 85–108; L. Krieger, The German Idea of Freedom. History of a Political Tradition (1957), Chicago 1972²; H. H. Gerth, Bürgerliche Intelligenz um 1800. Zur Soziologie des deutschen Frühliberalismus. Göttingen 1976.

6. So müßte insbesondere auf das Spannungsverhältnis zwischen neu-humanistischer und gewerblich-kaufmännischer Bildung hingewiesen werden.

lungsstandes auftrat. Diese These soll zunächst am Zusammenhang von gewerblich-technischer Ausbildung und der Entstehung des Ingenieurberufs im dritten Viertel des 19. Jahrhunderts, dann am Verhältnis von technischer Ausbildung und technischen Angestellten im späten Kaiserreich und schließlich am Problem der angestellten Unternehmer, der Manager, vor 1914 diskutiert werden.

Die Akademisierung des gewerblich-technischen Schulwesens und die Entstehung des Ingenieurberufs

DER ZUSAMMENHANG zwischen Schulwesen, Ausbildung und sozialer Gruppenbildung läßt sich im dritten Jahrhundertviertel am Beispiel der deutschen Ingenieure deutlich fassen. Seit den 1820er Jahren waren in Preußen und in anderen deutschen Staaten Gewerbeschulen und Gewerbeinstitute entstanden, und zwar in bewußter Absetzung gegenüber dem neu-humanistischen Gymnasium mit seinem antipragmatischen Bildungsbegriff. Hinter diesen Neugründungen – Beuths Berliner Gewerbeinstitut und die ihm zuliefernden Provinzial-Gewerbeschulen sind nur die bekanntesten von ihnen – standen Qualifikationsbedürfnisse der Betriebe, Emanzipationswünsche des praktisch tätigen Klein- und Mittelbürgertums, vor allem aber die staatliche Absicht, auf diese Weise die Gewerbe zu fördern und so den nationalen Wohlstand zu vermehren. Mit Hilfe von ungemein leichten Eintrittsbedingungen und Stipendien öffnete man weitesten Bevölkerungskreisen Laufbahnen in der entstehenden, nach qualifizierten Meistern und Werkstattleitern rufenden Industrie. Wie wir aus Peter Lundgreens Forschungen wissen, gelangten die meisten Absolventen des Berliner Gewerbe-Instituts in qualifizierte abhängige Stellungen, nur eine Minderheit wurde zu selbständigen Unternehmern.[7]

Um die Jahrhundertmitte wandelten sich diese Schulen zutiefst. Zum einen durchliefen sie einen Prozeß der Akademisierung, zum anderen nahmen sie Momente der neuhumanistischen Allgemeinbildung in sich auf. In einigen dieser Schulen, so im Berliner Gewerbe-Institut, wurden die bis dahin einbezogenen praktischen Ausbildungsanteile abgestoßen und der Wissensstoff mathematisiert und zugleich spezia-

7. P. Lundgreen, Techniker in Preußen während der frühen Industrialisierung. Ausbildung und Berufsfeld einer entstehenden sozialen Gruppe, Berlin 1975, bes. S. 191.

94

lisiert. Das Kollegium strebte nach Selbstverwaltung und größerer Lehrfreiheit. Schrittweise wurden die Aufnahmequalifikationen erhöht: Während anfangs im Prinzip Volksschulbildung genügt hatte, wenn auch faktisch von den eintretenden Studierenden ein etwas höherer Qualifikationsstand mitgebracht wurde, machte man in den 70er Jahren das Abitur zur Regelvoraussetzung. Gleichzeitig reduzierte man die verfügbaren Stipendien und führte Schulgeld ein. Die Namen änderten sich: Aus dem Gewerbe-Institut wurde eine Gewerbe-Akademie und daraus schließlich – in Charlottenburg 1879, in Karlsruhe, München, Dresden und Braunschweig schon etwas früher – die Technische Hochschule. Diejenigen gewerblichen Schulen aber, die nicht solche ›Karriere‹ machten, also vor allem die zahlreichen Provinzial-Gewerbeschulen, wandelten sich jedenfalls in Preußen (weniger in Süd-Deutschland) allmählich aus gewerblich-technischen in allgemeinbildende Schulen, nämlich in Realschulen, um.[8]

Hinter diesem sozial bedeutsamen Transformationsprozeß stand vor allem zweierlei: Zum einen drängten die wachsenden Anforderungen und Notwendigkeiten einer sich zunehmend verwissenschaftlichenden Technik, insbesondere im Maschinenbau, in anderen Zweigen der Metallverarbeitung und in den Rohstoffindustrien, zu einer gewissen Verwissenschaftlichung der Ausbildung. Insoweit lassen sich die skizzierten Wandlungen im Schulsystem als ökonomisch funktional und instrumentell verstehen. – Zum andern standen hinter dieser Akademisierung und Entspezialisierung der genannten Schulen standespolitische Interessen, soziale Aufwertungswünsche von Lehrern, Administratoren und Absolventen dieser Schulen. Das Vorbild der hochgeachteten universitätsgebildeten Beamten und Akademiker überhaupt war so attraktiv, die Bedeutung der allgemeinen und akademischen Bildung in jener Gesellschaft so groß, daß diese bis dahin nach Vorbildung, Herkunft und Tätigkeit nur unscharf vom Handwerker und qualifizierten Arbeiter unterschiedenen Techniker durch Akademisierung und humanistische Bildung ihr Bedürfnis nach sozialer Absonderung und sozialem Aufstieg zu befriedigen hofften.[9]

Dieser Akademisierungs- und Umwandlungsprozeß der gewerb-

8. Vgl. Chronik der Königlichen Technischen Hochschule zu Berlin 1799–1899, Berlin 1899; R. v. Delbrück, Lebenserinnerungen, Bd. 2, Leipzig 1905, S. 167 ff.

9. Vgl. auch G. Schmoller, Das untere und mittlere gewerbliche Schulwesen in Preußen, in: ders., Zur Social- und Gewerbepolitik der Gegenwart, Leipzig 1890, S. 247–276.

lich-technischen Schulen war die reale Grundlage, auf der sich eine von manuell tätigen Meistern, Handwerkern und Facharbeitern deutlich abgrenzbare und abgegrenzte Berufsgruppe von Ingenieuren, und sogar der Begriff des Ingenieurs in der heutigen Bedeutung, überhaupt erst herausbildeten. Bis dahin war die Unterscheidung des Meisters, Kunstmeisters, Mechanicus oder Maschinisten vom Ingenieur sehr fließend gewesen; der Begriff »Ingenieur« meinte bis zur Mitte des Jahrhunderts fast ausschließlich den Angehörigen einer bestimmten Waffengattung, den Kriegsbaumeister und -techniker, der sowohl den Erdbau wie den Maschinenbau beherrschte. Als Sammelbezeichnung für eine gehobene Kategorie qualifizierter nicht-militärischer Funktionsträger im gewerblich-industriellen Bereich existierte der Begriff bis etwa 1850 im Deutschen nicht. Erst jetzt, durch Aufstockung und Absonderung einer spezifischen Ausbildung, zu der die Masse der Facharbeiter, Handwerker und Kleingewerbetreibenden nur noch schwer Zugang hatte, trennte sich die aus Gewerbe-Akademien und Technischen Hochschulen hervorgehende, theoretisch ausgebildete »technische Intelligenz« von ihren empirisch-technisch tätigen Vorgängern, hob sie sich von der nur empirisch gebildeten und zumindest teilweise manuell arbeitenden Masse der gewerblich-industriell Beschäftigten ab. Erst jetzt bürgerte sich der Begriff »Ingenieur« im modernen Sinne ein.[10]

Der enge Zusammenhang zwischen dem geschilderten Akademisierungsprozeß und der Entstehung der Ingenieure als Gruppe läßt sich in der Entstehungsgeschichte des mächtigsten Standesvereins der Ingenieure, des Vereins Deutscher Ingenieure (VDI), mit Händen greifen. Diese Organisation entstand 1856 aus einem Absolventen-Verein der Berliner Gewerbe-Akademie und faßte von Anfang an die technische Bildung als ihr bestimmendes und konstituierendes Moment auf. Der VDI bezweckte ein »inniges Zusammenwirken der *geistigen* Kräfte deutscher Technik zur gegenseitigen Anregung und *Fortbildung* im Interesse der gesamten Industrie Deutschlands«. Tendenziell engte sich der Begriff des Ingenieurs auf die Gruppe der zumindest auch theoretisch gebildeten Techniker ein.[11]

Eine ähnliche soziale Gruppenbildung beobachten wir im zeitge-

10. Vgl. J. Kocka, Unternehmensverwaltung und Angestelltenschaft am Beispiel Siemens 1847–1914, Stuttgart 1969, S. 175f.; H. Schimank, Das Wort »Ingenieur«, in: Zs des VDI, Bd. 83, 1939, S. 325–331.

11. Dies formulierte die erste Satzung des VDI von 1857. Vgl. Verein Deutscher Ingenieure 1856–1926, Berlin 1926, S. 51 (Hervorhebungen: J. K.).

nössischen England nicht, letztlich aus Gründen, die am Anfang dieser Bemerkungen angedeutet wurden. Z. B. blieb die Ausbildung von Maschinenbau-Ingenieuren bis weit ins 20. Jahrhundert hinein primär mehrjährige praktische Lehrlingsausbildung innerhalb der privaten Unternehmen, eine Ausbildung, die die Ingenieure auf weite Strecken mit den Facharbeitern teilten. Englische Reformer priesen das deutsche Modell als Alternative, setzten sich jedoch nicht durch. Wiederum ist der begriffsgeschichtliche Befund Reflex und Indikator des sozialgeschichtlichen Phänomens: Sehr viel weniger als der deutsche Begriff »Ingenieur« oder der französische »ingenieur« reflektiert »engineer« die scharfe Trennung von theoretisch ausgebildeten Kopfarbeitern und praktisch ausgebildeten Handarbeitern: »engineer« (nicht aber »Ingenieur«) kann qualifizierte Mechaniker und Facharbeiter ebenso umschließen wie technisch hochqualifizierte Schreibtischarbeiter. Die Vereinigten Staaten rangieren in dieser Hinsicht irgendwo zwischen Deutschland und England. Immerhin bedauerten dort noch Anfang des 20. Jahrhunderts verschiedene Ingenieur-Organisationen, daß in den USA jeder hergelaufene Mechaniker sich Ingenieur nennen könne, ganz im Gegensatz zum europäischen Kontinent mit seiner einigermaßen definierten und sozial anerkannten Begriffsbestimmung.[12] Die französische Situation dürfte der deutschen sehr ähnlich gewesen sein.

Vier soziale Aspekte und Folgen des skizzierten, in Deutschland sich durchsetzenden Differenzierungsprozesses sollen betont werden:

1. Die Akademisierung des gewerblich-technischen Schulwesens erweist sich zum Teil als Instrument des kollektiven Aufstiegs einer Berufsgruppe, hinein in ein Bürgertum, für das humanistische Bildung eine herausragende Geltungsgrundlage war. Nicht zuletzt wegen ihrer geringen und nicht-humanistischen Bildung hatten die frühen Gewer-

12. R.C. Floud, The British Machine Tool Industry, 1850–1914, Cambridge 1976, S. 47f.; W.H.G. Armytage, A Social History of Engineering, London 1961, S. 127f.; P. Behringer, Ingenieure und Techniker. Technische Angestellte in Großbritannien im späten 19. und frühen 20. Jahrhundert, in: J. Kocka (Hg.), Angestellte im europäischen Vergleich (= GG, Sonderh. 7, 1981) (im Erscheinen); P.L. Robertson, Technical Education in the British Shipbuilding and Marine Engineering Industries, 1863–1914, in: EHR. Bd. 27, 1974, S. 222–235; vgl. auch R.H. Parsons, History of the Institution of Mechanical Engineers, 1847–1947, London 1947. – J. Kocka, Angestellte zwischen Faschismus und Demokratie. Zur politischen Sozialgeschichte der Angestellten: USA 1890–1940 im internationalen Vergleich, Göttingen 1977, S. 150.

betreibenden so geringes soziales Ansehen genossen, waren Vertreter der „gebildeten Stände" in der Regel kritisch und enttäuscht gewesen, wenn ihre Söhne sich Handel und Industrie zuwandten.[13] Die beste Möglichkeit, die Geringschätzung des meinungsbildenden Bildungsbürgertums zu durchbrechen, schien darin zu bestehen, sie durch Anpassung zu unterlaufen, d. h. die eigene Ausbildung anzuheben, auf die Allgemeinbildung hin zu erweitern und das Resultat zu betonen.

2. Das gelang u. a., weil eine solche soziale Anhebung und Abhebung der Rationalität des ökonomischen Systems jener Gesellschaft zumindest nicht widersprach, wenn auch nicht voll aus dieser folgte. Denn einerseits drängten die Verwissenschaftlichung der Technik und die daraus folgenden Qualifikationsanforderungen ebenfalls in Richtung Akademisierung (wenn auch nicht in Richtung größerer Allgemeinbildung), zum andern lag es auch im wirtschaftlichen Interesse von manchen Unternehmen, jedenfalls ihre Außenbeziehungen durch Angestellte tätigen zu lassen, deren Schulbildung (und Familienhintergrund) sie etablierten Kunden gegenüber sozial akzeptabel erscheinen ließen.[14] Die ökonomische Rationalität eines Unternehmens ist eben nur im sozialen Kontext, selten nur gegen diesen durchsetzbar.

3. Je deutlicher schulische Qualifikationen Voraussetzung für die Besetzung bestimmter technischer Stellen *im* Unternehmen wurden, desto deutlicher verringerte sich die Chance für qualifizierte Arbeiter, im Laufe ihres Berufslebens in diese Stellen aufzusteigen. Während es ein handwerklich gebildeter Facharbeiter in der frühen Zeit bei Siemens über den Meister und Obermeister bis zum Werkstatt-Direktor oder Vertriebsleiter bringen konnte, wurde dieser Aufstiegskanal oberhalb der Meisterebene durch die Akademisierung der höheren technischen Positionen versperrt. Die berufliche (intragenerationelle) Mobilität dürfte an dieser Stelle der beruflich-sozialen Pyramide deshalb abgenommen haben, und zwar in Deutschland deutlicher als in England. Dies ist bisher aber nicht nachgewiesen.[15] Ob entsprechende

13. Vgl. J. Kocka, Unternehmer in der deutschen Industrialisierung, Göttingen 1975, S. 38 f.

14. Vgl. als Beispiel die Politik der Siemens-Unternehmen um 1880 in: ders., Unternehmensverwaltung, S. 169.

15. Einerseits handelt es sich um einen sehr graduellen, bis 1914 keinesfalls abgeschlossenen und insbesondere in vielen mittleren und kleineren Unternehmen nur sehr langsam in Gang kommenden Prozeß. Zum andern beziehen sich die verfügbaren Zahlen i. d. R. nur auf den Aufstieg aus Arbeiter- und Angestelltenstellen, wobei die Zahlen für die letzteren nicht nur Techniker/Inge-

Veränderungen der intergenerationellen Aufstiegschancen auftraten, bleibt weiter unten gesondert zu fragen.

4. Je deutlicher sich die Ausbildung von gelernten Arbeitern und Technikern bzw. Ingenieuren unterschied und vor allem je früher sie sich gabelte, desto mehr mußten sich Arbeiter und Ingenieure als separate Gruppen mit verschiedenem Selbstverständnis, mit verschiedenem Arbeitsmilieu, mit verschiedenem Lebensstil, mit verschiedenen sozialem Aspirationen und mit verschiedenen Interessen fühlen. Eben das trat ein und läßt sich an der separaten Organisation der Ingenieure, aber auch an vielen Äußerungen einzelner Ingenieure wie an Mißtrauensäußerungen einzelner Arbeiter nachweisen. Das Ausbildungssystem trug also dazu bei, daß die Unterscheidungslinie zwischen Arbeitern und technischen Angestellten besonders scharf ausgeprägt und sozial besonders relevant war. Am Beispiel der Techniker läßt sich damit ein wichtiger Grund dafür erkennen, daß die Unterscheidung zwischen Arbeitern und Angestellten (die natürlich auch in anderen Ländern nicht fehlte) in Deutschland besonders scharf, besonders einschneidend und ausgeprägt war (z. T. noch ist), sozial und politisch sehr viel relevanter als z. B. in den USA und in England.[16]

Berechtigungswesen, Techniker und Ingenieure: Linien sozialer Differenzierung

NACHDEM SICH DIE GEWERBESCHULEN und -Institute entweder akademisiert oder in allgemein-bildende Schulen verwandelt hatten, verfügte das technisch-gewerbliche Schulwesen um 1880 wohl über ein oberstes Stockwerk, nämlich die Akademien und Technischen Hochschulen, auch über eine gewisse Basis (Lehre einschließlich einiger Fortbildungsschulen, der späteren Berufsschulen), nicht aber über einen entsprechenden Mittelbau. Für die sich vermehrenden unteren und mittleren technischen Büroangestellten wie auch für die sog. Be-

nieure, sondern auch eine Vielzahl anderer (niederer) Angestelltenstellen einbeziehen, in die der Aufstieg ohne akademische und Fachbildung auch für Arbeiter weiterhin möglich blieb.

16. Durch Vergleich mit den Vereinigten Staaten zeigt dies meine in Anm. 12 genannte Arbeit. Natürlich resultierte die relative Schärfe der Arbeiter-Angestellten-Unterscheidung in Deutschland zugleich aus mehreren anderen Ursachen; dazu den Abschnitt 3 oben und die Abschnitte 6 und 7 unten.

triebsbeamten gab es damit um 1880 keine spezielle Ausbildungsmöglichkeit, ausgenommen einige städtische Gewerbe- und Fachschulen, die eine gute Volksschuldbildung und praktische Tätigkeit als Aufnahmebedingungen voraussetzten.[17]

Als Konsequenz dieser Lücke und der Kritik an ihr entstanden seit 1880 sog. Maschinenbau- oder Werkmeisterschulen. Gute Volksschulbildung und eine mehrjährige Werkstattpraxis genügten für die Aufnahme in diese ein- bis zweijährigen Schulen, die vor allem niedere technische Angestellte großer Werke und selbständige Leiter kleiner Handwerksbetriebe ausbilden sollten. Hier wurden Deutsch und Rechnen, naturwissenschaftliche Grundbegriffe, technisches Zeichnen, Kenntnisse von Maschinenelementen, Hüttenkunde, Mechanik, aber auch »Geschäftskunde« unterrichtet. – Um 1890 bildeten sich allmählich über diesem neuentstandenen Fachschulwesen, das engsten Anschluß an die Praxis wahrte, aufgrund von Umwandlungen oder Neugründungen die sog. »Höheren Maschinenbauschulen«, auch »Technische Mittelschulen« genannt, heraus. Sie unterschieden sich von den weiterbestehenden niederen Fachschulen dadurch, daß sie, wie der Kölner VDI es beschrieb, das »Verbindungsglied zwischen dem akademisch gebildeten Ingenieur und dem Fabrikmeister« ausbilden sollten. Sie setzten in der Regel als Eintrittsbedingung das Einjährige (also die mittlere Reife eines Gymnasiums, eines Realgymnasiums oder einer Oberrealschule, bzw. das Abgangszeugnis einer sechsjährigen Realschule) voraus, neben zweijähriger Werkstattpraxis. Ihr Lehrplan glich im übrigen dem der niederen Maschinenbauschulen, jedoch auf einem wissenschaftlicheren Niveau.[18]

In den 1880er/90er Jahren setzten sich für die Errichtung dieser Höheren Maschinenbauschulen neben Wissenschaftlern wie Gustav Schmoller und verschiedenen Beamten vor allem zwei Interessengruppen ein. Zum einen waren dies Unternehmerinteressen, die eine Ausbildungsstufe für die immer zahlreicheren »Betriebs- und Konstruktionsbeamten« wollten, so daß sie die teureren, weil universaler und länger ausgebildeten Hochschulingenieure nur in den anspruchs-

17. Vgl. Schmoller, Das untere und mittlere gewerbliche Schulwesen, S. 261.

18. Kölner Bezirks-Verein Deutscher Ingenieure, Geschichtliche Aufzeichnungen, o. O. o. J. (1911), S. 23; O. Simon, Die Fachbildung des Preußischen Gewerbe- und Handelsstandes im 18. und 19. Jahrhundert, Berlin 1902, S. 780; W. Lexis (Hg.), Das Unterrichtswesen im Deutschen Reich, 6 Bde., Berlin 1904, Bd. 4, T. 3, S. 30, 51 f.

volleren Stellen einzusetzen brauchten, aber andererseits auf die nur allgemein gebildeten Realschüler oder gar auf Aufsteiger aus der Werkstatt verzichten konnten. Daneben drängten die Standesinteressen der Ingenieure, formuliert durch den VDI, auf diese Schulen hin, damit nicht weiterhin und zunehmend wissenschaftlich unqualifizierter und wenig gebildeter Nachwuchs in mittlere Stellen einströmte, die von den Angestellten und der Öffentlichkeit dann doch als Ingenieurstellen verstanden wurden. Es ging den Ingenieuren im VDI also um eine weitere Abschottung der Ingenieurgruppe nach unten, und zwar wiederum durch Mittel der Ausbildungsqualifikationen und Berechtigungen. Deshalb forderte er auch erfolgreich die mittlere Reife als Zulassungsqualifikation für diese Schulen, da dadurch das allgemeine Bildungsniveau der Berufsgruppe der Ingenieure und Techniker nur verbessert werden konnte. Unternehmergruppen innerhalb des VDI scheinen dieses Drängen allerdings nicht mitgetragen, sondern sogar gebremst zu haben, da es ihnen darum ging, schnell und billig Fachleute für begrenzte Aufgaben angeboten zu erhalten, für deren Ausübung mittlere Reife keine sachlich notwendige Voraussetzung war.[19]

Gleichzeitig wurde das Technische Hochschulwesen kräftig ausgebaut, inhaltlich differenziert und durch neue Fachrichtungen erweitert. Die Studentenzahlen der Technischen Hochschulen wuchsen im Boom der Gründerjahre, sanken ab 1875 als Folge der Depression und der durch sie bedingten Arbeitslosigkeit (die auch Techniker und Ingenieure nicht ganz verschonte) wieder ab, wuchsen langsam ab 1885 und dann sehr schnell von 1890 bis 1902. Von der Reichsgründung bis zu Jahrhundertwende vervierfachte sich die Zahl der TH-Studenten, während die deutlich größere Zahl der Universitätsstudenten nur auf das zweieinhalbfache wuchs. Von 1902 bis 1914 stagnierten allerdings bemerkenswerterweise die TH-Frequenzen, sanken sogar ein wenig ab, während die Zahl der Universitätsstudenten weiter wuchs. 1899/1900 erfuhren die Technischen Hochschulen eine deutliche Aufwertung: Sie erhielten das Promotionsrecht. Zugleich verstärkten sich die allerdings wenig durchschlagenden Tendenzen, das reine technische Fachstudium durch volkswirtschaftliche, verwal-

19. Vgl. Geschichte des Vereins Deutscher Ingenieure. Nach hinterlassenen Papieren von Th. Peters, Berlin 1912, S. 63, 65; Kölner Bezirks-Verein Deutscher Ingenieure, S. 19ff.; J. Tissen, Die Lage des Deutschen Techniker-Verbandes unter Berücksichtigung des gegenwärtigen Standes der Technikerbewegung, o. O. 1907, S. 5.

tungswissenschaftliche und allgemeinbildende Wissensstoffe zu ergänzen.[20]

Um 1900 bestand somit ein gewerblich-technisches Schulsystem, dessen einzelne Ebenen verschiedene Zulassungsbedingungen kannten und die – so sah es wenigstens aus und so war es von den Gründern zum Teil beabsichtigt – verschiedene Technikerkategorien mit verschiedenen Berechtigungen ausbildeten: das berufsbegleitende Fortbildungsschulwesen für Facharbeiter und Meister; das niedere und das höhere Maschinenbauwesen für untere Betriebsangestellte, mittlere Betriebstechniker, Konstrukteure etc.; und schließlich die Technischen Hochschulen für qualifizierte leitende Ingenieure. Dies war jedenfalls das Grundschema, im Detail gab es viele Abwandlungen und Übergangsformen, Unterschiede von Staat zu Staat und stark wechselnde Bezeichnungen, die die Übersichtlichkeit nicht gerade erhöhten.

So stellte sich die institutionelle Seite, gewissermaßen die Angebotsseite, dar. Doch wie sah es in der Realität der Unternehmen aus? Diese Frage ist aus Material- und Literaturgründen nicht leicht und nur vorläufig zu beantworten. Sicher ist, daß der Ausbildungsstand unter technischen Angestellten sehr viel höher war als unter kaufmännischen und allgemeinen Büroangestellten. Zunächst zur allgemeinen Schulbildung: Nach einer Umfrage des Bureaus für Sozialpolitik unter gut 3200 männlichen technischen Angestellten in Berliner Unternehmen, vornehmlich der Elektro- und Maschinenbauindustrie (1907), ergab sich, daß ca. zwei Drittel der Befragten irgendeine Form höherer Schulbildung genossen hatten, wobei sich der Besuch von Realgymnasien, Realschulen und Oberrealschulen zum Besuch von Gymnasien wie 2 zu 1 verhielt. Nur etwa ein Drittel der befragten Techniker/Ingenieure besaß ausschließlich Elementarschulbildung, d. h. entweder nur Volksschulbildung oder Volksschulbildung zuzüglich einiger Jahre Bürger- bzw. »Mittelschule«. Knapp die Hälfte der Befragten konnte zumindest »mittlere Reife«, das »Einjährige«, vorweisen und besaß also das Recht, den Militärdienst in einem Jahr (statt in drei Jahren) abzuleisten, die notwendige Ausstattung dabei selbst zu finanzie-

20. Vgl. K.-H. Manegold, Universität, Technische Hochschule und Industrie, Berlin 1970; Zahlen bei G. Hohorst u. a. Sozialgeschichtliches Arbeitsbuch. Materialien zur Statistik des Kaiserreichs 1870–1914, München 1975, S. 161; zu den angedeuteten Veränderungen in der Ingenieurausbildung vgl. auch J. Kocka, Industrielles Management. Konzeptionen und Modelle in Deutschland vor 1914, in: VSWG, Bd. 56, 1969, S. 332–372, bes. S. 369f.

ren und in den meisten Fällen zum sozial begehrten Reserveleutnant
befördert zu werden. Sicherlich lagen die schulischen Qualifikationen
dieses Berliner Querschnitts oberhalb des Reichsdurchschnitts. Zweifellos übertrafen auch die technischen Angestellten der in der Umfrage dominierenden großen elektrotechnischen und Maschinen-
bau-Unternehmen an schulischer Qualifikation ihre Kollegen in anderen Sparten (etwa Bauwesen) oder kleineren Unternehmen.[21] – Eine
ganz Deutschland einbeziehende Umfrage des Deutschen-Techni-
ker-Verbandes (DTV) unter seinen Mitgliedern von 1910 ist dadurch
in ihrer Aussagekraft begrenzt, daß der Verband in aller Regel nur
»Mittelschultechniker« umfaßte, d. h. Techniker und Ingenieure mit
irgendeiner Art von Fachschulausbildung, aber keine nur praktisch
ausgebildeten Techniker und (fast) keine Hochschulabsolventen, dafür aber eine Reihe von Selbständigen. Überdies überwogen in diesem
Verband Angestellte des Baugewerbes und Behörden-Angestellte.
41 % der ca. 11 000 antwortenden Verbandsmitglieder besaßen eine
schulische Allgemeinbildung, die über Elementarschulbildung hinaus-
reichte. Blickt man nur auf die befragten technischen Angestellten im
industriellen Bereich (ohne Baugewerbe und Behörden), so betrug
dieser Anteil immerhin 46 %.[22] Im Unterschied dazu hatten mehr als
drei Viertel von etwa zugleich befragten kaufmännischen Angestellten
(Mitgliedern des Deutschnationalen Handlungsgehilfenverbandes)
lediglich Elementarschulen besucht. Würde man Arbeiter befragt haben, so dürfte der Anteil derer mit nicht mehr als elementarer Allgemeinbildung knapp 100 % ausgemacht haben.[23]

Hinsichtlich iher Allgemeinbildung schneiden die Technischen Angestellten des späten Kaiserreichs also vergleichsweise gut ab. Dies gilt
ebenso hinsichtlich der Fachausbildung. 96 % aller befragten Technischen Angestellten des Berliner Querschnitts, der vom Bureau für Sozialpolitik befragt wurde, hatten irgendeine Art von Fachausbildung

21. Vgl. R. Jaeckel, Statistik über die Lage der technischen Privatbeamten
in Groß-Berlin, Jena 1908, bes. S. 34–42 (auf der Basis der Umfrage des Bureaus für Sozialpolitik).
22. Vgl. A. Günther, Die deutschen Techniker, ihre Lebens-, Ausbildungs-
und Arbeitsverhältnisse (Textbd. u. Tabellenbd.), München/Leipzig 1912, hier
Textbd., S. 62 f. (auf der Basis der Umfrage des DTV).
23. Auf der Basis einer Umfrage unter Mitgliedern des Deutschnationalen
Handlungsgehilfen-Verbandes (DHV) in: Die wirtschaftliche Lage der deutschen Handlungsgehilfen im Jahre 1908, Hamburg 1910, S. 65 (66 % mit reiner
Volksschul- und weitere 13 % mit zusätzlicher »Mittelschul«-, d. h. soviel wie
»Bürgerschul«-Bildung).

zusätzlich zu ihrer Allgemeinbildung genossen, davon mehr als zwei Drittel in irgendeiner Art von Fachschule unterhalb der Hochschulebene (in Maschinenbauschulen der verschiedensten Art, Technika, wohl auch in Fortbildungsschulen); ein knappes Drittel hatte eine Hochschule, meist eine Technische Hochschule, besucht. Fast alle konnten auf eine meist ein- bis vierjährige praktische Ausbildung verweisen, wobei die Hochschulabsolventen in der Regel ein zweijähriges Praktikum, die anderen eine längere praktische Lehre durchgemacht hatten.[24] Die Zusammensetzung des DTV präjudizierte, daß die befragten Mitglieder dieses Verbandes fast durchweg über Fachschulausbildung verfügten, mehrheitlich in Baugewerkschulen. Es wird also deutlich, daß der Ausbau des gewerblich-technischen Schulwesens sich bis 1914 im Ausbildungsgang der allermeisten technischen Angestellten niedergeschlagen hatte. Dagegen war der Anteil von Fach- oder gar Hochschülern unter kaufmännischen Angestellten noch sehr gering.[25]

Wenn aber der hierarchische Aufbau des gewerblich-technischen Schulwesens auf eine deutliche Abstufung von Karrieretypen in den Unternehmen – im Sinne eines bürokratischen Berechtigungswesens – hinzuweisen schien, so bestätigt dies die Untersuchung der damaligen Unternehmenswirklichkeit nur zum Teil. Sicherlich gab es eine schnell wachsende Mittelgruppe von Technikerstellen, die nur noch mit Personen besetzt wurden, die irgendeine Fachausbildung vorweisen konnten. Sicher gab es viele leitende und Stabspositionen, in die der Tendenz nach nur noch Hochschulabsolventen gelangten. All das ähnelt – in der tendenziellen Verkopplung von speziellen Ausbildungsgängen, speziellen Eingangsprüfungen und speziellen Laufbahnen –

24. Jaeckel, S. 36ff.; Günther (Textbd.), S. 64ff.; R. Czwalina, Die wirtschaftliche und soziale Lage der technischen Privatangestellten in der deutschen Elektroindustrie, Berlin 1914, S. 35ff.; zu den kaufmännischen Angestellten: Die wirtschaftliche Lage der deutschen Handlungsgehilfen, S. 64, 68. – Die Zahlen zur allgemeinen und fachlichen Schulbildung geben durchweg den Prozentsatz derer an, die entsprechende Schulen besuchten, einschl. der großen Zahl derer, die nicht das End-Examen der jeweiligen Schule erreichten.

25. Die seit 1898 entstehenden Handelshochschulen wirkten sich noch kaum auf den durchschnittlichen Ausbildungsstand der gehobenen kaufmännischen Angestellten aus. Hinter diesen Gründungen standen übrigens vor allem Statusbedürfnisse und allgemein-emanzipatorische Interessen von Kaufleuten und Handelskammern, weniger sachlich-fachliche Bedürfnisse der Unternehmen. Vgl. Kocka, Unternehmensverwaltung, S. 472f. sowie die dort angegebenen Quellen.

der öffentlichen Verwaltung; von »Industriebürokratie« sprach man denn auch schon vor 1914. Doch waren selbst die größten Unternehmen (wie Siemens) eben letztlich privatkapitalistische Unternehmen, und daraus ergab sich, daß sie sich auch in der Rekrutierung und Beförderung des Personals von öffentlichen Behörden unterschieden, daß die Unternehmensangestellten eben keine Beamten waren, auch wenn sie sich schmeichelnd »Privatbeamte« nannten. Das zeigt sich u. a. daran, daß es weiterhin zu individuellen Karrieren vom Laufburschen mit bloßer Volksschulbildung bis zum Ober-Ingenieur kam, der sich das Nötige in der Sonntags- und Abendschule angeeignet und im übrigen praktisch-imitierend gelernt hatte; gerade die zunehmende Spezialisierung im Angestellten-Bereich erleichterte solche Karrieren auf schmalster Spur aufwärts. – Gerade im untersten Angestellten-Bereich (auf den Stellen von Registratoren, Kalkulatoren, Materialbestellern, Zeichnern etc.) wurden weiterhin häufig Personen eingestellt, die vorher lange in der Werkstatt gearbeitet hatten und über keine schulische Fachbildung verfügten; sie konkurrierten mit Fachschultechnikern um dieselben Stellen. – Ähnlich gab es einen großen Bereich auf den mittleren bis höheren Ebenen der Unternehmen, innerhalb dessen Fachschulingenieure und Diplomingenieure um Stellen konkurrierten. Diese Konkurrenz wurde dadurch verschärft, daß ganz offenbar seit 1900 der Hochschulingenieur-Markt durch ein Überangebot von Stellen suchenden Absolventen gekennzeichnet war. Die Proteste von Hochschullehrern gegen die Bevorzugung von billigeren Fachschul-Absolventen durch die Unternehmen, die Klagen des 1909 gegründeten Verbandes Deutscher Diplom-Ingenieure über die Einstellung von Akademikern in Stellen unterhalb ihrer Qualifikationsebene (Problem der »Überqualifikation«), Ansätze zur Ingenieur-Arbeitslosigkeit und vor allem der leichte Rückgang der TH-Studenten-Zahlen nach der rasanten Expansion der 90er Jahre sprechen in dieser Hinsicht eine deutliche Sprache.[26] Insbesondere in Konjunk-

26. Vgl. ebd., S. 473–479; Czwalina, S. 33: »Normalbestimmungen für die Anstellung gibt es im allgemeinen nicht« (über die Elektro-Industrie); E. Lederer, Die Privatangestellten in der modernen Wirtschaftsentwicklung, Tübingen 1912, S. 204f. – Die Abnahme der TH-Studentenzahlen mag teilweise auch durch andere Faktoren mitbedingt gewesen sein, so etwa durch die erst zwischen 1890 und 1910 sich erschließende Möglichkeit, auf der Basis eines Oberrealschul-Abschlusses die Universität zu besuchen, während bis dahin die Absolventen solcher Schulen, wenn sie überhaupt studieren wollten, auf die Technischen Hochschulen hatten gehen müssen.

tureinbrüchen mußten viele Ingenieure erfahren, daß sie in marktab-hängigen Unternehmen, nicht in Behörden, arbeiteten; und selbst in guten Zeiten demonstrierte ihnen der erfolgreichere, wenn vielleicht auch schulisch weniger qualifizierte Konkurrent, daß im Wirtschafts-unternehmen eben doch noch – trotz aller Bürokratisierung – indivi-duelle Tüchtigkeit oder auch die richtigen Beziehungen wichtiger sein konnten als das Diplom einer anerkannten Technischen Hochschule.

Auch dieser zweite Teil soll mit einigen generelleren Bemerkungen zu den sozialen Aspekten und Konsequenzen der geschilderten Situa-tion abgeschlossen werden:

1. Wie schon für die Reichsgründungszeit gilt auch für die Jahr-zehnte vor dem Ersten Weltkrieg, daß die Anhebung und Formalisie-rung von gewerblich-technischen Ausbildungsgängen als Mittel kol-lektiven Aufstiegs erstrebt und teilweise eingesetzt wurden, und zwar zunehmend auch für Gruppen unterhalb der Ebene des Hochschulin-genieurs; auch und gerade für das Wilhelmische Reich gilt, daß durch das gewerblich-technische Ausbildungssystem soziale Differenzie-rungen und damit Gruppen hervorgebracht wurden, die sich nach be-ruflichen Chancen, Selbstverständnis und wohl auch Lebenschancen voneinander schieden und sich voneinander absetzten – in einem Ausmaß, wie es durch den Produktions- und Verteilungsprozeß selbst nicht verlangt wurde. Das gilt, wie gezeigt, sowohl für den Arbeiter-Angestellten-Unterschied wie zunehmend auch für Differenzierungen zwischen einzelnen Schichten der technischen Angestellten selbst.

2. Ähnlich wie am Beispiel des VDI ließe sich durch Analyse von Technikerverbänden, die seit den 80er Jahren neu entstanden, zeigen, daß u. a. die Berufung auf die gemeinsame technische Bildung einzelne Technikerkategorien dazu veranlaßte oder ihnen dazu diente, sich or-ganisatorisch zusammenzuschließen und von anderen abhängig Be-schäftigten, insbesondere den Lohnarbeitern, abzusetzen. So galt technische Fachschulbildung (»Mittelschulbildung«) im Deutschen Techniker-Verband (1884 gegründet) in der Regel als Voraussetzung der Mitgliedschaft. Auch andere Angestelltengruppen, die Hand-lungsgehilfen und Bankangestellten z. B., handelten so. Die Berufung auf die eigene höhere Bildung diente nach der Jahrhundertwende ei-nigen Angestelltengruppen u. a. dazu, ihre Forderung nach sozial- und arbeitsrechtlicher Sonderstellung zu legitimieren.[27]

27. Vgl. Tissen; und: 25 Jahre Techniker-Gewerkschaft. 10 Jahre Bund Technischer Angestellter und Beamter. Hg. vom Bund Technischer Angestell-ter und Beamter, Berlin 1929: zum Deutschen Technikerverband. Zu den

3. Ob die zunehmende, im internationalen Vergleich relativ deutliche und durch die geschilderten Eigenarten des Ausbildungswesens mitbedingte Abgrenzung der Ingenieure und Techniker gegenüber der Arbeiterschaft und anderen Unterschichten sich auch in der sozialen Rekrutierung dieser Gruppen widerspiegelte und also mit Besonderheiten des intergenerationellen Aufstiegsmusters Hand in Hand ging, ist schwer zu sagen. Hartmut Kaelble schließt aus dem notwendig groben Vergleich verfügbarer Untersuchungsergebnisse, daß der Anteil von Arbeiterkindern in der Angestelltenschaft vor 1914 in Deutschland geringer war als in den USA.[28] Man wird in der Tat vermuten dürfen, daß der hierzulande – u. a. als Folge der skizzierten Struktur des Ausbildungswesens – schärfer ausgeprägte Unterschied im Selbstverständnis, im Sozialverhalten und im Milieu von Arbeitern und (technischen) Angestellten die Erreichbarkeit von Angestelltenpositionen für Söhne und Töchter von Arbeitern eher verringerte als erhöhte. Auch dürfte die skizzierte Bedeutungszunahme schulischer Eingangsvoraussetzungen als solche die Zugänglichkeit der hier diskutierten Angestelltenstellen für Arbeiterkinder schon deshalb eher erschwert als erleichtert haben, weil nur sehr wenige Arbeiterkinder Sekundarschulen und erst recht Hochschulen besuchten. In diese Richtung deutet auch der Befund, daß der Anteil von Arbeitersöhnen unter den – bekanntlich besser vorgebildeten – technischen Angestellten vor 1914 mit 8 % (Umfrage des Bureaus für Sozialpolitik) bzw. 15 % (Umfrage des DTV) geringer war als bei den – bekanntlich schulisch schlechter qualifizierten – kaufmännischen Angestellten (19 % nach der DHV-Umfrage).[29]

Kriterien und Rechtfertigungen, mit denen zu Beginn des 20. Jahrhunderts ein separates Angestellten-Versicherungsrecht erstrebt und begründet wurde; H. Speier, Die Angestellten vor dem Nationalsozialismus. Ein Beitrag zum Verständnis der deutschen Sozialstruktur 1918–1933, Göttingen 1977, S. 102ff.: Zur Funktion der Bildung im Selbstverständnis der deutschen Angestellten in der Weimarer Republik.

28. In den 20er Jahren näherte sich das deutsche Muster jedoch dem amerikanischen in dieser Hinsicht weitgehend an. Vgl. H. Kaelble, Sozialer Aufstieg in den USA und Deutschland, 1900–1960. Ein vergleichender Forschungsbericht, in: H.-U. Wehler (Hg.), Sozialgeschichte Heute. Festschrift für Hans Rosenberg, Göttingen 1974, S. 525–542, bes. S. 534 f.; ders., Historische Mobilitätsforschung. Westeuropa und die USA im 19. und 20. Jahrhundert, Darmstadt 1978.

29. Vgl. Günther, Textbd., S. 55; Jaeckel, S. 27 f.; Die wirtschaftliche Lage der deutschen Handlungsgehilfen, S. 61. – Nur Jaeckels Zahlen erlauben den

Anders könnte die Rolle des zunehmend ausgebauten und formalisierten Ausbildungswesens zu beurteilen sein, wenn man an die intergenerationellen Aufstiegschancen von unteren Mittelschichtfamilien und den Zugang ihrer Kinder zu technischen Angestelltenpositionen denkt. Für Kinder aus aufstiegsorientierten Familien dieser Kreise (Handwerker, kleine Kaufleute, untere Beamte, Lehrer usw.) waren die Sekundarschulen (insbesondere die an Bedeutung und relativem Gewicht gewinnenden Realgymnasien, Oberrealschulen und Realschulen) und z.T. auch die Hochschulen durchaus erreichbar. *Insofern* dürfte die Bedeutungszunahme der schulischen Vorbildung für den Zugang zu Techniker- und Ingenieurstellen die intergenerationelle Aufstiegsmobilität in diese Stellen hinein keineswegs verringert und keineswegs unter die Aufstiegsraten in Ländern ohne so ausgeformte Ausbildungseinrichtungen gedrückt haben. Jedoch erst nach der genaueren Untersuchung der sozialen Herkunft der Besucher und Absolventen verschiedener Sekundarschulen und der sozialen Herkunft bestimmter Techniker- und Ingenieurgruppen in verschiedenen Ländern wird man in dieser Frage klarer sehen.[30]

4. Im Unterschied zur ersten Industrialisierungsphase wurden im späten Kaiserreich Konflikte sichtbar zwischen den durch das Ausbildungswesen produzierten oder noch verstärkten Tendenzen zu sozialer Hierarchisierung einerseits und den Bedürfnissen und Ansprüchen

Vergleich verschiedener Ausbildungsgruppen unter dem Gesichtspunkt »soziale Herkunft«: 10 % der technischen Angestellten ohne Hochschulbildung, aber nur 1 % derer mit Hochschulbildung stammten aus Arbeiterfamilien.

30. Vgl. M. Kaul, Untersuchungen zur sozialen Struktur der Schülerschaft des preußischen Gymnasiums im Vormärz, in: Bildung und Erziehung, Jg. 29, 1976, S. 509–519 (mit Angaben über Mindener Gymnasiasten 1822–1847, unter denen sich viele aus unteren Mittelschichtfamilien befanden); s. auch W. Zorn, Hochschule und höhere Schule in der deutschen Sozialgeschichte der Neuzeit, in: K. Repgen u. H. Skalweit (Hg.), Spiegel der Geschichte. Festgabe f. Max Braubach, Münster 1964, S. 321–339, bes. 330 f. – Siehe auch den großen Anteil von Handwerker- und Angestelltensöhnen unter den Studenten des Gewerbe-Instituts, des Vorläufers der TH in Charlottenburg, 1855–1867 bei Lundgreen, Techniker in Preußen, S. 120. – 46 % der Abiturienten in Preußen 1875–1899 und 55 % der Studenten im Deutschen Reich 1911/13 entstammten den unteren Mittelschichten: nach H. Kaelble, Chancenungleichheit und akademische Ausbildung in Deutschland 1910–1960, in: GG, Bd. 1, 1975, S. 121–170, hier S. 142, 124, 128; Arbeiterkinder machten 0–3 % aus; weitere Angaben jetzt bei: F. K. Ringer, Education and Society in Modern Europe, Bloomington/London 1979, S. 73–75.

des ökonomischen Systems andererseits: Vor allem als Resultat des hochformalisierten und durchgestuften Ausbildungssystems wird man ja jene Erwartungen der verschiedenen Ingenieure- und Techniker-gattungen verstehen müssen, die nunmehr z. T. in der Wirklichkeit des industriekapitalistischen Unternehmens verletzt wurden. Nicht nur wandten sich Unternehmensvertreter in den 90er Jahren gegen zu hoch angesetzte Theoretisierung und Abstraktion in der TH-Inge-nieurausbildung, die sich dadurch der prestigereichen »reinen« Wis-senschaft in den Universitäten anzunähern suchte und Bedürfnisse der Praxis zu verfehlen drohte.[31] Auch in ihrem Nachfrage-, Anstellungs- und Beförderungsverhalten gaben die Unternehmen sehr handfest zu erkennen, daß sie die Akademisierung und die Abstufung des (An-schluß ans Berechtigungswesen suchenden) gewerblich-technischen Ausbildungswesens in dem eingetretenen hohen Maß nicht benötigten und – weil zu teuer, zu unökonomisch – nicht voll zu respektieren ge-dachten. Verletzte Berechtigungserwartungen und die Klagen über Überqualifikation waren die Folge, Unzufriedenheiten unter Techni-kern und Ingenieuren, die man vor 1914 mangels Anlaß in England und USA nicht findet. Erst recht die langfristige Reduzierung über-kommener Unterschiede zwischen Arbeitern und Angestellten – durch Veränderung des Wirtschaftssystems, durch Erfolge der Arbei-terorganisationen, durch Sozialpolitik und andere Faktoren – mußten den hochgesteckten Erwartungen vieler Angestellter ins Gesicht schlagen. Mit anderen Worten: Nicht zuletzt das Erziehungssystem – aber auch andere hier nicht behandelte Faktoren – hatten das An-spruchs- und Erwartungsniveau einzelner Angestelltengruppen so hoch geschraubt, daß es notwendig mit den Realitäten des sich fort-entwickelnden Wirtschafts- und Sozialsystems in Konflikt geriet. Ent-täuschungen waren die Folge, aus denen sich Protesthaltungen ent-wickelten, die politisch vielfach ausgenutzt werden konnten.[32]

31. A. Riedler, Zur Frage der Ingenieur-Erziehung, Berlin 1895, S. 3 ff.; P. von Lossow, Zur Frage der Ingenieur-Ausbildung, München 1899; H. Lux, Die Stellung des Ingenieurs, in: Sozialistische Monatshefte, Bd. 12, 1908, S. 354–360, bes. 355f.

32. Als Vergleich der amerikanischen und deutschen Angestellten unter diesen Gesichtspunkten vgl. Kocka, Angestellte zwischen Faschismus und Demokratie.

Angestellte Unternehmer und ihre Rekrutierung

BISHER WURDE ARGUMENTIERT, daß das gewerblich-technische Ausbildungssystem in Deutschland zu einem Überschuß an sozialer Hierarchisierung beitrug, d. h., daß es mithalf, auch jenes Maß an sozialer Egalisierung und Durchlässigkeit nicht Wirklichkeit werden zu lassen, das unter den Bedingungen der kapitalistischen Industrialisierung jener Zeit möglich gewesen wäre. »Soziale Hierarchisierung« heißt vor allem: die Herausbildung von vergleichsweise klar voneinander unterschiedenen sozialen Gruppierungen, die sich nach Selbstverständnis, Fremdeinschätzung, sozialen Erwartungen und kollektivem Verhalten, nach Kategorien des »oben« und »unten«, deutlich voneinander abgegrenzten und sich weder als zusammengehörig verstanden noch so verhielten oder so behandelt wurden. Daß dieser markanten sozialen Differenzierung und Gruppenbildung verminderte intragenerationelle Durchlässigkeit entsprach, erscheint wahrscheinlich; ob intergenerationelle Aufstiegsmöglichkeiten dadurch reduziert wurden, erscheint dagegen zweifelhaft, zumindest was die unteren Mittelschichten betrifft. Dies wurde bisher ausschließlich mit Bezug auf Differenzierungslinien und Abschottungstendenzen *innerhalb* der Klasse der abhängig Arbeitenden diskutiert, nämlich mit Bezug auf den Arbeiter-Angestellten-Unterschied und mit Bezug auf Differenzierungen innerhalb der technischen Angestelltenschaft.

Aber wie sah es in dieser Hinsicht an der Spitze der sozialen Pyramide, bei den Herrschaftsgruppen und Entscheidungsträgern, aus? Auf dieser Ebene könnte ja die Bedeutungszunahme formaler Schulbildung als Eingangsvoraussetzung durchaus umgekehrte Wirkungen gezeitigt haben, nämlich durch Einführung von universalen, im Prinzip von jedem erfüllbaren Leistungs- und Prüfungskriterien anstatt traditionaler Selektionskriterien wie Geburt und Patronage; dadurch könnten diese Herrschaftspositionen für Aufsteiger aus unteren Sozialgruppen zugänglicher geworden sein. In der Tat spricht ja manches für die Vermutung, daß Führungspositionen in Politik und Verwaltung in Preußen-Deutschland vor 1914 für Aufsteiger aus mittleren Sozialgruppen zugänglicher waren als ähnliche Führungspositionen in England und daß dieser Unterschied, falls er nachgewiesen werden kann, vor allem den intergenerationellen Aufstiegsmöglichkeiten zu danken war, die ein quasi-bürokratisches mit generellen Prüfungen arbeitendes und an ein gestuftes Berechtigungswesen angeschlossenes Bildungssystem trotz vieler Einschränkungen gewährte – in allerdings nur graduellem Unterschied zum unbürokratischen britischen Oxbridge-System, wo die Zugehörigkeit zur »richtigen« Familie, die »richtige« Sozialisation, die »richtigen« Umgangsformen und die »richtigen« Einstellungen wichtiger waren als die Ergebnisse der Fachabschlußprüfung.[33] Man wird in diesem Zusammenhang daran erinnern dürfen, daß die Einführung schulischer Ausbildungsgänge und generalisierter Leistungsprüfungen als Eingangsvoraussetzungen für höhere Staatsstellen im späten 18. und frühen 19. Jahrhundert einen wichtigen Schritt zur Beschneidung fürstlicher Patronage-Macht und adliger Geburtsprivilegien darstellte.[34] Gab es ähnliche quasi-demokratisierende Auswirkungen eines gestuften Ausbildungs- und Berechtigungswesens auf die Herrschaftsgruppen auch noch im Kaiserreich?

Dieser Frage soll abschließend kurz nachgegangen werden, allerdings ausschließlich mit Bezug auf die im späten Kaiserreich sehr an Zahl zunehmenden angestellten Unternehmer, die im allgemeinen Sprachgebrauch meist »Manager« genannt werden.

Meint man mit »Unternehmer« jene Inhaber von Spitzenpositionen in kapitalistischen Wirtschaftsunternehmen, die bestimmte zentrale Entscheidungen für das Unternehmen zu treffen haben, etwa die Investitionsentscheidungen, und die gleichzeitig Herrschaftsgewalt gegenüber der Masse der Arbeiter und Angestellten besitzen, dann kann man zwischen Eigentümer-Unternehmern (die das von ihnen geleitete Unternehmen zugleich besitzen, also zugleich Kapitalisten sind) und angestellten Unternehmern unterscheiden.[35] An die Vermehrung, den Aufstieg dieser angestellten Unternehmer knüpften die Zeitgenossen große Erwartungen, Hoffnungen und Ängste. U. a. fürchtete man einen Rückgang der Leistungsmotivation an der Spitze der Unternehmen, da ja die neuen Leiter nicht mit ihrem Eigentum für den Erfolg des Unternehmens geradestehen müßten. Andere hofften, daß im Wirtschafts- und Sozialverhalten der neuen Unternehmerkategorie Sachlichkeit und Orientierung am allgemeinen Wohl die traditionelle

33. Vgl. H. Perkin, Die Rekrutierung der Eliten in der britischen Gesellschaft seit 1800, in: GG, Jg. 3, 1977, S. 485–502; N. von Preradovich, Die Führungsschichten in Österreich und Preußen (1804–1918), Wiesbaden 1966²; Ringer, Education, S. 77 f.

34. Vgl. H. Rosenberg, Bureaucracy, Aristocracy and Autocracy. The Prussian Experience 1660–1815, Cambridge, Mass. 1958.

35. In Anlehnung an die funktionale Definition des Unternehmers bei A. D. Chandler u. F. Redlich, Recent Developments in American Business Administration and Their Conceptualization, in: BHR, Bd. 35, 1961, S. 1–27, bes. 24 ff.

Profitorientierung und den überkommenen Klassenegoismus überwinden würden. Diese und andere Erwartungen haben sich als ziemlich unbegründet erwiesen. In ihren wirtschaftlichen und politischen Zielen zumindest unterschieden sich Eigentümer-Unternehmer und angestellte Unternehmer gar nicht so sehr.[36]

Ein Unterschied zwischen diesen beiden Unternehmerkategorien fällt jedoch bei jedem systematischen Vergleich ins Auge: der Ausbildungsunterschied. Der Anteil derer mit akademischer Bildung (meist auf der Technischen Hochschule erworben) war unter den Managern sehr viel größer als unter den Eigentümern; umgekehrt gab es prozentual sehr viel mehr Eigentümer-Unternehmer, die lediglich Grundschulbildung besaßen.[37]

Zweifellos nahm mit der tendenziellen Trennung von Besitz und Kontrolle, also mit der Vermehrung der angestellten Unternehmer, die Bedeutung von Kapitalbesitz als Zugangsvoraussetzung zu Unternehmer-Positionen ab. Weniger als früher mußte man jetzt ein Unternehmen besitzen, um es zu leiten. Tendenziell wurde Kapitalbesitz durch höhere Allgemeinbildung und höhere Fachbildung als Zugangsvoraussetzung ersetzt; jedoch handelt es sich dabei um einen sehr graduellen, nur langfristig sich durchsetzenden und bis heute nicht beendeten Prozeß.

Damit stellt sich die Frage: Trug die schrittweise Ersetzung des Kriteriums »Kapitalbesitz« durch das Kriterium »hohe Qualifikation« zu einer größeren Öffnung, größeren Zugänglichkeit der Unternehmerpositionen für untere Bevölkerungsklassen und -schichten bei?

Niemand wird erwarten, daß die *berufliche* Mobilität, die Chance des Werkstattarbeiters oder kleinen Angestellten, bis in die Unternehmensleitung aufzusteigen, durch die Aufwertung von Ausbildungskriterien verbessert wurde; handelte es sich dabei doch um schulische Qualifikationen, die in aller Regel vor Eintritt in den Arbeitsprozeß erworben wurden. Durch die Bedeutungszunahme von Bil-

---

36. Vgl. Kocka, Unternehmer, S. 115 ff.; ders., Les entrepreneurs salariés dans l'industrie allemande à la fin du XIXe et au début du XXe siècle, in: M. Levy-Leboyer (Hg.), Le patronat de la seconde industrialisation (= Cahiers du »Mouvement social«, No. 4), Paris 1979, S. 85–100.

37. Vgl. H. Sachtler, Wandlungen des industriellen Unternehmers in Deutschland seit Beginn der Industrialisierung, Diss. Halle 1937, S. 41; W. Stahl, Der Elitekreislauf in der Unternehmerschaft, Frankfurt 1973, S. 229, 231; T. Pierenkemper, Die westfälischen Schwerindustriellen 1852–1913. Soziale Struktur und unternehmerischer Erfolg, Göttingen 1979, S. 43 ff.

dungs- und Ausbildungskriterien wurden die Weichen, die vor Eintritt ins Arbeitsleben gestellt wurden, nur noch wichtiger. – Aber auch mit Bezug auf die soziale Mobilität, die Mobilität zwischen den Generationen, ist der Befund bis jetzt im ganzen negativ. Fragt man nach der sozialen Herkunft der Unternehmer, also vor allem nach dem Beruf des Vaters, so zeigt sich, daß die Herkunft aus Arbeiter- und Unterschichtenfamilien allgemein bei größeren angestellten Unternehmern ebenso selten war wie bei größeren Eigentümer-Unternehmern, und das heißt fast gleich Null. Für die große Masse der Bevölkerung wuchs durch die Verschiebung vom Eigentümer-Unternehmer zum angestellten Unternehmer die Chance nicht, ihre Söhne – ganz zu schweigen von den Töchtern – in Unternehmer-Positionen eindringen zu sehen.[38]

Es gab jedoch einen großen Unterschied in der sozialen Herkunft von Eigentümer-Unternehmern und Managern. Unter den letzteren fanden sich sehr viel mehr Söhne von mittleren/höheren Beamten, Freiberuflichen und Akademikern überhaupt und sehr viel weniger Söhne aus dem sogenannten »alten Mittelstand« (kleine Handwerker und Händler).[39] Diese Veränderung, die sich ähnlich auch in anderen Ländern vollzog, wird man schwerlich als Ansatz zur größeren Zugänglichkeit und »Demokratisierung« von Unternehmerpositionen werten können; sie verweist eher auf das stärkere Zusammenwachsen von Bildungs- und Wirtschaftsbürgertum, das wir im Kaiserreich beobachten können.[40] Weitere Forschung könnte allerdings zeigen, daß der Anteil der Söhne von kleinen Beamten und kleinen Angestellten unter angestellten Unternehmern größer war als unter Eigentümer-Unternehmern und deshalb der Zugang dieser Gruppen zu Unternehmer-Positionen langfristig zunahm. Dies wäre in der Tat ein, wenn auch sehr begrenzter, Schritt in Richtung größerer Zugänglichkeit hoher Unternehmerpositionen für kleine Leute, doch bleibt er zu erweisen, und selbst dann würde der Zuwachs an Söhnen aus dem unteren

38. Vgl. H. Kaelble, Sozialer Aufstieg in Deutschland 1850–1914, in: K. H. Jarausch (Hg.), Quantifizierung in der Geschichtswissenschaft, Düsseldorf 1976, S. 279–303; ders., L'évolution du recrutement du patronat en Allemagne comparé à celle des Etats-Unis et de la Grande-Bretagne depuis la Révolution industrielle, in: Levy-Leboyer (Hg.), Le patronat, S. 15–36.

39. Vgl. ebd., S. 23; Kocka, Les entrepreneurs salariés, S. 95 f.; Pierenkemper, Die westfälischen Schwerindustriellen, S. 44.

40. Dazu auch G. A. Ritter u. J. Kocka, Deutsche Sozialgeschichte. Dokumente und Skizzen. Bd. II: 1870–1914, München 1977², S. 322–324.

»neuen Mittelstand« wohl kleiner sein als der Rückgang der Rekrutierung aus dem »alten Mittelstand«, der im selben Prozeß tendenziell
abgehängt wurde.

Eine erste Erklärung dieses Befundes fällt nicht schwer. Vor allem
lag es an der Unzugänglichkeit des sekundären und tertiären allge-
meinbildenden Schulwesens für Arbeiter- und andere Unterschich-
tenangehörige, daß die Aufwertung von Bildung als Unternehmer-
Eingangsqualifikation nicht zu einer größeren Demokratisierung des
Zugangs zu diesen Positionen führte. In jener Klassengesellschaft
stellten Arbeiter zwar über 70% der erwerbstätigen Bevölkerung,
aber Arbeitersöhne fehlten unter den Hochschulstudenten fast ganz,
die Technischen Hochschulen mit eingerechnet. Faktisch war ein
Hochschuldiplom für die Kinder dieser Gruppen nicht viel leichter zu
erreichen als das zur Unternehmensgründung nötige Kapital. Die
durch eine Vielzahl von hier nicht zu diskutierenden Mechanismen
gewährleistete und sich bis 1914 nur wenig lockernde Abschottung des
tertiären und sekundären Schulwesens gegenüber der Arbeiterschaft
und anderen Unterschichten ist ein deutliches Indiz für den klassengesellschaftlichen Charakter des Kaiserreichs. Umgekehrt waren Söhne
von beamteten und nicht-beamteten Akademikern unter den Univer-
sitäts- und zunehmend auch den TH-Studenten stärker als jede andere
Herkunftsgruppe überrepräsentiert, wenn auch der Prozentsatz der
Unternehmer-Söhne, die auf die Hochschule gingen, im Kaiserreich
allmählich wuchs. So erklärt sich die Zunahme der Akademikersöhne
in der Unternehmerschaft beim allmählichen Übergang zum Mana-
ger-Kapitalismus. Auch der sehr viel geringere Anteil der Söhne von
kleinen Angestellten und Beamten an den Hochschul-Studenten
wuchs im Kaiserreich an; die Vermutung, daß für diese Herkunfts-
gruppen der Zugang zu Unternehmer-Positionen im Kaiserreich
leichter wurde, basiert u. a. auf dieser Entwicklung: doch scheint mir
wahrscheinlich, daß die meisten Studenten dieser sozialen Herkunft
sehr viel deutlicher in traditionelle Akademiker-Berufe strebten als
über ein technisches oder wirtschaftswissenschaftliches Studium in die
Industrie.[41]

41. Vgl. zu Veränderungen in der Zusammensetzung der Studentenschaft in
Deutschland: F. Ringer, Higher Education in Germany in the 19th Century, in:
JCH, 1967, Nr. 2, S. 132 ff.; Kaelble, Chancenungleichheit und akademische
Ausbildung; ders., Historische Mobilitätsforschung. Westeuropa und die USA
im 19. und 20. Jahrhundert, Darmstadt 1978, S. 73 ff.

Ergebnisse

ALS ERGEBNIS DIESES ABSCHNITTS läßt sich also sagen: Bestimmte vorindustrielle Bedingungen und der relativ späte Zeitpunkt des Industrialisierungsbeginns haben zu einer frühen, prägnanten und eigenartigen Ausprägung des gewerblich-technischen Ausbildungswesens geführt. Dieses mag durchaus dazu beigetragen haben, daß Deutschland seine wirtschaftliche Rückständigkeit so schnell aufholte und ökonomisch so erfolgreich modernisierte. Gleichzeitig trug dieses Ausbildungswesen aber dazu bei, ein *Ausmaß* an sozialer Ungleichheit zu produzieren und zu verfestigen, das durch die ökonomische Entwicklung per se weder bedingt noch verlangt war, ja, das im späten Kaiserreich sogar ein wenig mit den Anforderungen der Wirtschaft in Konflikt geriet. Das Bildungssystem erweist sich damit als ein in gewissen Grenzen gegenüber dem Wirtschaftssystem autonomer Faktor, der noch lange im Laufe fortschreitender Industrialisierung vorindustrielle Bedingungen und Startbedingungen der Industrialisierung wirksam werden bzw. wirksam bleiben ließ. Es trug zur Herausbildung sozialer Verfestigungen und Abschottungen bei, die in anderen Ländern vergleichbarer Industrialisierungsstufe nicht existierten. Es förderte die frühe und scharfe Durchzeichnung des Arbeiter-Angestellten-Unterschieds, jedenfalls was den Unterschied zwischen Technikern/Ingenieuren und Facharbeitern betrifft. Es trieb überdies die hierarchische Binnendifferenzierung der (technischen) Angestellten voran. Es trug bei zur Entstehung von sozialen Ansprüchen und Erwartungen, die mit den ökonomisch-sozialen Realitäten in Konflikt gerieten, ansatzweise schon im Kaiserreich, erst recht aber, wie zu zeigen sein wird (unten Abschnitt 5), nach 1914.

4.

Die Entstehung des Angestellten-begriffs bis 1914: Begriffs-geschichte als Sozialgeschichte

DOCH ZUVOR SOLLEN die Teilanalysen der vorausgehenden Abschnitte gebündelt, ergänzt und differenziert werden. Dieser Abschnitt 4 soll die Entstehung der Angestelltenschaft bis zum Ersten Weltkrieg zusammenfassend darstellen: zum einen die Herausbildung von Interessen- und Erfahrungsgemeinsamkeiten, von Kommunikation und gemeinsamer Organisation über Berufs- und Branchengrenzen hinweg; zum andern die allmähliche Abgrenzung gegenüber Arbeitern, Selbständigen und Beamten; schließlich die zugrundeliegenden Determinanten dieses Strukturierungsprozesses.[1] Im gebrochenen Spiegel der Begriffsgeschichte soll dieser Prozeß rekonstruiert werden. Die Geschichte des Angestelltenbegriffs soll als Schlüssel zur Geschichte der Angestelltenschaft dienen.[2]

1. Im Sinn von A. Giddens, The Class Structure of the Advanced Societies, New York 1973, z. B. S. 179 ff., 199 ff.; J. Kocka, The Study of social mobility and the formation of the working class in the 19th century, in: Mouvement social, Nr. 111, April–Juni 1980, S. 97–117 (dort allerdings auf Arbeiterklasse bezogen).
2. Vgl. vor allem R. Kosellecks Einleitung zu O. Brunner u. a. (Hg.), Geschichtliche Grundbegriffe. Historisches Lexikon zur politisch-sozialen Sprache in Deutschland, Bd. 1, Stuttgart 1972, S. XIII–XXVII; ausführlicher Koselleck, Begriffsgeschichte und Sozialgeschichte, zuletzt in: ders., Vergangene Zukunft. Zur Semantik geschichtlicher Zeiten, Frankfurt 1979, S. 107–129; als Versuch, begriffsgeschichtliche Befunde als Schlüssel zur international vergleichenden Sozialgeschichte zu benutzen vgl. J. Kocka, Angestellte zwischen Faschismus und Demokratie. Zur politischen Sozialgeschichte der Angestellten: USA im internationalen Vergleich, Göttingen 1977, S. 28 ff.

116

Der Begriff im staatlich-öffentlichen Bereich seit 1800

›*Angestellter*‹ *und* ›*Beamter*‹. ›Angestellter‹ entstand im 19. Jahrhundert aus dem substantivisch gebrauchten Partizip Perfekt von ›anstellen‹. Wahrscheinlich der Soldatensprache entstammend, bedeutete das Verb u. a. seit dem 15./16. Jahrhundert »jemanden – vor allem Angehörige der sozialen Unterschichten – mit wiederholten Handlungen beauftragen, in Dienst nehmen«[3]. Gegen Ende des 18. Jahrhunderts bezog es sich zugleich auf »Ämter und Bedienungen« aller Art.[3a] Trotz prinzipieller Aufrechterhaltung dieses weiten Anwendungsbereiches rückten ›anstellen‹ und mehr noch ›Anstellung‹ seit 1800 in die Nähe von ›Amt‹ und ›Beamter‹. Die zeitgenössische staatsbeamtenrechtliche Literatur benutzte jene Begriffe, sobald sie die dem Verhältnis zwischen absolutistischem Herrscher und Fürstendiener angemessenen, im 18. Jahrhundert vorherrschenden privatrechtlichen Vertragstheorien überwand und das Verhältnis des Beamten zum Staat, der erfolgreichen Emanzipation der Bürokratie aus der Kontrolle ihres monarchischen Schöpfers entsprechend, als Anstellungsvertrag zu bestimmen begann, in dem sich öffentlich- und privatrechtliche Momente verschränkten[3b]. Meyers »Konversations-Lexikon« definierte 1857 ›Anstellung‹ als *Übertragung eines Dienstes und Gewährung eines gewissen damit verbundenen Einkommens, insbeson-*

3. Vgl. J. H. Zedler, Großes vollständiges Universallexicon aller Wissenschaften und Künste, Bd. 2, Halle/Leipzig 1732, S. 784: *Anstellen heisset bei einem Gute dem Gesinde und Arbeitern dasjenige anbefehlen, was dieselben von Zeit zu Zeit verrichten sollen.*

3 a. Vgl. J. C. Adelung, Versuch eines vollständigen grammatisch-kritischen Wörterbuches der hochdeutschen Mundart, Bd. 1, Leipzig 2. Aufl. 1793, S. 382 ff.; J. H. Campe, Wörterbuch der deutschen Sprache, Bd. 1, Braunschweig 1807, S. 185.

3 b. Vgl. als eines der frühesten Beispiele: J. M. Seuffert, Von dem Verhältnisse des Staats und der Diener des Staats gegeneinander im rechtlichen und politischen Verstande, Würzburg 1793, S. 133: *Der Diener des Staats erhält also durch den Anstellungsvertrag ein fortwährendes Recht, dem Staate besondere Dienste zu leisten, welches ihm einseitig nicht entzogen werden kann, mithin ist die Entlassung widerrechtlich.* Außerdem N. T. Gönner, Der Staatsdienst aus dem Gesichtspunkt des Rechts und der Nationalökonomie betrachtet, Landshut 1808, Anhang, S. V über das bayerische »Anstellungsreskript«; K. A. v. Kamptz/F. J. Frh. v. Stein, Über die Entschädigungsberechtigung der Staatsdiener bei Aufhebung ihrer Stellen, Frankfurt 1808, S. 5 f. über die *Rechte des Dienst-Anstellungs-Vertrags als wohlerworbene Rechte.*

dere aber die Verleihung eines öffentlichen Amtes, und dieses Amt selbst.[4] Die Affinität von ›Anstellung‹ und ›Amt‹ wurde dadurch gefördert, daß die Stellung des (Staats-)beamten ein Merkmal auszeichnete, das in ›Anstellung‹ immer mitgemeint war: eine gewisse Stetigkeit des Dienstverhältnisses und des damit verbundenen Entgelts. Entsprechend konnte 1840 ›Anstellung‹ mit ›Versorgung‹ gleichgesetzt werden.[5] Festes Entgelt in Naturalien oder Geld (Gehalt) gewährte der Anstellende eher im Sinne eines angemessenen Unterhalts denn als Tauschäquivalent für meßbare Einzelleistungen. Die Affinität von ›Amt‹ und ›Anstellung‹ prägte den frühen Gebrauch von ›Angestellter‹. In dem Maße, in dem ›Staatsdiener‹ und ›Beamter‹ Bezeichnungen für Mitglieder einer rechtlich und sozial privilegierten und klar definierten Gruppe wurden, diente ›Angestellter‹ – zunächst noch neben ›Offiziant‹ – als selten benötigte Sammelbezeichnung für jene nicht mehr als herrschaftliche Diener ansprechbaren öffentlichen Bediensteten, denen der Beamtenstatus, der langsam klare Umrisse gewann, versagt blieb, sowie als Oberbegriff zur Zusammenfassung dieser Staats- und Gemeindebediensteten mit den eigentlichen Beamten. 1809 trat ein Bericht des Oberamts und der Frohnverwaltung Pforzheim dafür ein, *die Personalfrohnfreiheit auf jedes Subjekt anzuwenden, das die ganze oder die meiste Zeit im Dienste herrschaftlicher oder Landesverrichtungen mittel- oder unmittelbar angestellt ist, z. B. Zöllner, Weidgesellen, Chaussewarte, Flußknechte . . .* Jeder von ihnen müsse jedoch als Bürger und Untertan *alle an dieser Eigenschaft haftende Dienste und Onera (z. B. Umlagen von Zugfrohndiensten auf Güter und Schatzung, . . . Naturalprästationen von Zugfrohnen zum Wegemachen, Flußbauwesen) . . . der Herrschaft sowohl als der Gemeinde leisten, wenn nämlich ein solcher Angestellter einen eigenen Zug* (d. h. ein eigenes Gespann) *hat*.[6] C. F. von Wiebeking schlug 1815 vor zu unterscheiden, *welche Angestellte eigentlich Staatsdiener sind, die viel-*

---

4. Neues Konversations-Lexikon für alle Stände, hg. v. H. J. Meyer, Bd. 1, Hildburghausen 1857, S. 886. – Das große Conversations-Lexikon für die gebildeten Stände, Bd. 3, Hildburghausen 1842, S. 153 verstand noch unter ›anstellen‹: *Jemandem ein Amt übertragen (eine Anstellung geben), ihn in Dienst nehmen.*

5. A. H. Pierer, Universal-Lexikon der Gegenwart und Vergangenheit . . ., Bd. 2, Altenburg 2. Aufl. 1840, S. 146.

6. Vom 16. Oktober 1809, Generallandesarchiv Karlsruhe, Abt. 74, Fasc. 2482. (Ich verdanke den Hinweis auf diesen frühen Beleg Frau Dr. Hannah Rabe, Düsseldorf.)

leicht nur Jahrgehalte und Pensionen beziehen sollten; und welche an-
dere Angestellte ihren Gehalt von den Vorstehern der Stellen erhalten
möchten, um der Staatskasse nicht in der Folge unerschwingliche Pen-
sionen aufzubürden. Mit diesen letztern mechanischen Individuen wird
leicht gewechselt werden können, wenn sie nicht mehr ihre Schuldigkeit
tun, welches bei denen von der Regierung Angestellten große Schwie-
rigkeiten hat.[7] – 1847 forderte von Reden die *Verbesserung der Ge-*
genwart und Sicherung der Zukunft derjenigen Angestellten des Staats,
der Gemeinde usw., deren Diensteinnahmen selbst zur Befriedigung ih-
rer und ihrer Familien notwendigsten Bedürfnisse nicht ausreicht.[8] –
1863 faßte eine preußische Statistik Postbeamte, -hilfsarbeiter und
-unterbeamte als die *bei der k. Postverwaltung Angestellten* zusammen.[9] Häufig bleibt unentscheidbar, ob es sich bei ›Angestellter‹ um
das substantivierte Partizip oder bereits um ein Substantiv handelte.[10]

Die Abhebung vom Lohnarbeiter. Wenn auch die öffentliche Bedeutung von ›Angestellter‹ bis gegen Ende des Jahrhunderts dominierte,[11] wurde ›Angestellter‹ nicht völlig auf diese eingeengt. ›Angestellte‹ waren für Ersch/Gruber 1853 neben Staatsbediensteten auch
Personen im Privatdienst, so etwa Haushofmeister, Kammerdiener
und Schauspieler.[12] Vorwiegend meinte ›Angestellter‹ den Gehalt

7. C. F. Ritter v. Wiebeking, Vorschläge zur Einrichtung einer Staatsverwaltung im allgemeinen und der Verwaltungszweige insbesondere, München
1815, S. 44.
8. Friedrich Wilh. v. Reden, Erwerbsmangel, Massenverarmung, Massen-
verderbnis – deren Ursachen und Heilmittel (1847), zit. Die Eigentumslosen.
Der deutsche Pauperismus und die Emanzipationskrise in Darstellungen und
Deutungen der zeitgenössischen Literatur, hg. v. C. Jantke u. D. Hilger, München 1965, S. 461 ff., bes. 483. Vgl. ebenso F. W. v. Reden, Erwerbs- und Ver-
kehrs-Statistik des Königstaats Preußen. In vergleichender Darstellung, Bd. 1,
Darmstadt 1853, S. 277.
9. Jb. f. d. amtliche Statistik d. Preuß. Staats, Bd. 1, 1863, S. 617.
10. In einer Kritik am deutschen Professor schrieb Georg Herwegh 1840:
Es ist das schöne Vorrecht unseres Jahrhunderts, daß es eine Wahrheit anzuer-
kennen hat, wenn sie aus dem Munde eines Patentierten, eines Angestellten
kommt. Werke, hg. v. Hermann Tardel, Bd. 2, Berlin/Leipzig 1909, S. 158.
11. Noch der Art. Anstellung, in: Neues Konversations-Lexikon für alle
Stände, hg. v. H. J. Meyer, Bd. 1, Hildburghausen 4. Aufl. 1885, S. 620, handelt
fast ausschließlich vom öffentlichen Dienst.
12. J. S. Ersch u. J. G. Gruber, Allgemeine Encyclopädie der Wissenschaften und Künste, 1. Sect., Bd. 56, Leipzig 1853, S. 54, Art. Gehalt.

empfangenden, d. h. den in seinem ökonomischen und sozialen Status Markt- und Leistungsfaktoren nur sehr vermittelt ausgesetzten abhängigen Inhaber einer relativ festen Dienststellung.

Während ›Beamter‹ dieser Bedeutung immer mehr entsprach, fiel andererseits die als Produkt der Industrialisierung entstehende Lohnarbeiterschaft aus dem Anwendungsbereich von ›Anstellung‹ und ›Angestellter‹ heraus, obwohl es während des 19. Jahrhunderts nie ganz unmöglich wurde, Arbeiter als ›Angestellte‹ zu bezeichnen. Der formal freie, immer kurzfristiger kündbare, die Arbeitskraft als Ware behandelnde Arbeitsvertrag widersprach den Merkmalen von ›Angestellter‹ ebenso wie die dem industriellen Arbeiter spezifisches Bezahlungsart, der Lohn. Dessen Begriff verengte sich mit der Durchsetzung erwerbswirtschaftlicher Prinzipien zur Bezeichnung eines schwankenden, vom Arbeits- und Gütermarkt wie von der Leistung des Arbeiters unmittelbar abhängigen, in immer kürzeren Perioden berechneten, jederzeit unterbrechbaren Äquivalents für geleistete Arbeit (meist Handarbeit).[13] ›Lohn‹ (des Arbeiters, Handwerkers, Gesindes, Tagelöhners und Fuhrmanns)[14] trat in klaren Gegensatz zu ›Gehalt‹. Darunter verstanden Ersch/Gruber 1853: *was jemand bestimmtes als Angestellter erhält*.[15] Der sich erst mit der Industrialisierung bildende, noch keineswegs eindeutige Unterschied zwischen Gehalt empfangenden Angestellten (vor allem in Staatsstellung) und Lohn erhaltenden Beschäftigten (darunter Industriearbeitern) bezeichnete zugleich ein soziales Prestigegefälle: Gehalt war vornehmer als Lohn, der für niedrigste Arbeiten gewährt wurde.[16]

13. Schon Zedlers Lexikon verstand 1738 entgegen früheren Bedeutungen, die etwa in »Gotteslohn« nachwirken, unter ›Lohn‹ vor allem die eine Seite eines erwerbswirtschaftlichen Tauschaktes, von dem ehrwürdige und unschätzbare Tätigkeiten (Priester, Richter, Lehrer, Ärzte) ausgenommen sein mußten; Zedler, Bd. 18, 1738, S. b 280–81. Klar zeigt sich die Verengung des Begriffs bei Adelung, Bd. 3, 1777, S. 245 f.

14. Ebd.

15. Vgl. Anm. 12.

16. Vgl. ebd. und Meyer, 4. Aufl., Bd. 6, 1889, S. 1016.

Vom Industriebeamten zum Industrieangestellten
(1850–1890)

Die Zweiteilung der Arbeitnehmerschaft. Auf Personenkreise der privaten Wirtschaft wurde ›Angestellter‹ anscheinend zuerst im Industriebetrieb angewandt. Eine Minderheit industrieller Arbeitnehmer – Prokuristen, Buchhalter, Werkführer, Ingenieure, Kassierer, Registratoren, Schreiber, Materialverwalter und Zeichner, z. T. auch Meister und Boten – nahmen ihre betrieblichen Funktionen, im Gegensatz zu den Arbeitern im bereits vergesellschafteten Produktionssektor, noch nicht als Kollektive wahr. Dies und der Charakter ihrer nicht produktorientierten Tätigkeiten, Loyalitätsbedürfnisse des Unternehmers, die Bedeutung der Erfahrungskomponente in ihrer Qualifikation angesichts der Individualität früher Unternehmungen und die geringe Verbreitung allgemeiner und fachlicher Bildung begründeten das Interesse des Unternehmers, sie durch finanzielle Sonderleistungen, größere Arbeitsplatzsicherheit und Bezahlung in Form von Gehalt gegenüber den Lohnarbeitern zu privilegieren. Klar hob sich dadurch bereits in der ersten Phase der Industrialisierung die Gruppe der später als ›Angestellte‹ bezeichneten Personen aus der Gesamtarbeitnehmerschaft eines Betriebes heraus.[17] Entsprechend entstand innerbetrieblich das Bedürfnis nach ihrer Benennung, als die allgemeine und rechtliche Literatur, die Lexika und die Statistik noch keinen Begriff dieser Arbeitnehmerkategorie brauchten oder besaßen.

In den Industriebetrieben galten sie als Beamte, viel seltener – und zwar vor allem in Süddeutschland – als Angestellte. Werner Siemens schreib 1858: *Die Beamten bleiben bei uns, weil sie aus Erfahrung wissen, daß wir niemand entlassen, wenn er nichts verschuldet hat, selbst wenn wir nichts für ihn zu tun haben.*[18] – Um 1870 formulierte der Freiburger Industrielle Karl Mez: *An der Herrschaft* (des Unternehmers) *sollen die ständigen Arbeiter und Angestellten (Aufseher, Verwalter, Commis, Direktoren) einen gebührenden Anteil bekommen.*[19] *An meine Beamten und Arbeiter* wandte sich 1872 der Berliner Fabri-

17. Vgl. oben Abschnitt 1, S. 23 ff.

18. Werner Siemens, Brief an seinen Bruder Wilhelm v. 14. 5. 1858, zit. R. Ehrenberg, Die Unternehmungen der Brüder Siemens, Jena 1906, S. 462.

19. R. König, Karl Mez, der Vater der Arbeiter. Ein deutsches Fabrikantenleben der Gegenwart, Heidelberg 1881, S. 66 f.

kant W. Borchert.[20] Eine der ersten industrieorganisatorischen Publikationen stellte 1874 fest: *Es ist durchaus notwendig, daß jeder Angestellte wisse, in was seine Beschäftigung besteht.*[21] 1878 lobte Roesky die Kruppschen *Etablissements: In diesen fühlt sich der Beamte gleich einem Staatsbeamten und der Arbeiter nicht minder.*[22]

Das Problem der Staatsbeamtenähnlichkeit. Letztlich resultierte die Anwendung der Begriffe ›Beamter‹ und ›Angestellter‹, die über die Dimension der bisher ausreichenden Berufsbezeichnungen (Kaufmann, Handlungsgehilfe, Ingenieur etc.) abstrahierend hinausgriffen, aus dem Doppelcharakter der industriellen Unternehmung, die Güter sowohl produzierte wie als Ware auf dem Markt verwertete, also sowohl technisches wie kaufmännisches Personal benötigte und zudem neue verwaltende Stellen entstehen ließ. Die Kooperation verschiedener Berufe im Industriebetrieb durchkreuzte die bisher vorwiegend gültigen, rein beruflich definierten Ordnungsstrukturen und forderte einen berufsneutralen Begriff.

Die Bezeichnung gewisser von privaten Gesellschaften oder Einzelpersonen beschäftigter Arbeitnehmer als ›Beamte‹ wurde durch staatsbeamtenähnliche Züge ihrer Situation nahegelegt: durch die Bezahlungsform des Gehalts, das häufig (auch) Senioritätsgesichtspunkten folgte, durch ihre relativ gesicherte Stellung, durch den schriftlichen, »büromäßigen« Charakter ihrer Arbeit und, zumindest für viele von ihnen, durch die Teilhabe an delegierter Anordnungsbefugnis. Andererseits setzte die dennoch drohende Kündigungsmöglichkeit, die Abhängigkeit ihrer Bezahlung von Leistungs- und Marktkriterien, der Mangel eines auf formalen Qualifikationen fußenden Berechtigungswesens und das Fehlen einer öffentlich-rechtlichen Untermauerung ihres Dienstverhältnisses, generell: der Unterschied zwischen einer öffentlichen Behörde und einer privatwirtschaftlichen Unternehmung, dieser Beamtenähnlichkeit auch schon um die Jahrhundertmitte objektive Grenzen. Da ›Beamter‹ zunehmend ein öffentliches Dienstverhältnis meinte, dessen Modell der Staatsbeamte war, der sein Amt als Dienst an der Allgemeinheit der Pflicht gemäß und in

20. W. Borchert, Partnerschaft als Aktienunternehmen, in: Der Arbeiterfreund, Bd. 10, 1872, S. 333 ff.

21. J. J. Bourcart, Die Grundsätze der Industrieverwaltung. Ein praktischer Leitfaden, Zürich 1874, S. 52 f.

22. E. Roesky, Die Verwaltung und Leitung von Fabriken, speziell von Maschinenfabriken, Leipzig 1878, S. 19.

würdiger Nähe zur Obrigkeit wahrzunehmen beanspruchte, bedeutete die Anwendung des Begriffs auf privatwirtschaftliche Arbeitnehmer zugleich einen ideologischen Identifikationsversuch mit der sozial akzeptierten, prestigebesetzten Gruppe der (Staats-)Beamten.

›Angestellter‹ als Oberbegriff zu ›Beamter im Industriebetrieb‹. Dieser Widerspruch zwischen der realen Situation solcher Arbeitnehmer, deren sich vergrößernde Mehrheit fremdbestimmte Tätigkeiten ohne Autoritätsbefugnis ausübte und – besonders nach 1873 – von der Gefahr sozialen Abstiegs bedroht war, und dem immer klarer am Staatsbeamtenmodell ausgerichteten Anspruch ihres Begriffs lag der sprachlichen Wandlung zugrunde, die etwa seit 1890 ›Angestellte‹ auch in jenen Betrieben durchsetzte, die bisher nur ›Beamte‹ und ›Arbeiter‹ gekannt hatten. Das Wachstum der Unternehmen, die Verwissenschaftlichung der Technik, das Streben nach optimaler Verwertung der Arbeitskraft, steigende Anforderungen an die Genauigkeit des Rechnungswesens und die Effektivität der Marktbehandlung bei zunehmender Konkurrenz, mit Verwaltungsarbeit verbundene Ansprüche des Staates (Steuern, Versicherungen) und wirtschaftlicher Organisationen (Kartelle, Verbände) an die Betriebe vermehrten in diesen die arbeitsvorbereitenden und kontrollierenden, konstruktiven, merkantilen und allgemein-verwaltenden Tätigkeiten, die im Zuge der auf den Bürosektor ausgreifenden Arbeitsteilung von neuen Personalkategorien in neuen Stellen ausgeführt wurden.[23] Dadurch entstand eine breite Unter- und Mittelschicht von Büroarbeitern ohne die Merkmale, die den ersten Fabrikbeamten ihre Privilegierung eingetragen hatten. Die Unternehmensleitungen gestanden ihnen den innerbetrieblich mittlerweile verfestigten, privilegierten Beamtenstatus auch keineswegs automatisch zu. Für diese Zeichner, Schreiber, Meister und Vizemeister, Kalkulanten, Korrespondenten, Magazin- und Laborgehilfen folgte der Beamtenstatus nicht mehr notwendig aus ihrer Funktion, sondern wurde als ein mit Vorteilen verbundener Rang durch Entscheidung der Firmenleitung, meist als Belohnung für langjähriges

23. Schon 1872 saßen im Konstruktionsbüro der Firma Siemens & Halske, Berlin, 5 niedrig bezahlte und kaum noch selbständig arbeitende Zeichner. 1892 verfügte allein die Starkstromabteilung über 2 Konstruktionsbüros mit zusammen 57 Angestellten – 1903 (1909) standen in den Siemens-Schuckertwerken 2580 (5270)Angestellte 9691 (18 582) Arbeitern gegenüber. Vgl. J. Kocka, Unternehmensverwaltung und Angestelltenschaft am Beispiel Siemens 1847–1914, Stuttgart 1969.

Dienen und Wohlverhalten, verliehen.[24] Er funktionierte somit als Differenzierungsmittel der unteren Arbeitnehmerschaft und damit als personalpolitisches Integrationsinstrument in der Hand der Unternehmensleitung.[25]

Durch diese relative Einengung des Beamtenbegriffs auf einen Teil des Büro- und Werkstattpersonals entstand das Bedürfnis nach einem neuen Begriff, der die Kategorien der Betriebsbeamten, der noch nicht fest angestellten Beamtenanwärter und des übrigen Büropersonals der Großbetriebe zusammenfaßte. Der bereitstehende, lokal bereits verwandte, noch nicht eindeutig festgelegte, tendenziell aber die Inhaber relativ fester Dienststellungen meinende Begriff des Angestellten bot sich an. Siemens & Halske schrieben in diesem Sinne 1890: *Indem wir hiermit unsere neueste Geschäftsordnung... unseren Herren Angestellten zur Kenntnisnahme... und Nachachtung übergeben, bestimmen wir...*[26] Ähnlich früherem Vorgehen staatlicher Behörden definierte die »Dienstordnung für die Angestellten der S & H A.-G.« von 1897: *Die Gesellschaft unterscheidet bei ihren Angestellten 1. Unterbeamte, 2. Hilfsbeamte (Diätare), 3. Beamte... Welcher Klasse von Angestellten der einzelne angehört, ... wird ihm beim Eintritt oder bei späteren Änderungen schriftlich mitgeteilt.*[27]

›*Betriebsbeamter*‹ *und* ›*Angestellter*‹ *in der Gesetzgebung.* Die Begriffswahl der Gewerbe- und Sozialgesetzgebung reflektierte diesen Wandel vom Beamten zum Angestellten und half mit, ihn auch außerbetrieblich einzubürgern. 1881 bemühte sich der Gesetzgeber erst-

24. Neben Beispielen aus dem Siemens-Archiv zeigt eine Feststellung des Werkmeister-Verbandes von 1884 das Problem. Dessen Werbeblatt *zählte zu den Werkmeistern nicht nur die Beamten, die diesem Titel direkt führten, sondern die Privatbeamten aller Industrien, die eine Meisterstelle versehen*; Deutscher Werkmeister-Verband 1884−1909. Fschr. zur 25jährigen Jubelfeier, Düsseldorf 1910, S. 16. Dem »Titel« (Beamter) ist die funktionale Kategorie (Privatbeamter, in andern Fällen: Privatangestellter oder Angestellter) gegenübergestellt.

25. Angesichts des Fehlens eindeutiger funktionaler Kriterien überließ der Reichstag 1888 die Entscheidung, ob bestimmte Büro-Hilfsarbeiter als ›Betriebsbeamte‹ oder als ›Gehilfen‹ gelten sollten, dem einzelnen Arbeitsvertrag, d. h. letztlich der Entscheidung des Unternehmers; SBR, Bd. 108, S. 66: Begründung des Regierungs-Entwurfs eines Alters- und Invalidenversicherungsgesetzes v. 22. 11. 1888.

26. SAA 32/Lo 588.

27. SAA 32/Li 754.

mals um eine Klärung des Begriffes ›Betriebsbeamter‹. Angesichts der *mancherlei Zwischenstufen zwischen gewöhnlichen Arbeitern und wirklichen Betriebsbeamten* scheiterte dieser Versuch.[28] Da die gesetzesauslegenden Behörden und Gerichte, denen die Abgrenzung der Arbeiter von den Betriebsbeamten dadurch überlassen blieb, diese immer klarer als Personen mit Leitungs-, Aufsichts- und Repräsentationsbefugnissen eingrenzten,[29] wurde eine wachsende Anzahl von Technikern, Handlungsgehilfen und Bürogehilfen, die sich nach Bezahlungsart, Tätigkeit und Selbstverständnis von den Lohnarbeitern unterschieden, nicht als Beamte, sondern als Arbeiter behandelt.[30] Als der Gesetzgeber den dadurch entstehenden Widersprüchen Rechnung trug, indem er – auf den Druck der betroffenen Interessenorganisationen hin – diese nicht als Beamte geltenden Techniker, Meister etc. den Betriebsbeamten gleichwohl zur Seite stellte, deutete er, offenbar in Verlegenheit um einen adäquaten Sammelbegriff, ›Angestellter‹ als solchen an. 1890 erstreckte sich das Gewerbegerichtsgesetz auch auf *Betriebsbeamte, Werkmeister und mit höheren technischen Dienstleistungen betraute Angestellte.*[31]

Die Novelle zur Gewerbeordnung von 1891 regelte erstmalig das *Dienstverhältnis der von Gewerbeunternehmungen gegen feste Bezüge beschäftigten Personen, welche nicht lediglich vorübergehend mit der Leitung oder Beaufsichtigung des Betriebes oder einer Abteilung desselben beauftragt (Betriebsbeamte, Werkmeister oder ähnliche Angestellte) oder mit höheren technischen Dienstleistungen betraut sind (Ma-*

28. Vgl. den Regierungsentwurf zum Unfallversicherungsgesetz vom 8.3.1881 (§ 1 und Begründung) sowie den Bericht der Kommission am 21.5.1881, in: SBR, Bd. 65, S. 222, 228, 237; Bd. 66, S. 834.

29. Vgl. K. Schicker, Die Reichsgesetze über die Krankenversicherung der Arbeiter und über die eingeschriebenen Hülfskassen, Stuttgart 1884, S. 4; E. von Woedtke, Unfallversicherung der in land- und forstwirtschaftlichen Betrieben beschäftigten Personen, Berlin 2. Aufl. 1888, S. 106; Auszug aus der Anleitung des Reichs-Versicherungsamts, betr. den Kreis der nach dem Invalidenversicherungsgesetz vom 13. Juli 1899 versicherten Personen, vom 6.12.1905, in: SBR, Bd. 281, S. 172ff.; Anlage E zum Entwurf eines Angestelltenversicherungsgesetzes, S. 174.

30. Diese größtenteils aus Gehaltsempfängern bestehende Gruppe, die nicht mehr zu den Beamten rechnete, hatte es schon 1881 dem Regierungsentwurf unmöglich gemacht, das Gehalt als eindeutiges Unterscheidungsmerkmal zwischen Beamten und Arbeitern zu benutzen. Vgl. Anm. 28.

31. Vgl. das Gesetz betr. die Gewerbegerichte vom 29.7.1890, § 2, in: RGBl., S. 141.

schinentechniker, Bautechniker, Chemiker, Zeichner und derglei-
chen).[32]

Ähnlich wie die innerbetriebliche Sprache hatte damit die Gesetzes-
terminologie der Entstehung einer mit einer dem Beamtenbegriff
nicht mehr faßbaren, sich dennoch durch Bezahlungs- und Tätigkeits-
art, durch Arbeitsplatz und Selbstbewußtsein von den Lohnarbeitern
unterscheidenden industriellen Arbeitnehmergruppe Rechnung ge-
tragen.

Vom Beruf zur Stellung (1880–1900)

Die Veräußerlichung des Berufsinhalts und Mobilität. Der Durchsetzung des Angestelltenbegriffs im industriellen Unternehmen lief etwa
seit 1890 die Einbürgerung von ›Angestellter‹ als Sammelbezeichnung
für Arbeitnehmer aus verschiedenen Wirtschaftszweigen parallel. So
vertrat der »Deutsche Privat-Beamten-Verein« 1891 in einer Petition
zur Steuergesetzgebung das Interesse der Staatsbürger, *die gegen festes
Entgelt mit einem geringen oder mittleren Einkommen als Angestellte
Privater in den verschiedensten Berufsarten und Erwerbszweigen tätig
sind.*[33] Wie zunächst nur innerhalb der Betriebe, so deutete der Gebrauch von ›Angestellter‹ nun auch gesamtgesellschaftlich darauf hin,
daß die »Stellung« des Arbeitnehmers in bestimmten Zusammenhängen bedeutsamer wurde als seine Berufszugehörigkeit.

Zu solcher Verwischung der beruflichen Gliederung trug bei, daß im
Zuge zunehmender Arbeitsteilung und Differenzierung auch in Bereichen außerhalb der Produktion Tätigkeiten entstanden, die mit den
herkömmlichen Berufsbezeichnungen nicht mehr erfaßt werden
konnten. Die Berufsbezeichnung ›Handlungsgehilfe‹ versagte vor dem
nur mechanisch Abschreibenden, der im Handelskontor angestellt
wurde, als die vermehrte kaufmännisch-verwaltende Arbeit systematisch zerlegt und teilweise mechanisiert wurde.[34] So erkannten die Ge-

32. Vgl. das Gesetz betr. die Abänderung der Gewerbeordnung(»Arbeiter-
schutzgesetz«) vom 1.6.1891, in: RGBl, S. 261 ff., § 133 a.
33. Privat-Beamten-Zeitung. Organ des Deutschen Privat-Beamten-Ver-
eins, Bd. 7, 1891, S. 12.
34. Schon vor 1850 beschäftigten große Handelskontore spezialisierte Teil-
arbeiter, für die es *keine besonderen Namen* gab; vgl. Allgemeine Encyclopädie
für Kaufleute und Fabrikanten, 4. Aufl. Leipzig 1841, S. 256.

richte nur die Stenotypistinnen als Handlungsgehilfinnen an, *die bei der Formung des Inhalts der Schriftstücke selbsttätig beteiligt* waren.[35] Mechanische, routinisierte Bürotätigkeiten, die aus der herkömmlichen Berufsstruktur herausfielen, vermehrten sich auch in den Bürogroßbetrieben der Versicherungsgesellschaften, die schon vor 1880 mehrere hundert Personen beschäftigten, in den Rechtsanwaltsbüros und der sich ausdehnenden staatlichen und kommunalen Verwaltung. Solche Arbeitnehmer wechselten ihre Erwerbstätigkeit, die sie kaum mehr als »Beruf« im emphatischen Sinne, als befriedigende Vergegenständlichung der eigenen Subjektivität durch Arbeit verstehen konnten, schnell und ohne Qualifikationsschwierigkeiten. Die durch arbeitsteilige Vereinfachung erreichte Auswechselbarkeit und Mobilität des Personals über einzelne Wirtschaftszweige hinweg diente dem Gesetzgeber als Begründung, als er zu Versicherungszwecken verschiedene Berufsgruppen zusammenfaßte (1889), die später als ›Angestellte‹ galten.[36] Mit Hinweis auf diese Mobilität forderten Angestelltenvertreter nach der Jahrhundertwende ein einheitliches Angestelltenrecht, *damit ein Beamter, der etwa in dem einen Jahr in einem Handelsgeschäft, im nächsten in einem Rechtsanwaltsbureau und im übernächsten im Bureau eines Wohltätigkeitsvereins tätig ist, nicht mehr mit jedem Stellungswechseln unter andere Rechtsverhältnisse kommt.*[37] Technologisch und arbeitsorganisatorisch bedingte Änderungen in der Berufsstruktur, die die Arbeit niederer Angestellter tendenziell von ihrem bestimmten Inhalt lösten, konstituierten mithin gemeinsame Interessen bisher isoliert agierender, rein beruflich definierter Gruppen. Als sprachlicher Niederschlag dieser veränderten Verhältnisse setzte sich der berufsneutrale Begriff des Angestellten durch.[38]

Interessengemeinsamkeit und staatliche Sozialinterventionen als Voraussetzungen des überbetrieblichen Angestelltenbegriffs. Die Entstehung gemeinsamer Interessen verschiedener Berufsgruppen aus verschiedenen Wirtschaftszweigen als Basis der Entstehung von Gruppe

35. Vgl. H. Potthoff, Der Begriff des »Angestellten«, in: Arbeitsrecht, Bd. 1, 1914, S. 106.
36. Vgl. die Begründung zum Regierungs-Entwurf für das Alters- und Invaliden-Versicherungsgesetz vom 22.11.1888, in: SBR, Bd. 108, S. 66.
37. So H. Potthoff am 6.3.1905 im Reichstag, in: SBR, Bd. 203, S. 5012.
38. Vgl. den entsprechenden, allerdings auf die Arbeiter bezogenen Gedankengang bei K. Marx, Grundrisse der Kritik der politischen Ökonomie. Rohentwurf, Berlin 1953, S. 25.

und Begriff der Angestellten wurde durch die Wirtschaftskrise seit 1873 und die darauf folgende wirtschafts- und sozialpolitische Umorientierung mit ihren Ansätzen zu interventionsstaatlicher Sozialpolitik gefördert, die ihrerseits zur Gruppenbildung im gesellschaftlichen Bereich anreizte. Nach der gemeinsamen, ihr Beamtenselbstverständnis bedrohenden Erfahrung der Krise schlossen sich 1881 Angestellte verschiedener Berufe im »Deutschen Privat-Beamten-Verein«, Magdeburg, zusammen. Buchhalter, Ingenieure, Werkführer, Markscheider, Revierförster, Gutsbeamte, Bankdirektoren, wissenschaftliche Hilfsarbeiter, Hütten-Inspektoren, Gemeindeschreiber und ähnliche Kategorien manifestierten durch ihren Beitritt zu diesem hauptsächlich Versicherungsleistungen anbietenden Verein erstmalig gleiche Interessen in Form von Versicherungsbedürfnissen, die sie durch die entstehende, auf Arbeiterverhältnisse zugeschnittene staatliche Sozialversicherung unbefriedigt wähnten.[39] Damit bürgerte sich der Begriff ›Privatbeamter‹, der in der Rechtsprechung mindestens etwa seit 1840 eine Rolle gespielt hatte, in der Öffentlichkeit ein.[40] Während im unternehmens-internen Gebrauch kaum Gefahr bestand, ›Beamter‹ mit ›öffentlicher Beamter‹ zu verwechseln, erforderte der von der betrieblichen Situation abgelöste Sprachgebrauch einen Zusatz wie ›Privat-‹, je mehr ›Beamter‹ sich auf den öffentlichen Bereich einengte.[41] An der Abtragung beruflicher Unterscheidungslinien wirkten die staatlichen Sozialinterventionen mit, die primär nicht die Berufszugehörigkeit, sondern die »soziale und wirtschaftliche Stellung« zum Kriterium der Verteilung von Pflichten und Ansprüchen machten. Auf dieser Grundlage faßten das Alters- und Invalidenversicherungsgesetz (AIVG) von 1889 und seine Novellen schrittweise immer mehr Arbeiter und unter 2000 Mark pro Jahr verdienende Betriebsbeamte, Handlungsgehilfen und *sonstige Angestellte* zusammen.[42] Die erste

39. Nach der Liste der ersten Pensionäre des Vereins, in: Privat-Beamten-Zeitung, Bd. 16, 1900, S. 68.

40. Vgl. die Entscheidungen des Preußischen Obertribunals vom 16. 6. 1843 und 9. 1. 1849, in: L. v. Rönne, Ergänzungen und Erläuterungen der Preußischen Rechtsbücher durch Gesetzgebung und Wissenschaft, 4. Aufl., Bd. 1, Berlin 1858, S. 175. Einer breiteren Öffentlichkeit scheint der Begriff aber erst nach 1880 gebräuchlich geworden zu sein; vgl. Meyer, 6. Aufl., Bd. 16, 1907, S. 357.

41. ›Privatbeamter‹ schloß Arbeitnehmer aus nichtindustriellen Bereichen ein (so etwa auch »Handlungsgehilfen«) und hatte damit einen weiteren Bedeutungsinhalt als der in Industriebetrieben gebrauchte Terminus ›Beamter‹.

42. Vgl. Anm. 36; Regierungs-Entwurf zur Novelle zum AIVG vom

rechtliche, für spätere Kategorienbildungen entscheidende Zusammenfassung der Berufsgruppen, die man bald allgemein als ›Angestellte‹ bezeichnete, geschah nach Versicherungsgesichtspunkten, und zwar nicht um sie von den Arbeitern zu unterscheiden, sondern um sie in gleicher Weise wie diese vor wirtschaftlicher Not (und politischer Radikalisierung) zu behüten. Angesichts der Sozialversicherung, der Steuergesetzgebung und der arbeitsrechtlichen Bestimmungen, soweit sie für Handel und Industrie gemeinsam galten, rückte die »Stellung« des Arbeitnehmers, sein wirtschaftlicher und sozialer Status, in den Vordergrund und damit das, was ihn mit Angehörigen anderer Berufe verband. Neben ›Privatbeamter‹ erfüllte ›Angestellter‹ das sich dadurch stellende Bedürfnis nach einem Sammelbegriff. Das 1896 verabschiedete Gesetz zur Bekämpfung des unlauteren Wettbewerbs bedrohte jeden mit Strafe, *der als Angestellter, Arbeiter oder Lehrling eines Geschäftsbetriebes Geschäfts- oder Betriebsgeheimnisse* mißbrauchte.[43] Darauf hatte der »Deutsche Privat-Beamten-Verein« Einfluß genommen, um die *Interessen der Angestellten des Handels und der Industrie* zu vertreten.[44]

Erstmals faßte 1895 die Berufsstatistik *nicht leitende Beamte, überhaupt das wissenschaftlich, technisch oder kaufmännisch gebildete Verwaltungs- und Aufsichts-, sowie das Rechnungs- und Bureaupersonal, Prokuristen, Disponenten, Buchhalter, Rechnungsführer, Geschäfts- und Handlungsreisende sowie die im Betriebe beschäftigten Rechner und Schreiber* als ›Angestellte‹ zusammen.[45] Noch 1882 hatte sie *höheres Verwaltungs- und Aufsichts-, sowie das Rechnungs- und Bureaupersonal* als ›Gehülfen‹ summiert.[46]

19.1.1899, in: SBR, Bd. 172, S. 695 f. Das Invalidenversicherungsgesetz vom 13.7.1899 (RGBl, S. 393 ff.) schloß *Betriebsbeamte, Werkmeister und Techniker, Handlungsgehülfen und -Lehrlinge . . ., sonstige Angestellte, deren dienstliche Beschäftigung ihren Hauptberuf bildet, sowie Lehrer und Erzieher ein (§ 1), weil die Linderung der wirtschaftlichen Notlage der Hauptzweck des Gesetzes ist, die Lebenslage vieler hier in Betracht kommender Personen sich aber nicht als wesentlich günstiger bezeichnen läßt, wie bei denjenigen, die als Arbeiter oder untergeordnete Betriebsbeamte ihre Arbeitskraft für Andere verwerten* (Begründung, in: SBR, Bd. 172, S. 696).

43. Gesetz zur Bekämpfung des unlauteren Wettbewerbs vom 27.5.1896, § 9, in: RGBl, S. 147 f.

44. Privat-Beamten-Zeitung, Bd. 11, 1895, S. 14 f.

45. Vgl. Statistik d. Dt. Reiches, NF, Bd. 111, Berlin 1899, S. 58: Berufszählung vom 14.6.1895.

46. Vgl. ebd., NF, Bd. 2, Tl. 1, Berlin 1884, S. 63: Berufsstatistik vom

Auch ohne zusammenfassende Absicht bürgerte sich ›Angestellter‹ nach 1890 ein: Ein *Angestellter des Comtoirs, einer der besseren Buchhalter ... war ein großer wohlgenährter Mann mit goldigem Zwicker und goldiger Uhrkette.*[47]

›Angestellter‹ und ›Arbeiter‹ in ihrer Abgrenzung bis 1911

Begriffliche Unschärfen. Klar grenzte der Begriff ›Beamter‹ die früheren Angestellten von den Arbeitern ab, indem er diese als herrschaftsunterworfene Gegengruppe, jene als Träger delegierter Herrschaft und Vermittler interpretierte: *Wer bildet den natürlichen wertvollen Vermittler zwischen dem Arbeitgeber und den murrenden Arbeitermassen? der Beamte.* Und: *Solange diese kleinen Autoritäten den Agitatoren im Wege stehen dicht neben dem Arbeiter, so lange hat es gute Wege mit der Furcht vor dem Umsturz* (Deutscher Privat-Beamten-Verein 1889).[48] Dieses durch Unternehmer geförderte Beamtenbewußtsein stärkte die Zuverlässigkeit und das Dienstethos der Angestellten und verhinderte ihre Solidarisierung mit den Lohnarbeitern. Die sprachliche Wendung vom ›Beamten‹ zum ›Angestellten‹ reflektierte die Umstrukturierung dieses Personals, innerhalb dessen die untergordneten, autoritätslosen, ungesicherten Arbeitnehmer zunahmen. Damit verlor jenes am bürokratischen Modell orientierte Selbstbewußtsein an Berechtigung, so wie der tatsächliche und der sprachliche Unterschied gegenüber den Arbeitern an Schärfe. Trotz seiner Tendenz, Lohnempfänger auszugrenzen und sich als Gegenbegriff zu ›Arbeiter‹ zu etablieren,[49] war der noch nicht häufig gebrauchte, unverfestigte Angestelltenbegriff noch nicht immer klar von ›Arbeiter‹ abgesetzt. 1891 schrieb ein Sozialist: *Heute noch Inhaber eines seinen Mann ernährenden Detailhandelsgeschäftes – nach einem oder zwei Jahren, wenn sich in der Nähe ein großes Magazin etabliert hat – entweder Angestellter*

5.6.1882. Im Gegensatz zu 1895 zählten die Meister 1882 noch zur Gruppe der Gehilfen, Arbeiter und Tagelöhner.

47. M. Wettstein-Adelt, $3^1/_2$ Monate Fabrik-Arbeiterin, Berlin 1893, S. 26 f.

48. Privat-Beamten-Zeitung, Bd. 5, 1889, S. 3.

49. Vgl. etwa den Sprachgebrauch in der Firma Siemens, das Gesetz zur Bekämpfung des unlauteren Wettbewerbs oder die Einteilung der Statistik von 1895, die Selbständige, Angestellte und Arbeiter unterschied.

(Lohnarbeiter) in diesem großen Warenhaus oder . . . Hausierer.[50] Gegenbegriff zu ›Angestellter‹ war hier ›Selbständiger‹, aber nicht ›Arbeiter‹. Ähnlich schrieb der DHV 1895: *Jeder sozial denkende Kaufmann wird von Herzen wünschen, daß es seinen Angestellten gut geht,
denn zufriedene Arbeiter leisten doppelte Arbeit.*[51]

In einzelnen Fällen diente ›Angestellter‹ als Oberbegriff für Beamte
und Arbeiter. 1903 schrieb ein Ingenieur über »Siemens & Halske«:
*Im Jahre 1897 zählte man in Berlin 6000, in Wien 2000, in Petersburg
1000, in London 3000 Arbeiter, außerdem zusammen 2000 Beamte, so
daß die gesamte Gesellschaft etwa 14000 Angestellte hatte.*[52] In solchem Gebrauch erhielt sich neben der auf die Inhaber einer relativ ge-
sicherten Dienststellung eingeengten Bedeutung der ursprünglich
weite Umfang des Wortes, den noch ein Lexikonartikel 1908 an erster
Stelle nannte: *Angestellter ist derjenige, der von einem anderen zur
Vornahme einer gewissen Tätigkeit bestellt wird.*[53]

Noch 1911 gebrauchte Stresemann, entgegen seiner sonstigen Gewohnheit, diesen weiten Angestelltenbegriff im Reichstag. Er sprach
sich gegen eine einheitliche Versicherung für Angestellte und Arbeiter
aus, *weil damit gewissermaßen die gemeinsame Idee des Klassenkamp-
fes aller Angestelltenschichten in Deutschland auch in der Form der
Versicherung das Siegel aufgedrückt erhalten sollte.*[54]

Berufliche Mobilität und Sozialgesetzgebung hatten zwar insofern
die Voraussetzung der Entstehung von Gruppe und Begriff der Angestellten geschaffen, als sie die Berufs- und Wirtschaftszweigzugehö-
rigkeit des einzelnen in ihrer Bedeutung reduzierten. Eine klare Abgrenzung der entstehenden Gruppe »nach unten« leisteten sie jedoch
nicht. Vielmehr behandelte das AIVG die versicherungspflichtigen
Angestellten genauso wie die Arbeiter und betonte die Gleichheit ihrer wirtschaftlichen und sozialen Lage. Während in den Unternehmen
die Angestelltenzugehörigkeit in Grenzfällen durch Dezision gelöst
wurde, fehlte außerhalb der Betriebe das praktische Bedürfnis nach
einer klaren Trennung von Arbeitern und Angestellten. Diese Situa-

50. A. Auerbach, Der Kaufmann und die Sozialdemokratie, Berlin 1891, S.
6, ähnlich S. 22 f.

51. Mitteilungen des Dt. Handlungsgehilfen-Verbandes, Bd. 2, 1895, S.
109.

52. Vgl. E. Kreller, Die Entwicklung der deutschen elektrotechnischen Industrie und ihre Aussichten auf dem Weltmarkt, Leipzig 1903, S. 21.

53. Meyer, 6. Aufl., Bd. 1, 1902, S. 519, Art. Angestellter.

54. Am 20.10.1911, in: SBR, Bd. 268, S. 7452.

tion und der seltene Gebrauch von ›Angestellter‹ hatten zur Folge, daß vor 1900 ›Arbeiter‹ noch nicht als klarer, eindeutig unterschiedener Gegenbegriff zu ›Angestellter‹ fungierte.

›Angestellter‹ im Unterschied zu ›Handlungsgehilfe‹ und ›Privatbeamter‹. Seine Spitze richtete der Angestelltenbegriff gegen das, wovon er abstrahierte: gegen die Berufsbezeichnungen. Gerade jene, die das berufsständische Denken, das sich in der Bezeichnung ›Handlungsgehilfe‹ reflektierte, als ideologische Verschleierung einer dauernden, fremdbestimmten Abhängigkeit ablehnten, benutzten den Begriff des Angestellten, um den Arbeitnehmercharakter dessen zu betonen, der sich selbst noch gern als *junger Kaufmann* stilisierte.[55] Die sozialistische Publikation »Der Handels-Angestellte« schrieb 1892: *Nein, die Handels-Angestellten haben andere Interessen wie die Chefs, aber dieselben Interessen wie Arbeiter anderer Berufe. Und deswegen müssen die Handels-Angestellten, besonders die Handlungsgehilfen, lernen, sich als Arbeiter zu fühlen, als Arbeiter zu denken . . .*[56] Der die Transport- und Packereiarbeiter[57] einschließende Begriff des ›Handels-Angestellten‹ diente dem Aufruf zur Solidarisierung aller Arbeitnehmer, aller Unselbständigen im Handel und darüber hinaus. Dagegen bedauerte 1890 ein Harmonieverband, der sich an der patriarchalischen Vergangenheit orientierte, daß *Gehülfe nicht mehr vom Prinzipal als Fleisch von seinem Fleisch . . . angesehen werde.*[58] – Als der Leipziger Verband Deutscher Handlungsgehülfen sich nach 1905 einem stärker gewerkschaftlichen Standpunkt annäherte, gab er sich den Untertitel: *Berufsvereinigung der Kaufmännischen Angestellten in Handel und Industrie.*[59] Der mittelständisch-nationalistische DHV vermied noch

55. Vgl. etwa J. R. Gutheil, Ratgeber für Stellungsuchende und Muster-Bewerbungsschreiben oder: Wie jeder junge Kaufmann sicher Stellung findet, 12. Aufl. Berlin 1900.

56. Der Handels-Angestellte, Bd. 1, 1892, Ausg. v. 15. Oktober.

57. Bezeichnenderweise trug die Zeitschrift zunächst den Untertitel *Organ für die Interessen aller im Handelsbewerbe beschäftigten Personen* und diente gleichzeitig dem »Verband der Geschäftsdiener, Packer und Berufsgenossen« als Sprachrohr.

58. G. Hiller, Die Lage der Handlungsgehilfen. 3. Flugschrift des Verbandes Deutscher Handlungsgehülfen zu Leipzig, Leipzig 1890, S. 10.

59. Vgl. Epochen der Angestelltenbewegung 1774–1930, hg. v. Gewerkschaftsbund der Angestellten, Berlin 1930, S. 119f.

1926 tunlichst die Bezeichnung ›kaufmännischer Angestellter‹ in programmatischen Äußerungen und zog ›Kaufmannsgehilfe‹ vor.[60]

Ähnlich, doch später wandte sich ›Angestellter‹ gegen ›Beamter‹ und ›Privatbeamter‹. Noch nach der Jahrhundertwende galten ›Privatbeamter‹ und ›Privatangestellter‹ als Synonyme. 1903 verlangte ein nationalliberaler Antrag im Reichstag die Vorbereitung *einer, den eigenartigen wirtschaftlichen Verhältnissen der Privatbeamten (Privatangestellten) entsprechenden . . . Versicherung*.[61] Der erste gewerkschaftliche Technikerverband nannte sich noch 1904 *Bund der technisch-industriellen Beamten (Butib)*. Den im Privatbeamtenbegriff mitgemeinten Anspruch auf Staatsbeamtenähnlichkeit konkretisierten die Angestellten seit 1900 in ihrer ersten gemeinsam vorgebrachten sozialen Forderung: dem Verlangen nach einer staatsbeamtenähnlichen Pensionsversicherung. Der Kampf um diese Einrichtung verstärkte die intentionale Komponente der Bezeichnung ›Privatbeamter‹ und wies ihr eine agitatorische Funktion zu.[62]

Je klarer jedoch die Auseinandersetzungen um die Angestelltenversicherung die Vergeblichkeit jenes Wunsches nach Beamtenähnlichkeit aufdeckten, desto deutlicher zeigte ›Privatbeamter‹ eine ideologisch-elitäre Tendenz und trat allmählich zurück. 1907 sagte der SPD-Abgeordnete Heine im Reichstag: *Wir stehen der Frage der Privatangestellten oder, wie man jetzt, um der Sache einen noch schöneren Namen zu geben, zu sagen pflegt, der Privatbeamten, mit großem Interesse gegenüber*.[63] Von 1907 ab vermied der Butib weitgehend das Wort in seinen Publikationen. Zur Angestelltenversicherung schrieb er 1907, *daß man nicht nur eine Versicherung einer oberen Schicht mit »Beamtencharakter« wünscht, sondern daß die 1 $\frac{1}{2}$ bis 2 Millionen Angestellten aller Berufe, vom einfachsten Bureauschreiber und Verkäufer an, dem neuen Gesetz unterliegen sollen*.[64]

Der Begriff des Angestellten rückte den Arbeitnehmercharakter

---

60. Vgl. »Der sozialpolitische Wille der deutschen Kaufmannsgehilfen, beschlossen auf dem 17. Deutschen Kaufmannsgehilfentag am 19. und 20.6.1926 in München«, in: O. Thiel, Die Sozialpolitik der deutschen Kaufmannsgehilfen, Hamburg 1926, S. 45ff.

61. Vgl. SBR, Bd. 205, S. 469 (Nr. 57 der Anlagen).

62. Vgl. dazu H. Potthoff, Die Organisation des Privatbeamtenstandes, hg. v. Deutschen Brennmeister-Bunde, Berlin 1904, S. 7.

63. Am 14.3.1907, in: SBR, Bd. 227, S. 479.

64. Deutsche Industriebeamten-Zeitung; Zs. f. d. sozialen Interessen der Privatangestellten; Organ des Butib Bd. 3, 1907, S. 312.

des Beschäftigten in den Vordergrund und betonte so seine Abhängigkeit statt den Inhalt seines Berufes. Er rückte das vielen Gruppen Gemeinsame in den Blickpunkt und destruierte das von der wirtschaftlichen Entwicklung überholte Sonderbewußtsein. Die nüchterne Abstraktion des Angestelltenbegriffs, der immer auch Polemik gegen die überkommene Berufsstruktur, gegen überholten Patriarchalismus oder quasi-obrigkeitliches Beamtenbewußtsein enthielt, machte ihn unbrauchbar für berufsständisches oder nationalistisches Pathos. Die Assoziation maßvoller Mittelmäßigkeit, die ihm später besonders in Ausdrücken wie »kleiner« Angestellter, »mittlerer« Angestellter oder »Angestelltenkultur« anhaftete,[65] hatte vor dem Ersten Weltkrieg stärker als heute ideologiekritische Funktionen. Andererseits fehlte ihm auch das revolutionäre Pathos, das in ›(Lohn-)Arbeiter‹ mitschwingen konnte. Ein Begriff, der noch 1911 weit genug war, Beamte als Angestellte des Staates einzuschließen, betonte zwar den Arbeitnehmerstandpunkt, doch nicht in antagonisierender Weise. Die solidarisierende Kraft von ›Arbeiter‹ blieb dem Angestelltenbegriff immer fremd. Gerade seine Farblosigkeit, seine Flexibilität, sein zunächst künstlicher, wenn nicht gar Verlegenheitscharakter prädestinierten ihn als Bezeichnung einer Gruppe, die ihren gesellschaftlichen Standort ebensowenig wie außenstehende Beobachter eindeutig oder gar einheitlich bestimmen konnte. Das hohe Maß an unanschaulicher Abstraktion des Begriffs entsprach der Heterogenität derer, die er zusammenfaßte.

Das Angestelltenversicherungsgesetz (AVG) und der ›neue Mittelstand‹. Die zehnjährige Agitation für das AVG von 1911 diente als Kristallisationskern, um den sich die bisher nur latenten, gemeinsamen Angestellteninteressen formierten. Im Kampf um dieses Gesetz stellten sich die Angestellten erstmals einer breiten Öffentlichkeit als soziale Gruppe dar. *Privatangestellte aller Berufe, vereinigt Euch!* forderte 1904 der Vertreter des Werkmeister-Verbandes in seiner Schrift *Die Organisation des Privatbeamtenstandes*.[66] Durch Versammlungen, Broschüren, Parlamentsdebatten bürgerte sich der Begriff des ›(Pri-

65. Vgl. S. Kracauer, Die Angestellten. Aus dem neuesten Deutschland (1930), 3. Aufl. Allensbach, Bonn 1959, S. 4: *Hunderttausende von Angestellten bevölkern täglich die Straßen Berlins ... Die Intellektuellen sind entweder selbst Angestellte, oder sie sind frei, und dann ist ihnen der Angestellte seiner Alltäglichkeit wegen gewöhnlich uninteressant.*
66. Potthoff, Organisation, S. 14.

vat-)Angestellten‹ endgültig im allgemeinen Sprachgebrauch ein. Während ›Privatbeamter‹ zu veralten begann, setzte sich neben ›Privatangestellter‹ – häufig als synonyme Abkürzungsform – ›Angestellter‹ durch. Der Zentrums-Abgeordnete Sittart sagte 1903 im Reichstag: *die Zahl der Angestellten, der Privatbeamten beläuft sich wohl auf 1 Million.*[67] Doch schloß ›Angestellter‹ im Gegensatz zu ›Privatangestellter‹ bis in die zwanziger Jahre öffentliche Beamte ein.[68] Erst in der Auseinandersetzung um das AVG verlor der Angestelltenbegriff seine bisher noch mögliche Anwendbarkeit auf alle Arbeitnehmer und verfestigte sich mit der Gruppe, die er meinte. Er gewann seinen für die folgenden Jahrzehnte entscheidenden, wenn auch in Einzelheiten modifizierten Bedeutungsumfang. Als angestelltenversicherungspflichtig bezeichnete das Gesetz von 1911: *1. Angestellte in leitender Stellung, ... 2. Betriebsbeamte, Werkmeister und andere Angestellte in einer ähnlich gehobenen oder höheren Stellung ohne Rücksicht auf ihre Vorbildung, Bureauangestellte, soweit sie nicht mit niederen oder lediglich mechanischen Dienstleistungen beschäftigt werden, ... 3. Handlungsgehilfen und Gehilfen in Apotheken, 4. Bühnen- und Orchestermitglieder ohne Rücksicht auf den Kunstwert der Leistungen, 5. Lehrer und Erzieher, 6. bestimmte Mitglieder von Schiffsbesatzungen.* Als Versicherungspflichtgrenze galt ein Jahresverdienst von 5000 Mark.[69]

Dieser Berufsgruppenkatalog und damit die Umgrenzung des Angestelltenbegriffs waren Resultat eines mehrjährigen, vielschichtigen Interessenkampfes und -ausgleichs, in dem Definitonen meist die Rolle ideologischer Begründungen von Forderungen spielten. Die verwickelte Beziehung zwischen Interessen und Begriff machte dessen systematische Analyse unmöglich und verurteilte spätere juristische und sozialwissenschaftliche Definitionsversuche zum Scheitern.

Initiator und treibende Kraft der »Privatbeamenbewegung«, die seit 1901 auf das Gesetz hinarbeitete, war die Forderung der meisten, noch auf beruflicher Basis organisierten Angestelltenverbände nach

---

67. Am 14.2.1903, in: SBR, Bd. 187, S. 7944f.

68. Das AVG umfaßte begrifflich auch die öffentlichen Beamten, doch waren diese insofern von der Versicherungspflicht befreit, als sie öffentliche Pensionsansprüche besaßen. Diese praktische Nichtanwendbarkeit des AVG auf die Beamten dürfte dazu beigetragen haben, daß ›Beamter‹ aufhörte, Unterbegriff von ›Angestellter‹ zu sein.

69. Vgl. das Versicherungsgesetz·für Angestellte vom 20.12.1911, in: RGBl, S. 989ff., § 1.

einer staatsbeamtenähnlichen Pensionsversicherung.[70] Da ihre große Mehrheit gleich den Arbeitern der bestehenden Sozialversicherung bereits angehörte,[71] muß die Agitation der Angestellten als Ausdruck eines Sonderbewußtseins verstanden werden, das sich durch das *auf den Handarbeiterstand zugeschnittene* AIVG unbefriedigt erklärte.[72] Die gegenüber dem Produktionssektor »verspätete« Industrialisierung der Bürobereiche, die von einer Angestelltenkategorie zur andern wechselnden, gleichwohl von den Lohnarbeitern absetzenden Merkmale ihrer Arbeitssituation und gesamtgesellschaftlich vermittelte, antiproletarische Ressentiments hatten zur Folge, daß die sich in ihrer Mehrheit berufsständisch oder nach dem Beamtenmodell verstehenden Angestellten, die untereinader wenig verband, was sie nicht auch mit vielen Arbeitern teilten, dennoch in einem glichen: dem Bewußtsein und Wunsch, nicht zu jenen zu gehören, für die sich Beruf weitestgehend in Klassenlage aufzulösen schien und deren ökonomisch-soziale Situation von proletarischer Unsicherheit gekennzeichnet war. Aus dieser nur negativen Gemeinsamkeit – die ihre positive Definition unmöglich machte[73] – erwuchs in der Krise von 1900 die

70. Vgl. die Liste der im »Hauptausschuß zur Herbeiführung einer staatlichen Pensions- und Hinterbliebenen-Versicherung der Privat-Angestellten (Schriften des Deutschen Werkmeister-Verbandes, Bd. 1), Düsseldorf 3. Aufl. 1906, S. 14 f. Zum folgenden genauer Kocka, Unternehmensverwaltung, S. 536 ff.

71. Nach einer Statistik verschiedener Angestellten-Verbände, die die Regierung bearbeitete, gehörten 68,29% aller männlichen und 93,57% aller weiblichen Angestellten der bestehenden Alters- und Invalidenversicherung an (1903). Vgl. Die wirtschaftliche Lage der Privatangestellten. Denkschrift über die im Oktober 1903 angestellten Erhebungen, bearb. im Reichsamt des Innern, Berlin 1907, S. 17.

72. Solche Äußerungen seitens verschiedener, meist kaufmännischer Angestellten-organisationen finden sich spätestens seit 1895. Vgl. A. Ennesch, Zur Frage der Pensions- und Hinterbliebenen-Versicherung für Privatbeamte (= Schriften des Butib, Bd. 9), Berlin 1906, S. 42 ff.; Privat-Beamten-Zeitung, Bd. 11, 1895, S. 124, 135.

73. Auf die Frage der Regierungsbeamten an die ihre Wünsche vorbringenden Angestelltenvertreter, was ein Privatangestellter denn eigentlich sei, arbeitete der Hauptausschuß 1903 eine Selbstdefinition aus, die diese negative Gemeinsamkeit betonte: *Als Privatangestellte im Sinne dieses Gesetzes gelten Personen, welche gegen Gehalt im Privatdienste oder bei staatlichen, kommunalen oder kirchlichen Behörden in noch nicht mit Pensionsberechtigung ausgestatteten Stellen beschäftigt sind, soweit sie nicht als gewerbliche Arbeiter (Gesellen,*

Forderung nach versicherungspolitischer Privilegierung. Den Erfolg dieses Strebens nach Sonderbehandlung verdankten die Angestellten der mittelständischen Politik einiger Parteien und der Regierung und der unter Arbeitgebern verbreiteten Furcht, durch eine einheitliche Versicherung aller Arbeitnehmer deren Solidarisierung im Arbeitskampf zu erleichtern,[74] sowie der Konkurrenz der Parteien um die sich schnell vergrößernde, noch nicht festgelegte Wählergruppe und finanziellen Erwägungen der Regierung.

Das Absetzungsstreben der Angestellten und die ihm entgegenkommende Politik der bürgerlichen Parteien wie der Regierung fanden ihre gemeinsame Formulierung im Schlagwort vom ›neuen Mittelstand‹. Obwohl sich Angestelltengruppen in ihrer bedrohten Unterscheidung von der Arbeiterschaft schon früh dem ›Mittelstand‹ zugerechnet hatten,[75] wurde dieser Begriff in den neunziger Jahren ausschließlich mit Hinblick auf kleine und mittlere Bauern, Gewerbe- und Handlungstreibende politisiert.[76] Erst 1897 wies Gustav Schmoller auf die *höheren besser bezahlten Arbeiter, die Werkmeister, Steiger, Monteure, Vorarbeiter als eines der tüchtigsten, energischsten, zukunftsreichsten Elemente hin* und bezeichnete sie zusammen mit dem *höheren Verwaltungspersonal als Kern des neu sich bildenden Mittelstandes.*[77] Das sich in der Folgezeit langsam verbreitende, verschwommene Wort vom ›neuen Mittelstand‹ erlaubte es, in Anwendung auf Privatbeamte, Handlungsgehilfen und sonstige Angestellte, teilweise auch auf öffentliche Beamte, die ständisch-hierarchischen, auf eine doppelte Bedrohung und Frontstellung, auf Unterstützungs-

Gehilfen, Lehrlinge, Fabrikarbeiter etc.), als Tagelöhner und Handarbeiter oder als Gesinde Dienste verrichten. Vgl. Jb. f. d. soziale Bewegung der Industriebeamten, Bd. 1, Berlin 1907, S. 129. Zur Kritik vgl. Potthoff, Der Begriff des »Angestellten«, in: Arbeitsrecht, Bd. 1, 1914, S. 97f.

74. Vgl. Stresemanns Stellungnahme im Reichstag, oben S.131.

75. Vgl. Privat-Beamten-Zeitung, Bd. 5, 1889, S. 3; sowie den Aktionsaufruf des Deutschen Handlungsgehülfen-Verbands, in: Deutsche Handelswacht, Bd. 1, 1894/95, o.S.

76. Vgl. H. Böttger, Vom alten und neuen Mittelstand, Berlin 1901, Bd. 3, S. 41 ff.

77. Vgl. G. Schmoller, Was verstehen wir unter dem Mittelstande? Hat er im 19. Jahrhundert zu- oder abgenommen?, in: Die Verhandlungen des Achten Evangelisch-sozialen Kongresses, abgehalten zu Leipzig am 10. und 11. Juni 1897, Göttingen 1897, S. 154. Auch zählte Schmoller die *in Staats-, Gemeinde-, Aktiendienst Angestellten zu den breiten neuen Schichten eines Mittelstandes . . ., die schwer ins Gewicht fallen* (S. 153).

bedürftigkeit und -würdigkeit hinweisenden Implikationen des Mittel-
standsbegriffs mit zukunftsfroher Zuversicht zu verbinden: *Wenn also
der alte Mittelstand im Rückgang ist, so entwickelt sich ein neuer Mittelstand, der zum mindesten finanziell jenen ersetzt.*[78] Je stärker sich das
Interesse der bürgerlichen Parteien, besonders seit 1906/07, auf die
neue Gruppe der Angestellten *als Mittel- und Bindeglied zwischen verschiedenen Gesellschaftsklassen, als Stütze gegen die Sozialdemokratie*[79] richtete, desto häufiger erschien sie als *Kernpunkt des Mittelstandes*, desto klarer wurde die Sonderversicherung als *wesentliches Stück
Mittelstandspolitik* herausgestellt;[80] dagegen sprachen Sozialdemokraten vom *sogenannten neuen Mittelstand*.[81] Indem er ganze Arbeitnehmergruppen betont vom Proletariat unterschied und eine tatsächlich über äußerliche und ideologische Merkmale kaum hinausreichende Gemeinsamkeit zwischen diesen Arbeitnehmern und dem
selbständigen »Mittelstand« vorgab,[82] indem er auf unklare Weise die
Vermittlung klassengesellschaftlicher Gegensätze und somit Stabilisierung versprach,[83] fungierte der Begriff des neuen Mittelstandes als
ideologisches Schlagwort gesellschaftlicher Integrationsbemühungen,
in deren Dienst letztlich auch das AVG als privilegierende Sonderversicherung stand.

Wie sich die Angestellten als soziale Gruppe nur in absetzendem

78. Potthoff, Privatbeamtenstand (vgl. Anm. 62), S. 6. Ausdrücklich zitiert
Potthoff Schmoller (S. 7); ähnlich schon 1901 bei Böttger, Mittelstand, S. 40.
Marbach macht darauf aufmerksam, daß mit *neuer Mittelstand* eigentlich der
unselbständige Mittelstand gemeint war, zu dem auch alte Berufe, wie der des
Buchhalters, rechneten; vgl. Fritz Marbach, Theorie des Mittelstandes, Bern
1942, S. 196 ff.

79. So der Angeordnete Linz (Reichspartei) am 14.3.1907, in: SBR, Bd.
227, S. 481.

80. So der Nationalliberale v. Heyl am 14.3.1907, ebd., S. 467 und Trim-
born (Zentrum) am 20.10.1911, ebd., Bd. 268, S. 7439. Stresemann gebrauchte den Begriff vom ›neuen Mittelstand‹ mit Berufung auf Schmoller; vgl.
G. Stresemann, Die Stellung der Industrie zur Frage der Pensions-Versicherung der Privatangestellten (1906), in: Wirtschaftspolitische Zeitfragen, Dresden 1910, S. 49.

81. So Schmidt (SPD) am 20.10.1911, in: SBR, Bd. 268, S. 7444.

82. Vgl. T. Geiger, Die soziale Schichtung des deutschen Volkes. Soziogra-
phischer Versuch auf statistischer Grundlage, Stuttgart 1932; S. 120 f.,128 f.,
(ND Darmstadt 1967).

83. Vgl. E. Lederer/J. Marschak, Der neue Mittelstand, in: Grundriß der
Sozialökonomik IX, T. 1, Tübingen 1926, S. 122.

Gegensatz zu den Arbeitern formieren konnten, so mußte der jetzt erst eindeutige Konturen gewinnende Angestelltenbegriff dieses Distanzierungsstreben spiegeln und eine Frontstellung gegen die Arbeiter aufnehmen, die ihm bisher fehlte. Die Privilegierung einer Gruppe setzte ihre Definition voraus. Nachdem sich diese jedoch als unmöglich erwies,[84] bestimmte der sich im wesentlichen durchsetzende Regierungsentwurf den Kreis der Versicherungspflichtigen, indem er *die durch 30jährige Praxis des Reichsversicherungsamtes erläuterte Fassung des Arbeiterversicherungsgesetzes* zugrundelegte.[85] Damit entschieden über den Angestelltenstatus eines Arbeitnehmers Kriterien, die zu einem ganz anderen Zweck formuliert worden waren. Was vor 1900 unter dem Gesichtspunkt der Versicherungsbedürftigkeit und unter ständiger Einflußnahme der betroffenen Interessengruppen zusammengefaßt worden war, um ebenso wie die Arbeiter geschützt zu werden, wurde nun – zuzüglich einiger besser Verdienender – als Arbeitnehmer in beamtenähnlichen *gehobenen Stellungen ... zwischen dem Prinzipal und dem Arbeiter*[86] präsentiert, um vor den andern Arbeitnehmern privilegiert zu werden. Abgesehen davon, daß diese Kennzeichnung faktisch nicht zur Auswahl des angestelltenversiche-

84. Die Minderheit der Angestellten, die nach 1905 für eine einheitliche Versicherung von Arbeitern und Angestellten eintrat, argumentierte mit der Unmöglichkeit, eine klare Trennung zwischen beiden Gruppen zu ziehen. Vgl. Vor der Entscheidung! 16 Gutachten zur Frage der Pensions-Versicherung (Schriften des Werkmeister-Verbandes, Bd. 5), Düsseldorf 1907, S. 16. Die Unmöglichkeit einer klaren Abgrenzung der Angestellten von den Arbeitern gab der Vertreter der Reichsregierung in der abschließenden Lesung des AVG zu. Vgl. SBR, Bd. 268, S. 8184, 8187.

85. Vgl. die Äußerung des Regierungsvertreters Caspar, ebd., S. 8181. Vgl. auch den Regierungs-Entwurf zum AVG vom 20.5.1911, in: SBR, Bd. 281 (Nr. 1035 der Anlagen), bes. S. 93. Als Anlage E (172 ff.) wurde die »Anleitung des Reichsversicherungsamtes, betr. den Kreis der nach dem Invalidenversicherungsgesetz vom 13. Juli 1899 versicherten Personen«, beigefügt, als das 1905 entstandene Resümee der Auslegungsarbeit von Behörden, Gerichten und Kommentaren auf der Basis der Arbeiterversicherung. Dort seien, so der Regierungsvertreter, *alle diese Begriffe schon vollständig entwickelt und festgelegt.*

86. Vgl. den Regierungs-Entwurf zum AVG vom 20.5.1911, in: SBR, Bd. 281 (Nr. 1035 der Anlagen), S. 68 ff. und Staatssekretär Delbrücks Begründung im Reichstag am 19.10.1911, in: SBR, Bd. 268, S. 7432 f. Der Entwurf unterschied sich von der Endfassung u. a. dadurch, daß er die Bureauangestellten, soweit sie § 1, Abs. 2 der endgültigen Fassung nannte, noch nicht. dafür aber die später weggelassenen kaufmännischen Lehrlinge einbezog.

rungspflichtigen Personenkreises benutzt wurde, traf sie keineswegs auf alle aufgezählten Berufsgruppen zu.[87] Sie diente vielmehr als ideologische Rechtfertigung einer ganz anders entstandenen Entscheidung.

Ausblick

WENN DAS AVG auch nur den Kreis der versicherungspflichtigen Angestellten umriß, so bedeutete das in einer Situation, in der es noch keinen festen allgemeinen Angestelltenbegriff gab, die Entscheidung darüber, wer überhaupt Angestellter – im Gegensatz zum Arbeiter – war, zumal der Angestelltenbegriff des AVG im Ersten Weltkrieg und in der Weimarer Republik in andere Gesetze des Sozial- und Arbeitsrechtes übernommen wurde und so seine gruppenstrukturierende Kraft verstärkte. In Praxis und Diskussion der nächsten Jahrzehnte galt oft mangels besserer Kriterien als *Angestellter, wer angestelltenversicherungspflichtig ist.*[88]

Die Identifikation von Versicherungs- und allgemeinem Angestelltenbegriff wurde durch die spätere (1924) Ausweitung des AVG-Berufsgruppenkatalogs auf die niederen Büroangestellten erleichtert.[89] Die Klassifizierung der Angestelltentätigkeiten als »gehoben« und »beamtenähnlich« und damit die Begründung ihrer Privilegierung erschien dadurch allerdings noch fragwürdiger als bei ihrer Verkündung 1911, zumal der technologische Fortschritt ständig neue, oft sehr arbeitsteilig-routinisierte, wenig qualifizierte Tätigkeiten hinzufügte. Der mittelständische Anspruch der Angestellten und ihre soziale Verortung als *Position zwischen den Klassen* (Lederer) verloren fortschreitend an Berechtigung, wenn das Wort vom ›neuen Mittelstand‹ auch noch nach der viele deklassierenden Wirtschaftskrise das ideologische Selbstverständnis zahlreicher Angestellten ausdrückte und in

87. Etwa auf die große Gruppe der Ladengehilfen und -lehrlinge trafen Kriterien wie Beamtenähnlichkeit oder *gehobene Stellung . . . zwischen dem Prinzipal und dem Arbeiter* nicht zu.

88. Dies stellte 1931 Ludwig Heyde fest; Art. Angestellte und Angestelltenbewegung, in: Internationales Handwörterbuch des Gewerkschaftswesens, Bd. 1, Berlin 1931, S. 50.

89. Vgl. das Angestelltenversicherungsgesetz, Neue Fassung vom 28.5.1924 (RGBl. 1, S. 563ff.), § 1.

politischen wie in wissenschaftlichen Diskussionen als Alternative zu klassengesellschaftlichen Vorstellungen fortwirkte.[90] Für Juristen und Sozialwissenschaftler wurde es zunehmend schwieriger, Grundlage und Einheit des Angestelltenbegriffs zu bestimmen. Während sich jene u. a. auf die »Verkehrsanschauung« beriefen – die doch ihrerseits engstens von Gesetzgebung und Rechtsprechung bestimmt war[91] –, schlugen einige von diesen eine Revision des Begriffs und der von ihm gemeinten, sich tendenziell ohnehin den Arbeiterverhältnissen angleichenden Wirklichkeit vor.[92] In der jüngsten Zeit haben einzelne Wirtschaftsunternehmen die Unterscheidung zwischen Arbeitern und Angestellten aus personalpolitischen Gründen aufgegeben und auch die sprachliche Unterscheidung abgeschafft – z. T. zugunsten neuer Differenzierungen und neuer sprachlicher Bezeichnungen.[93] Doch wie die Entstehung der begrifflichen Unterscheidung zwischen Angestellten und Arbeitern auf das engste mit sozialen und politischen Interessenkonflikten und -ausgleichen verknüpft war, so stehen ihrer Revision starke Interessen entgegen, solange die Begriffsdifferenz nicht all ihren Wirklichkeitsgehalt verliert. Dies ist bis heute nicht geschehen.[94]

90. Lederer vertrat 1912 noch die These von der »Zwischenstellung« der Angestellten zwischen Arbeit und Kapital: E. Lederer, Die Privatangestellten in der modernen Wirtschaftsentwicklung, Tübingen 1912, S. 25 f., 215 f., 290. 1926 sah er die Basis dieser Mittelstellung schwinden; Lederer/Marschak, Der neue Mittelstand, S. 141. Doch noch 1932 hatte sich Geiger mit dem „neuen Mittelstand" und der Affinität seiner ständischen Ansprüche zu nationalsozialistischen Versprechungen auseinanderzusetzen: Geiger, Soziale Schichtung, S. 98 ff., 109 ff. Nach dem Zweiten Weltkrieg wurde der Begriff »neuer Mittelstand« kaum mehr angewandt. Zur Verwendung von Mittelstandsbegriff und -theorien in der sozialwissenschaftlichen Diskussion vgl. S. Braun, Zur Soziologie der Angestellten, Frankfurt 1964, S. 24.
91. Vgl. H. Schüler-Springorum, Wer ist Angestellter?, in: Der Betriebsberater, Bd. 13, 1958, S. 237.
92. Vgl. Zur Neuabgrenzung der Begriffe: Angestellter und Arbeiter. Ein Ausschußbericht, hg. v. d. Gesellschaft für Sozialen Fortschritt e. V., Berlin 1959, bes. S. 19 ff.; G. Hartfiel, Angestellte und Angestelltengewerkschaften in Deutschland, Berlin 1961, S. 110 f.
93. Vgl. unten S. 222 ff. u. E. Zander, Arbeiter-Angestellte, Freiburg 1974, z. B. S. 57 ff. zu entsprechenden Sprachregelungen bei Siemens und IBM, die mit der alten Unterscheidung zwischen Arbeitern und Angestellten gebrochen haben. Vgl. unten S. 178 ff. zu Tendenzen in der nationalsozialistischen Zeit, diese begriffliche Unterscheidung zu verflüssigen bzw. aufzuheben.
94. Dazu unten Abschnitt 6.

5.
Soziale Entwicklung und politische Orientierung der Angestellten im Ersten Weltkrieg und in der Weimarer Republik (1914–1933)

Weltkrieg und Revolution: begrenzte Wendung nach links

NACH DER LETZTEN BERUFSZÄHLUNG vor dem Krieg (1907) gab es knapp 2 Millionen Angestellte gegenüber ca. 14 Millionen Lohnarbeitern, d. h. ungefähr 70 Lohnarbeitern standen 10 Angestellte gegenüber. Die meisten von ihnen (etwa 1 Million) waren im tertiären Wirtschaftsbereich beschäftigt, wo sie (allerdings in sehr viel geringerer Zahl) bereits lange vor der Industrialisierung (als Handelsgehilfen vor allem) existiert hatten. Knapp 700 000 von ihnen arbeiteten als Techniker, Kaufleute, Aufsichts- und Büropersonal in Industrie und Bergbau. Sie formten eine Gruppe, die im wesentlichen mit der Industrialisierung entstanden war und sich mit der Bürokratisierung und Kommerzialisierung des sekundären Sektors, vor allem seit 1890, schnell vermehrt hatte. Die übrigen waren in der Landwirtschaft (100 000) und bei Freiberuflern (ca. 50 000) – hier in Rechtsanwaltsbüros, Apotheken z. B. – angestellt. Ungefähr drei Viertel von allen waren entweder kaufmännisch oder in allgemeinen Bürotätigkeiten beschäftigt, ungefähr ein Viertel als technisches oder Aufsichtspersonal.[1]

---

1. Nach Statist. Jb. f. d. Dt. Reich, Bd. 35, 1914, S. 14 f. Dabei sind die meisten der 579 469 »c2-Personen« (also die gelernten Arbeiter) im Handel, zumeist Handlungsgehilfen, Verkäufer und Ladendiener, entgegen der amtlichen Zählung (die sie noch zu den Arbeitern rechnete), aber wohl dem vorwiegenden Gebrauch der Vorkriegszeit und der entscheidenden gesetzlichen Regelung von 1911 entsprechend, als Angestellte gezählt. Nicht in dieser Zahl ent-

Wenig verband diese heterogene Gruppe in Bezug auf Tätigkeit, Funktion, Bildung, Einkommen, rechtliche Situation und andere objektive Merkmale, ausgenommen ihre Klassenlage: Sie gehörten zu den abhängig Arbeitenden, zu den Arbeitnehmern und nicht zu den Besitzern von Produktionsmitteln. Diese Klassenlage teilten sie jedoch ebenso wie die in steigendem Maße arbeitsteilige Tätigkeit und das zunehmend kollektive Auftreten auch mit den Arbeitern.

Von diesen unterschieden sie sich in mindestens einem, meist aber in mehreren von folgenden Kennzeichen: Angestellte verdienten im Durchschnitt trotz vieler Überschneidungen mehr als Arbeiter, und zwar fast aussschließlich in Form des Gehalts, nicht als Lohn; viele von ihnen arbeiteten noch in größerer Nähe und mit mehr Kontakten zum *Prinzipal* oder Unternehmer (besonders im Handelssektor); sie leisteten keine, oder zumindest nicht ausschließlich Handarbeit; sie genossen in der Regel größere Arbeitsplatzsicherheit und andere innerbetriebliche Privilegien; sie unterschieden sich in Lebensstil, Konsumverhalten und Karriereerwartungen von den Arbeitern. Nicht als Arbeitnehmer, geschweige denn als Proletarier, fühlten sie sich, sondern als Kaufleute, Techniker oder als »Privatbeamte«, und als solche wurden sie von den meisten akzeptiert. Sehr viel emphatischer und eindeutiger als der angelsächsische Begriff des »white collar employee« oder der französische des »employé salarié« bezeichneten die Begriffe »Privatbeamter« und »Angestellter«, die verschiedensten Berufe zusammenfassend, eine relativ klar von der Lohnarbeiterschaft einer-

halten sind die öffentlichen Beamten, Armeeangehörigen, in »persönlichen Diensten Stehenden« und die geringe Zahl von leitenden Angestellten bzw. angestellten Unternehmern (Direktoren, Prokuristen, Gutsverwalter etc.) – Die Zahl der Lohnarbeiter versteht sich entsprechend ohne Verkäufer und Handlungsgehilfen, aber auch ohne die »in persönlichen Diensten Stehenden«, soweit sie bei ihren Dienstherren wohnten, sowie ohne mithelfende Familienangehörige. – Im Unterschied dazu werden in der Aufstellung oben S. 17, Anm. 13 die Verkäufer und Verkäuferinnen nicht zu den Angestellten gerechnet. Zur Problematik der Schätzungen von Angestelltenzahlen vor 1914: G. Schulz, Die industriellen Angestellten, in: H. Pohl (Hg.), Sozialgeschichtliche Probleme in der Zeit der Hochindustrialisierung (1870–1914), Paderborn 1979, S. 229f. – Die obigen Schätzungen sind also für die Angestellten relativ hoch, für die Lohnarbeiter relativ niedrig (aufgrund der zugrundeliegenden Definitionsentscheidungen). – Die Aufteilung auf Tätigkeitskategorien nach K. M. Bolte, Angestelltenfrage im Licht der Zahlen, in: H. Bayer (Hg.), Der Angestellte zwischen Arbeiterschaft und Management, Berlin 1961, S. 67.

seits und allen Selbständigen und Arbeitgebern andererseits abgehobene soziale Schicht mit spezifischem Status und Recht.

Das Organisations- und das politische Verhalten der Angestellten stach im Durchschnitt stark von dem der Arbeiter ab. Zwar gehörte auch ungefähr jeder dritte Angestellte 1907 einem Angestelltenverband an, doch standen die meisten (1913:32) der insgesamt recht zahlreichen (1913:53), teils nur lokal wirksamen, teils rein fachlich interessierten oder vor allem geselligen Zwecken dienenden Verbände auch Selbständigen offen und gaben schon dadurch zu erkennen, daß sie nicht gewerkschaftlich orientiert waren. Nur wenige von ihnen, so der »Bund der technisch-industriellen Beamten« (1913:23 000 Mitglieder), der sozialistische »Zentralverband der Handlungsgehilfen« (1913:18 000 Mitglieder) und der »Verband der Bureauangestellten Deutschlands« (1913:8000 Mitglieder) akzeptierten den Streik als Mittel zur Durchsetzung ihrer Interessen. Ein machtvoller rechter Flügel der organisierten Angestellten, unter Führung des nationalistisch-antisemitischen Deutschnationalen Handlungsgehilfen-Verbandes (1913:123 000 Mitglieder), verband eine militant anti-sozialistische, ressentimentgeladene, emanzipationsfeindliche Ideologie mit der Bereitschaft zu harter Interessenpolitik – »Standespolitik«, wie sie es nannten. Die politisch zunehmend umworbenen Angestellten dürften im späten Kaiserreich ihre Stimmen vor allem den liberalen Parteien und dem katholischen Zentrum, daneben den Konservativen gegeben haben. Sozialdemokratisch wählte wohl nur eine kleine Minderheit von ihnen. Doch genauere Befunde fehlen.

Stärker als in anderen vergleichbaren Industrieländern war in Deutschland die Differenz zwischen Arbeitern und Angestellten eine gesellschaftliche Realität. Bürokratische Traditionen der preußisch-deutschen Gesellschaft dienten den schnell wachsenden angestellten Mittelschichten, den »Privatbeamten«, als Modelle der kollektiven Selbstidentifikation und damit als Basis des Anspruchs auf Privilegierung und Absetzung von den Arbeitern. Konfrontiert mit einer vehementen, rasch wachsenden sozialistischen Protestbewegung, mit einem nur unvollkommen in die bürgerliche Gesellschaft integrierten, revolutionär erscheinenden Proletariat, betonten die meisten Angestellten ihre Zugehörigkeit zum Bürgertum, zum nicht-proletarischen, anti-sozialistischen Lager. Je mehr sich die Arbeitsverhältnisse und die ökonomische Situation vieler unterer und mittlerer Angestellter an die Situation der besser gestellten Arbeiter objektiv anglich, desto zäher und aktiver verteidigten die meisten Angestellten ihre überkommenen Privilegien, ihren zunehmend bedrohten Statusvorsprung, ihr in Frage gestelltes Bewußtsein, anders zu sein als die Arbeiter. Nur eine kleine, aber in den letzten Jahren vor 1914 leicht wachsende Minderheit, vor allem um den »Bund der technisch-industriellen Beamten« und den »Zentralverband der Handlungsgehilfen« begriff sich als Arbeitnehmer wie andere Arbeitnehmer auch und zeigte sich zu begrenzter Zusammenarbeit mit den Arbeitergewerkschaften bereit. Die Mehrheit der Angestelltenverbände agitierte seit 1900 für eine versicherungsrechtliche, bald auch arbeitsrechtliche Privilegierung gegenüber der Arbeiterschaft. In diesem Zusammenhang wurde es üblich, von ihnen als »neuem Mittelstand« zu sprechen. Ihren antiproletarischen Absetzungsbemühungen kam die anti-sozialistische Integrationspolitik der bürgerlichen Parteien und der Reichsregierung entgegen, die das weitere Wachstum des sozialistischen Lagers auch mit sozialpolitischen Maßnahmen verhindern wollten. Zuerst auf dem Gebiet der Sozialversicherung, bald in anderen Bereichen auch, hoben seit 1911 folgenreiche Reichsgesetze die Angestellten privilegierend von den Arbeitern ab und zementierten eine sozialökonomische Unterscheidung, der die fortschreitende wirtschaftliche Modernisierung zunehmend die funktionale Basis entzog.[2]

Der Erste Weltkrieg bedeutete für die sozialökonomische Situation, die Erfahrungswelt und die soziopolitischen Orientierungen der deutschen Angestellten einen tiefen Einschnitte. Er erschütterte gründlich ihren schon vorher nicht zweifelsfreien »mittelständischen« Charakter und stellte ihre überkommenen Orientierungsmuster in Frage. Die Gehälter der allermeisten Angestellten blieben hoffnungslos hinter den steigenden Lebenshaltungskosten zurück. Eine typische Zahlenangabe: Bis Ende Juli 1917 war der Lebenshaltungsindex um ca. 120%, der nominale Verdienst von Arbeitern in Kriegsindustrien um ca. 100%, der von Arbeitern in Friedensindustrien um ca. 40%, der Verdienst von befragten Mitgliedern einer großen Handlungsgehilfenorganisation aber nur um 18% gestiegen. Für die Angestellten bedeutete dies nicht nur absolute Not und Verelendung. Es bedeutete auch – im Vergleich zu den Arbeitern – *relative* Verarmung, Abstieg und Angleichung. Das mußte den Status und das Selbstverständnis einer Gruppe schwer treffen, die sich bisher gerade durch ihren Unter-

2. Vgl. Abschnitte 1–3 oben sowie J. Kocka, Unternehmensverwaltung und Angestelltenschaft am Beispiel Siemens 1847–1914, Stuttgart 1969, 463–540; als Überblick über die Verbandsentwicklung: G. Hartfiel, Angestellte und Angestelltengewerkschaften in Deutschland, Berlin 1961, S. 117–148.

schied zum Proletariat definiert hatte. Andere Tendenzen wiesen in dieselbe Richtung. Die wenn auch kurze Massenarbeitslosigkeit zu Kriegsbeginn traf auch die Angestellten hart und führte ihnen die tatsächliche Unsicherheit und beamtenunähnliche Marktabhängigkeit ihrer Stellung, über die sie sich mit einem zunehmend illusionären Privatbeamtenbewußtsein hinweggetäuscht hatten, handgreiflich vor Augen. Das massenweise Eindringen von Frauen in Büro und Kontor, der Abbau angestellten-spezifischer Privilegien am Arbeitsplatz, das kriegsbedingte Zurücktreten von Anciennitäts-Kriterien und Statusgesichtspunkten überhaupt – all das machte die Arbeits- und Lebenssituation des typischen Angestellten der des Lohnarbeiters ähnlicher; es widersprach den traditionellen Erwartungen und Selbsteinschätzungen der meisten Angestellten und führte zu ihrer zunehmenden Verbitterung und zum Protest.

Dessen Intensität und Richtung waren nicht einheitlich. Doch erweist vor allem die Untersuchung ihrer großen Verbände, daß die Angestellten – im Durchschnitt und mit vielen Abstufungen – hinsichtlich Selbstverständnis, Forderungen, Organisationsverhalten und politischer Haltung eine gemäßigte Linksschwenkung vollzogen. Mehr als bisher nahmen sie Zuflucht zu kollektivem Vorgehen gegenüber Arbeitgebern; sie forderten Mindestgehälter und bald auch Tarifverträge; trotz Zensur und Burgfrieden erschienen klassenkämpferische Töne in Verbandspublikationen, in denen sie vor 1914 gefehlt hatten; der anti-sozialistische, mittelständisch-nationalistische DHV, die größte der Angestellten-Einzelorganisationen (1913:123 000 Mitglieder), rang sich bereits im Krieg und sehr im Unterschied zu vor 1914 zur Anerkennung des Streiks als eines auch für Handlungsgehilfen brauchbaren Mittels durch, das er im Frühjahr 1919 auch anwandte; die *überberufliche* Zusammenarbeit der Angestellten wurde intensiviert, zugleich aber auch – und das war neu – die allerdings begrenzte Zusammenarbeit mit den Arbeitergewerkschaften, und zwar vor allem in sozial- und ernährungspolitischen Fragen; darin spiegelte sich die zunehmende Bedeutung der Arbeitnehmerkomponente im Bewußtsein der Angestellten, die sich bisher viel stärker auf berufsständischer Grundlage oder als »Privatbeamte« organisiert hatten. Eine gewisse Umorientierung lassen auch die Verschiebungen in der relativen Zahlenstärke der Verbände erkennen: Nur der konsequent gewerkschaftlich orientierten, in der zweiten Kriegshälfte deutlich zur SPD tendierenden Verbandsgruppe, der »Arbeitsgemeinschaft freier Angestelltenverbände (Afa)« gelang es, ab 1917 Mitglieder hinzuzugewinnen, während die beiden anderen konservativen, liberal-mittelständischen, bzw. deutschnational-mittelständischen Föderationen den ganzen Krieg über Mitglieder verloren. Die relative Mitgliedschaftstendenz der Angestelltengruppierungen kehrte sich damit im Krieg gegenüber der Vorkriegszeit um. Die Unternehmer erkannten in diesen Entwicklungen eine klare Bedrohung; sie reagierten gegen die immer deutlicheren Ansaätze gewerkschaftlicher Interessenvertretung ihrer Angestellten härter als im Falle der Arbeiter; sie beschlossen Maßregelungen auch gegen Mitglieder gemäßigter Verbände und begannen, nach dem Vorbild im Arbeiterbereich, sog. »gelbe«, wirtschaftsfriedliche und unternehmensabhängige Angestelltenorganisationen aufzubauen – doch offenbar ohne viel Erfolg.[3]

Zu den Erfahrungen der Not und der »Proletarisierung«, der absoluten und relativen Deprivation kam 1918 das Erlebnis des erfolglosen, versagenden und zunehmend diskreditierten Obrigkeitsstaats. Gerade in den neuen Mittelschichten mit ihrer traditionellen Orientierung an Staat und Beamtentum muß der Zusammenbruch des Kaiserreichs in Niederlage und Revolution eine tiefe Verhaltensunsicherheit ausgelöst haben. Der November-Umsturz entfernte in der Angestelltenschaft einige rechtliche, politische und atmosphärische Hindernisse, die im Krieg einer klareren Manifestation der sich aufstauenden Unzufriedenheit im Wege gestanden hatten. Alle Angestelltenverbände stellten sich nun auf einen eindeutig gewerkschaftlichen, den Streik prinzipiell bejahenden Standpunkt und schlossen den Beitritt von Unternehmern aus, zumal dies die Voraussetzung für ihre Aufnahme in die neu gegründete »Zentrale Arbeitsgemeinschaft« von Arbeitnehmer- und Unternehmerorganisationen war. Gerade die radikaleren Angestelltenverbände verzeichneten in der Revolutionszeit großen Zulauf. Die meisten nahmen an den großen Streiks im Winter

3. Ausführlich und mit Belegen zu der hier nur kurz summierten Angestelltengeschichte 1914–1918: J. Kocka, Klassengesellschaft im Krieg. Deutsche Sozialgeschichte 1914–1918, Göttingen 2. Aufl. 1977, S. 65–82; sowie: ders., Weltkrieg und Mittelstand. Handwerker und Angestellte in Deutschland 1914–1918, in: Francia. Forschungen zur westeuropäischen Geschichte, Bd. 2, 1974, S. 431–457; die – allerdings auf eine kleine Minderheit von Angestellten beschränkten – Vorkriegs-Ansätze zu dieser im Krieg ablaufenden begrenzten Radikalisierung der Angestellten unter linkem Vorzeichen behandelt: D. Stegmann, Zwischen Repression und Manipulation: Konservative Machteliten und Arbeiter- und Angestelltenbewegung 1910–1918, in: Archiv für Sozialgeschichte, Bd. 12, 1972, S. 365–375. Vgl. auch E. Lederer, Die Bewegung der Privatangestellten seit dem Herbst 1918, in: ASS, Bd. 47, 1920/21, S. 585–619.

1918/19 teil. Der linke Flügel unter den organisierten Angestellten, besonders die im sozialistischen »Zentralverband der Handlungsgehilfen« organisierten kaufmännischen Angestellten, nahmen später in Anspruch, aktiv und führend an der Entfaltung der Revolution mitgewirkt zu haben. Beim Gros der Angestellten dürften aufreizende, zum Teil radikalisierende Kriegserfahrungen und viel opportunistische Anpassung an die sich schnell verändernde Lage zu einer relativ passiven, die Revolution tolerierenden und in Grundzügen bejahenden Haltung geführt haben, die zwar in der Regel weit von proletarischem Klassenbewußtsein und radikal-demokratischem Eifer entfernt war, aber mindestens ebensoweit von einer Verteidigung des bisherigen Systems oder der angegriffenen herrschenden Gruppen.[4]

Orientierung nach rechts in der Republik

DIE BEGRENZTE LINKSSCHWENKUNG der Angestellten im Krieg setzte sich in den Jahren zwischen Revolution und nationalsozialistischer Machtergreifung nicht fort, sie kehrte sich vielmehr teilweise geradezu um. Am Ende der Weimarer Republik – soviel scheint durch bisherige Untersuchungen klar herausgearbeitet – gehörten die Angestellten neben den städtischen Selbständigen und den Bauern, aber in deutlichem Unterschied zur Lohnarbeiterschaft, zu jenen sozialen Gruppierungen, die die nationalsozialistische Bewegung überdurchschnittlich stark unterstützten. Weniger die Analysen der NS-Führungsgruppen[5] können das erweisen, deren Repräsentativität für die durchschnittlichen Haltungen in der Angestelltenschaft als ganzer mit guten Gründen bestritten werden kann. Aussagekräftiger ist dagegen die hohe, im

4. Vgl. ASS, Bd. 47, 1920/21, S. 585–619; P. Umbreit u. Ch. Lorenz, Der Krieg und die Arbeitsverhältnisse, Stuttgart 1928, S. 180; P. von Oertzen, Betriebsräte in der Novemberrevolution, Düsseldorf 1963, S. 277f.; zuletzt mit neuen Einzelheiten zu Weltkrieg und Revolution: U. Kadritzke, Angestellte – Die geduldigen Arbeiter. Zur Soziologie und sozialen Bewegung der Angestellten, Frankfurt 1975, S. 233–305; H. Speier, Die Angestellten vor dem Nationalsozialismus. Ein Beitrag zum Verständnis der deutschen Sozialstruktur 1918–1933, Göttingen 1977, S. 124–144.

5. Vgl. zur starken Vertretung von Angestellten z. B. E. Doblin und C. Pohly, The Social Composition of the Nazi Leadership, in: The American Journal of Sociology, Bd. 51, 1945/46, S. 42–49, bes. S. 47; und H. Gerth, The Nazi Party. Its Leadership and Composition, in: ebd., Bd. 45, 1940, S. 517–541.

Ausmaß nur von den nicht-landwirtschaftlichen Selbständigen leicht übertroffene Überrepräsentation (im Vergleich zu ihrem Bevölkerungsanteil) von Angestellten unter den Mitgliedern der NSDAP von 1930, eine Überrepräsentation, die angesichts der dann noch schnelleren Zunahme der Vertreter anderer Sozialgruppen unter den NSDAP-Mitgliedern bis 1932 allerdings leicht zurückging. Nach der 1935 erhobenen NSDAP-Parteistatistik waren von den bis zum 14. September 1930 beigetretenen Parteigenossen 26 % Arbeiter, 24 % Angestellte, 19 % Selbständige, 13 % Bauern und 8 % Beamte. Wenn man in Rechnung stellt, daß die erwerbstätige Bevölkerung sich damals aus etwa 46 % Arbeitern, 12 % Angestellten, 9 % Selbständigen, 11 % Bauern und 5 % Beamten zusammensetzte, dann wird klar, daß der Anteil der Angestellten an der Mitgliedschaft der NSDAP doppelt so hoch war wie ihr Anteil an der erwerbstätigen Bevölkerung, während der Arbeiteranteil in der NSDAP nur gut halb so hoch war wie der Arbeiteranteil an der erwerbstätigen Bevölkerung. Während Angestellte 24 % der NSDAP-Mitglieder stellten, betrug ihr Anteil in der SPD um 1930 nur etwa 10 %, in der KPD gar nur 4 %![6]

Darüberhinaus wird die These von der Affinität zwischen »neuem Mittelstand« und Nationalsozialismus von Untersuchungen der NSDAP-Wählerschaft gestützt, wie sie früh von S. A. Pratt durchgeführt wurden.[7] Pratt korreliert mit Hilfe der Pearson-Formel (Pro-

6. Zur sozialen Zusammensetzung der NSDAP-Mitgliedschaft vgl. Parteistatistik, Bd. 1: Parteimitglieder, hg. vom Reichsorganisationsleiter der NSDAP, München 1935, S. 146; J. Noakes u. G. Pridham (Hg.), Documents on Nazism, 1919–1945, London 1974, S. 112 f.; W. Schäfer, NSDAP. Entwicklung und Struktur der Staatspartei des Dritten Reiches, Hannover 1956, S. 17, 19; sowie zuletzt B. Moore, Jr., Injustice. The Social Bases of Obedience and Revolt, London 1978, S. 400–411. Moore vergleicht den Anteil von männlichen Angestellten in der NSDAP (die bekanntlich vornehmlich eine Männerpartei war) und in der erwerbstätigen Bevölkerung und kommt damit zu Zahlen, die eine noch höhere Über-Repräsentation der Angestellten (und der Selbständigen) zeigen, als die Männer und Frauen umfassenden üblichen Berechnungen. – Zu SPD und KPD: S. Neumann, Die Parteien der Weimarer Republik (1932), Stuttgart 1973³, S. 33; S. Bahne, Die KPD und das Ende von Weimar. Das Scheitern einer Politik 1932–1935, Frankfurt 1976, S. 31. – In Düsseldorf stellten Angestellte um 1930 34 % der NSDAP-, 20 % der DNVP- und 12 % der Zentrums-Mitglieder. Nach Parteistatistik, S. 146 und – auch mit weiteren Angaben – M. Prinz, Die Krise der Angestellten und der Aufstieg des Nationalsozialismus, Staatsexamensarbeit Bielefeld 1977, S. 159.

7. Samuel A. Pratt, The Social Basis of Nazism and Communism in Urban

duktmomentkorrelation) die Stimmanteile der NSDAP und anderer Parteien in der Reichstagswahl vom Juli 1932 mit dem Anteil bestimmter sozialer Gruppen an der Gesamtzahl der Bevölkerung, bzw. der Erwerbstätigen oder Berufstätigen in insgesamt 193 Städten mit jeweils 25 000 und mehr Einwohnern. Indem er zwischen Selbständigen (einschließlich leitenden Angestellten und Beamten), Angestellten und Beamten (ohne leitende) und Lohnarbeitern unterscheidet, kommt er zu folgenden Korrelations-Koeffizienten:

Tabelle 1

Korrelations-Koeffizienten zwischen Anteilen bestimmter
Sozialgruppen und Stimmenanteil NSDAP und KPD in 193 Städten
(Reichstagswahl Juli 1932)

Zahl der einbezog. Städte	Stadtkategorie nach Einwohnerzahl	Signifikanzgrenze	Stimmenanteil NSDAP			Stimmenanteil KPD		
			Selbst.	Angest.	Arb.	Selbst.	Angest.	Arb.
93	25– 50 000	0,21	0,23	0,25	–0,20	–0,26	–0,37	0,44
48	50– 100 000	0,29	0,58	0,57	–0,57	–0,72	–0,74	0,77
52	über 100 000	0,27	0,33	0,27	–0,27	–0,31	–0,53	0,54

Ein statistischer Vergleich der zehn Städte jeder Größenordnungen mit dem höchsten und dem niedrigsten Angestellten/Beamten-Anteil an der Gesamtzahl der Berufstätigen führt zu einem ähnlichen Ergebnis (s. Tabelle 2).

Schließlich ergibt die Korrelation zwischen den Anteilen der in der angestelltenintensiven Wirtschaftsabteilung »Handel und Verkehr« beschäftigten Erwerbspersonen und den NSDAP-Stimmenanteilen in

Germany. A Correlation Study of the July 31, 1932, Reichstag Election in Germany. M. A. Thesis, Michigan State College of Agriculture and Applied Science. Dept. of Sociology and Anthropology 1948; das folgende nach ebenda, S. 118, 147, 149, 172 ff. – Pratt führt aus, daß die Korrelationen für mittelgroße Städte am deutlichsten sind, weil in dieser Kategorie die größten Unterschiede in der sozialen Zusammensetzung von Stadt zu Stadt auftraten (S. 78 f.).

Tabelle 2

Stadtkategorie nach Einwohnerzahl	Durchschnittl. (median) Anteil Angestellte an Berufstätigen (in %)	Durchschnittl. (median) Stimmanteil (in %)	
		NSDAP	KPD
10 Städte mit höchstem Angestelltenanteil			
25– 50 000	36,25	43	7
50–100 000	34,7	42	7
über 100 000	33,65	39,5	14,5
10 Städte mit niedrigstem Angestelltenteil			
25– 50 000	17,75	32	20
50– 100 000	14,5	23,5	25,5
über 100 000	19,2	27	25

allen drei Stadtgrößenkategorien signifikant positive Koeffizienten (0,21, 0,44 und 0,30), die Korrelation zwischen den Anteilen der in »Industrie und Handwerk« Beschäftigten und den NSDAP-Stimmanteilen dagegen signifikant negative Koeffizienten (– 0,23, – 0,47 und –0,27).

Neuere Untersuchungen haben dieses Ergebnis bestätigt, aber auch differenziert. Sie haben in Erinnerung gerufen, daß das Wahlverhalten auch in jenen Jahren durch viele verschiedene Faktoren bedingt war (nicht nur durch sozioökonomischen Status), so vor allem auch durch Alter, Konfession und Geschlecht, und daß das relative Gewicht dieser Faktoren variierte. Sie haben auf die großen regionalen und lokalen Unterschiede hingewiesen.[8] Es ist betont geworden, daß der selb-

8. Vgl. als gute Zusammenfassung: J. W. Falter, Wer verhalf der NSDAP zum Sieg? Neuere Forschungsergebnisse zum parteipolitischen und sozialen Hintergrund der NSDAP-Wähler 1924–1933, in: Aus Politik und Zeitgeschichte. Beilage zur Wochenzeitung »Das Parlament«, B 28–29/79, 14. Juli 1979, S. 3–21, bes. 13–19. – Siehe auch T. Childers, The Social Bases of the National Socialist Vote, in: Journal of Contemporary History, Bd. 11, 1976,

ständige »alte Mittelstand« unter den NSDAP-Wählern (ähnlich wie unter den NSDAP-Mitgliedern) noch ein wenig stärker überrepräsentiert gewesen zu sein scheint als der »neue Mittelstand« der Angestellten und Beamten und daß die – in Korrelationskoeffizienten einer Regressionsanalyse ausgedrückte – Unterstützung der NSDAP durch Angestellte an der Wahlurne z. T. schon 1930, z. T. im Juli 1932 ihren Höhepunkt erreichte und überschritt.[9] Auch ist gezeigt worden, daß zwar (wie bekannt) die liberalen Wähler unter den Angestellten in der Krise stark abnahmen, daß dies aber nicht im gleichen Maß für die DNVP-Wähler unter den Angestellten galt, deren Zahl im November 1932 – nach Einbrüchen 1930 und im Juli 1932 – wieder zugenommen zu haben scheint.[10] Daß die Angestelltenschaft politisch nicht homo-

Nr. 4, S. 17–42 (zeigt, daß die NSDAP besonders ab 1930 den »neuen Mittelstand« erreichte, während sie vorher bereits stärker vom »alten Mittelstand« gewählt worden war); zuletzt ders., National Socialism and the New Middle-Class, in: R. Mann (Hg.), Die Nationalsozialisten. Analysen faschistischer Bewegungen, Stuttgart 1980, S. 9–18; J. W. Falter, Wählerbewegungen zur NSDAP 1924–1933, in: O. Büsch (Hg.), Wählerbewegungen in der europäischen Geschichte, Berlin 1980, S. 159–202; sehr gehaltvoll: A. Weber, Soziale Merkmale der NSDAP-Wähler. Eine Zusammenfassung bisheriger empirischer Untersuchungen und eine Analyse in den Gemeinden der Länder Baden und Hessen, Diss. Freiburg 1969.

9. In vorwiegend protestantischen Gemeinden zumindest; nach Childers, National Socialism, S. 25–27. Ähnlich schon T. Geiger, Die soziale Schichtung des deutschen Volkes (1932), Neudr. 1967, S. 122. – Da die Gesamtzahl der NSDAP-Stimmen im Juli 1932 mehr als doppelt so hoch war wie im Sept. 1930 (13,7 statt 6,4 Mill.), ist klar, daß die Zahl der NSDAP wählenden Gehaltsempfänger (Angestellte und Beamte) in dieser Zeitspanne stark zugenommen hat, obwohl der betreffende Koeffizient (Childers, National Socialism, S. 25, Tab. I) leicht rückläufig ist. Dies berücksichtigt Childers zu wenig.

10. In vorwiegend protestantischen Gemeinden nach ebd., S. 27, Tab. IV a. Wenn man auf den Zeitraum 1924–1932 (ebd., S. 25, Tab. I) blickt und den relativ hohen und relativ konstanten Koeffizienten der Korrelation zwischen Angestellten/Beamten-Anteil und DNVP-Stimmenanteil betont, ist wieder die Gesamtstimmenanzahl in Rechnung zu stellen, die sich bei der DNVP zwischen 1924 und 1930/32 halbierte und 1930 bis 1932 vier- bis fünfmal niedriger lag als die Gesamtstimmenzahl der NSDAP. Die Koeffizienten dürfen deshalb nicht darüber hinwegtäuschen, daß sehr viel mehr Angestellte 1930 bis 1932 NSDAP als DNVP wählten! – Childers' These, daß die Beamten in den Wahlen stärker zur NSDAP tendierten als die Angestellten, scheint mir durch seine Zahlen (Tab. IV) nur für 1930 und Juli 1932, nicht aber für November 1932 gestützt zu werden.

gen war und die NSDAP nicht nur vom »neuen« und »alten Mittelstand« gewählt wurde, betonen neuere Untersuchungen zu Recht. Die in der Tat noch nicht klar beantwortbare Frage nach dem genauen Ausmaß der Angestellten-Unterstützung für die NSDAP wie die Frage nach den Motiven und Ursachen der politischen Orientierungsunterschiede innerhalb der Angestelltenschaft sind damit auf die Tagesordnung gekommen; sie verdienen weitere Forschung und Debatte.

Aber klar ist auch, daß die grundsätzlichen Ergebnisse der Wahluntersuchung von Pratt, soweit sie hier interessieren, durch die neueren Untersuchungen voll bestätigt werden. Sie bestätigen nämlich, daß der Anteil der Angestellten an der NSDAP-Wählerschaft 1930–1932 viel größer war als ihr Anteil an der erwerbstätigen Bevölkerung, während sich dies im Falle der Lohnarbeiter genau umgekehrt verhielt; sie zeigen, daß der Arbeiter-Angestellten-Unterschied eine wichtige Scheidelinie im Wahlverhalten jener Jahre darstellte.[11] Sie lassen erkennen, daß sich mindestens hinsichtlich des Wahlverhaltens die Angleichungstendenzen zwischen Arbeitern und Angestellten, wie sie für den Krieg beobachtbar sind, in den Jahren der Republik nicht fortsetzten; sie machen zudem eine – verglichen mit der Arbeiterschaft – starke Neigung der Angestellten zur Unterstützung der rechtsradikalen Protestbewegung Hitlers deutlich und legen den Schluß nahe, daß sich die für die Kriegsjahre relativ zu anderen Sozialgruppen (etwa den Selbständigen) feststellbare Links-Bewegung der Angestellten in der Republik nicht fortsetzte.

Andere Ergebnisse deuten in dieselbe Richtung. Angestellte scheinen – neben Arbeitern in öffentlichen Dienstleistungsbetrieben (Bahn, Post, auch städtische Wasser- und Gasversorgung) – in den nationalsozialistischen Betriebszellen-Organisationen von 1929 bis

11. Dies wird von Childers und Hamilton (die der These vom engen Zusammenhang zwischen »neuem Mittelstand« und aufsteigendem Nationalsozialismus kritisch gegenüberstehen) nicht widerlegt, sondern durch ihr Material bestätigt. Die Titel von Childers oben, Anm. 8; R. Hamilton, Die Wählerbasis des Nationalsozialismus, in: J. Kocka (Hg.), Angestellte im europäischen Vergleich (= GG, Sonderh. 7, 1981) (im Erscheinen). Dagegen gelingt Hamilton der wichtige Nachweis, daß die NSDAP 1930 und 1932 auch in gutbürgerlichen Stadtteilen (Hamburgs und Berlins) große Erfolge zu verzeichnen hatte. Abzuwarten bleibt sein bei Princeton University Press demnächst erscheinendes Buch: The Bases of National Socialism: Electoral Support for Hitler, 1924–1932.

1933 eine auffallend große Rolle gespielt zu haben.[12] Für einen scharf-
sichtigen Beobachter wie Theodor Geiger war 1932 die große Anfälligkeit der sich dadurch von den Lohnarbeitern typisch unterscheidenden Angestellten gegenüber dem Nationalsozialismus außer jedem
Zweifel.[13] Auch die jetzt zugänglich gemachte, auf empirischen Umfragen um 1930 fußende, leider unvollendete Untersuchung Erich
Fromms über Arbeiter und Angestellte am Vorabend des Dritten Reiches zeigt deutliche Unterschiede in der prozentualen Verteilung der
Arbeiter und Angestellten des Samples auf Rechts- und Linksparteien
und deutliche Unterschiede in ihren politischen Haltungen.[14]

Schließlich paßt in das Bild, was wir über die Entwicklung der großen Angestelltenverbände der Weimarer Zeit wissen. Vom größten
Angestelltenverband jener Jahre, dem auf dem rechten Flügel der
Angestelltenbewegung stehenden DHV, ist bekannt, daß große Teile
seiner Mitgliedschaft – z. T. im Gegensatz zur vorsichtigeren, nach Zusammenarbeit mit bürgerlichen Mittelparteien strebenden Verbands-
spitze – besonders seit 1929/30 auf engste Zusammenarbeit mit der

12. Vgl. H.-G. Schumann, Nationalsozialismus und Gewerkschaftsbewe-
gung, Hannover/Frankfurt 1958, S. 34, 39; und J. Noakes, The Nazi Party in
Lower Saxony 1921–1933, Oxford 1971, S. 174, 178. Vgl. auch W. S. Allen,
The Nazi Seizure of Power, Chicago 1965, S. 110f., 210f.

13. Geiger, Soziale Schichtung, S. 109–122, bes. 120ff.; vgl. auch ders.,
Panik im Mittelstand, in: Die Arbeit, Bd. 7, 1930, S. 637–654; weiter: H. Neis-
ser, Sozialstatistische Analyse der Wahlergebnisse, in: ebd., Bd. 7, 1930, S.
654–659; und M. Victor, Verbürgerlichung des Proletariats und Proletarisierung des Mittelstandes, in: ebd., Bd. 8, 1931, S. 17–31, bes. S. 30f.; sowie C.
Mierendorff, Gesicht und Charakter der nationalsozialistischen Bewegung, in:
Die Gesellschaft, Bd. 7, 1930, S. 489–504. Vgl. auch bestätigend Speier, Angestellte vor dem Nationalsozialismus, bes. S. 110–123. Diese derzeit wohl beste Darstellung der Angestelltenentwicklung in der Weimarer Republik entstand in den letzten Jahren der Weimarer Republik, konnte aber aus politischen Gründen 1933 nicht mehr erscheinen und wurde erst 1977 in überarbei-
teter und ergänzter Form veröffentlicht. Zum Teil beruht sie auf nicht mehr zugänglichen Quellenbeständen und auf der teilnehmenden Beobachtung Speiers, der durch Tätigkeit und Kontakte mit Angestelltenproblemen der späten
Weimarer-Zeit eng vertraut war. Siehe dazu ebd., S. 10–12.

14. Vgl. E. Fromm, Arbeiter und Angestellte am Vorabend des Dritten
Reichs. Eine sozialpsychologische Untersuchung, Frankfurt 1980, S. 88, 253.
Dies wird klar unbeschadet der Tatsache, daß im Vergleich zur gesamtdeut-
schen Situation, aber wohl auch relativ zum Durchschnitt der Großstädte,
linksgerichtete Angestellte in Fromms Sample stark überrepräsentiert sind
(entgegen seiner eigenen Annahme auf S. 87 u. 90).

NSDAP drängten und in deren Sog gerieten.[15] Die jetzt vorliegende Untersuchung des großen mittelständisch-liberalen »Gewerkschaftsbundes der Angestellten« (GDA)[16] läßt zwar keine direkte Affinität und Kooperation zwischen diesem Verband und der NSDAP bis 1933 erkennen; doch macht sie die anti-sozialistische, an ständischen Ideen orientierte, zunehmend republikskeptische Ausrichtung des GDA ebenso deutlich, wie sein am Ende der 20er Jahre beobachtbares Suchen nach staats- und gesellschaftspolitischen Alternativen sowie seine parteipolitische Heterogenität. Ausrichtung und Politik des GDA lassen jedenfalls nicht den Schluß auf ausgeprägte Distanz oder gar Widerständigkeit seiner Mitglieder gegenüber der anschwellenden Nazi-Bewegung zu. Nach einer nicht zu verifizierenden Erhebung des GDA waren schon 1931 von seinen rund 1000 Funktionären und Mitarbeitern etwa ein Drittel Nationalsozialisten (ein weiteres Drittel Sozialdemokraten, und der Rest verteilte sich auf andere Parteien).[17] Nur der dem linken Flügel des ADGB zuzurechnende, sozialdemokratisch-sozialistische Afa-Bund, der 1930 immerhin ein knappes Drittel der gewerkschaftlich organisierten Angestellten umfaßte, ließ an seiner anti-nationalsozialistischen Grundhaltung keinen Zweifel.[18]

Vermutlich waren diese zwar uneinheitliche, aber i. G. vorwiegende Neigung der Angestellten zur Orientierung nach rechts und ihr unter bestimmten Bedingungen aktualisierbares Potential für rechtsradikalen Protest nicht erst ein Produkt der ökonomisch verschärften Situa-

15. Vgl. I. Hamel, Völkischer Verband und nationale Gewerkschaft Der Deutschnationale Handlungsgehilfen-Verband 1893–1933, Frankfurt 1967, S. 225, 228f., 232, 237, 238–261, bes. S. 243f., 251f. Vgl. auch A. Krebs, Tendenzen und Gestalten der NSDAP, Stuttgart 1959, S. 16 zur Formulierung des Basis-Konsensus zwischen NSDAP und DHV durch einen nationalsozialistischen DHV-Funktionär im Rückblick. Zur Politik der DHV-Spitze 1928–1933 vgl. auch L. E. Jones, The Crisis of White Collar Interest Politics: Deutschnationaler Handlungsgehilfen-Verband and Deutsche Volkspartei in the World Economic Crisis, in: H. Mommsen u. a. (Hg), Industrielles System und politische Entwicklung in der Weimarer Republik, Düsseldorf 1974 (ND 1977), S. 811–823; ders., The German National Union of Commercial Employees from 1928 to 1933, in: Journal of Modern History, Bd. 48, 1976. Zuletzt vor allem: Speier, Die Angestellten, S. 115–120.

16. Vgl. H.-J. Priamus, Angestellte und Demokratie. Die nationalliberale Angestelltenbewegung in der Weimarer Republik, Stuttgart 1980.

17. Vgl. Speier, Die Angestellten, S. 119.

18. Auf den Afa-Bund konzentriert sich die Darstellung von Kadritzke, Angestellte – Die geduldigen Arbeiter.

tion von 1929, sondern Ergebnis einer allmählichen, in der Inflations-
zeit und in der Weltwirtschaftskrise nur beschleunigten Verschiebung.
Die relative Mitgliedschaftsentwicklung der drei großen Angestell-
ten-Förderationen bzw. -Verbände legt diesen Schluß jedenfalls nahe
(Tabelle 3).

Tabelle 3[19]

Mitgliederzahlen der drei großen Angestellten-Dachverbände
(in 1000)

	1920	1922	1925	1926	1927	1929	1930
Afa	690	658	428	405	396	453	480
Gedag	463	460	411	420	460	558	592
GDA	300	302	313	307	290	375	385
	1453	1420	1152	1132	1146	1386	1457

(in %)

	1920	1922	1925	1926	1927	1929	1930
Afa	47,5	46,3	37,2	35,8	34,6	32,7	32,9
Gedag	31,8	32,4	35,6	37,1	40,1	40,2	40,6
GDA	20,7	21,3	27,2	27,1	25,3	27,1	26,5
	100,0	100,0	100,0	100,0	100,0	100,0	100,0

Der freigewerkschaftliche, mit dem ADGB und der Sozialdemokratie verbundene, den Klassenkampfstandpunkt bejahende Afa-Bund
vereinigte 1920 als stärkster Spitzenverband fast die Hälfte der orga-

19. Alle Zahlen (außer für 1927 und 1931) nach F. W. Fischer, Die Angestellten, ihre Bewegung und ihre Ideologien, staatswiss. Diss. Heidelberg 1931,
S. 44, 46; die Zahlen für 1927 nach F. Croner, Die Angestelltenbewegung nach
der Währungsstabilisierung, in: ASS, Bd. 60, 1928, S. 115 f. Nicht berücksichtigt sind die wirtschaftsfriedlichen Angestelltenverbände (mit 1925 59 000)
und die nicht als Gewerkschaft anerkannte »Vereinigung der leitenden Angestellten (Vela)« mit 1925 23 000 Mitgliedern sowie einige kleinere Splitteror-
ganisationen. – Im einzelnen leicht abweichende, aber das Grundmuster bestä-
tigende Zahlenreihen jetzt bei Priamus, Angestellte und Demokratie, S. 104;
und in D. Petzina u. a.; Sozialgeschichtliches Arbeitsbuch, Bd. 3, München
1978, S. 112.

nisierten Angestellten, 1930 nur noch ein knappes Drittel. Dagegen gewannen die mittelständischen Organisationen an Boden: der mittelständisch-nationalkonservative, vom DHV beherrschte und mit dem »Gesamtverband der christlichen Gewerkschaften Deutschlands« zusammenarbeitende »Gesamtverband Deutscher Angestelltengewerkschaften (Gedag)« vergrößerte seinen Anteil in diesem Zeitraum von 32 auf über 40% und wurde zum größten der drei Spitzenverbände, während der mit den Hirsch-Dunckerschen Gewerkvereinen verbundene, mittelständisch-liberale und z. T. anti-sozialistische »Gewerkschaftsbund der Angestellten (GDA)« ebenfalls absolut und relativ hinzugewann. Die deutlichste Verschiebung zugunsten der konservativeren Gruppen geschah zwischen 1922 und 1925, d. h. in Inflation und Stabilisierungskrise, doch handelt es sich bei der anteilmäßigen Kräfteverschiebung insgesamt um einen kontinuierlichen Prozeß, der während des Rückgangs des Organisationsgrades der Angestellten 1922 bis 1925 ebenso anhielt wie während dessen Stagnation von 1925 bis 1927 und dessen Wiederanstieg seit 1927. Die Wahl der Vertrauensmänner in der Angestelltenversicherung von 1927/28 bestätigt punktuell diese Stärkeverteilung unter den organisierten Angestellten. Sie brachte den durch eine gemeinsame Liste verbundenen mittelständischen Spitzenverbänden Gedag und GDA eine deutliche Mehrheit von etwa 70% gegenüber dem gemeinsam bekämpften, SPD-nahen Afa-Bund (knapp 30%). Die große Mehrheit der Angestellten sprach sich damit in der alten, immer noch umstrittenen Frage: Angestellten-Sonderversicherung oder Einbeziehung in die allgemeine Alters- und Invalidenversicherung für die Beibehaltung eines besonderen versicherungsrechtlichen Status der Angestellten und für die Abgrenzung zur Arbeiterschaft aus.[20]

Sicherlich haben die allermeisten der zum Nationalsozialismus übergehenden Angestellten diesen Schritt erst in den letzten Jahren der Republik vollzogen. Die 1930 feststellbare Überrepräsentation der Angestellten in der NSDAP-Mitgliedschaft findet sich 1923 noch nicht. Die Geschichte des DHV scheint zu zeigen, daß der Einbruch der Nationalsozialisten, vor allem unter seinen jungen Mitgliedern, jedenfalls in größerem Maße, erst seit 1928/29 erfolgte. Erst seit Ende der 20er Jahre verloren DHV und GDA ihre guten, auch personellen Beziehungen zur DNVP und zu den anderen bürgerlichen Parteien, weil, wie es scheint, diese unter wachsenden klassengesellschaftlichen Spannungen einen Ausgleich zwischen ihrem (größtenteils aus Ange-

20. Nach F. W. Fischer, Die Angestellten, S. 47.

stellten- und Beamtenvertretern bestehenden) Arbeitnehmerflügel und ihrem Arbeitgeberflügel nicht mehr zustandebrachten und im Konflikt der letztere das Übergewicht gewann. Erst seit den späten 20er Jahren sackten die Wahlergebnisse der bürgerlichen Parteien (außer Zentrum) entscheidend ab; erst jetzt verloren sie einen Teil ihrer Wähler an die NSDAP, darunter zweifellos viele Angestellte. Erst unter dem Druck der Wirtschafts- und Staatskrise seit 1929/30 dürfte die NSDAP in der Angestelltenschaft massenhaft an Boden gewonnen haben.[21] Doch dieser Radikalisierung unter rechtem Vorzeichen war seit Beginn der zwanziger Jahre innerhalb der Angestelltenbewegung eine allmähliche und begrenzte Verschiebung in Richtung mittelständisch-nationaler und z. T. nationalistisch-rassistischer Kräfte vorausgegangen.

Radikalisierung der Tradition: die Angestellten vor dem Nationalsozialismus

WENN DAMIT – in aller Vorläufigkeit und in groben Umrissen – die sich verändernde Stellung der Angestelltenschaft im politischen Spektrum der deutschen Gesellschaft 1914 bis 1933 richtig angedeutet ist, so

21. Vgl. M. H. Kater, Zur Soziographie der frühen NSDAP, in: VfZ, Bd. 19, 1971, S. 139, 143 f. – Wenn Kater den geringen Prozentsatz der Arbeiter mit 9,5 % in der NSDAP von 1923 herausarbeitet (S. 149), so ist zu bedenken, daß er – entgegen dem vorherrschenden Begriffsgebrauch der Zeit und auch im Unterschied zu den meisten Vertretern der Sozialgeschichte und Soziologie in Deutschland – die Facharbeiter (8,5 %) zum unteren Mittelstand schlägt (S. 153) und damit zu einem recht großen Anteil des unteren Mittelstandes von 62,6 % in der damaligen Partei kommt. Unsere Ausführungen über die Angestellten bleiben davon unberührt. Problematischer ist, ob sich nicht in der Kategorie »Kaufleute« (13,6 %) viele kaufmännische Angestellte verstecken, was dann doch eine gewisse Überrepräsentation der Angestellten schon 1923 bedeuten würde. Zum Verhältnis der Verbände zu DNVP, DVP, DDP und Zentrum die genannten Werke von Hamel, Jones, Priamus, auch: L. Döhn, Politik und Interesse, Meisenheim 1970, S. 91 ff., 132 ff., 200 ff.; L. E. Jones, »The Dying Middle«. Weimar Germany and the Fragmentation of Bourgeois Politics, in: Central European History, Bd. 5, 1972, S. 23–54; M. Prinz, Das Ende der Standespolitik, in: Kocka (Hg.), Angestellte im europäischen Vergleich (im Erscheinen). Zu den Wählerbewegungen die oben Anm. 8 genannten Titel sowie H. A. Winkler, Extremismus der Mitte?, in: VfZ, Bd. 20, 1972, S. 175–191.

stellt sich die Frage nach den Gründen jenes Trendwechsels am Ende des Weltkriegs, dem zufolge die allmähliche Links-Bewegung der Angestellten an die Seite der anderen Arbeitnehmer, der Lohnarbeiter, nicht fortgesetzt wurde, sondern einer allmählichen und vielschichtigen Gegenbewegung wich, die dazu beitrug, daß die Unterscheidungslinie zwischen Lohnarbeitern und Angestellten am Ende der Republik noch – z. T. auch wieder – eine sozial und politisch äußerst relevante Grenzscheide war und in der Angestelltenschaft Dispositionen zur Radikalisierung unter rechtem Vorzeichen erhalten blieben bzw. neu entstanden, die, in der Krise aktualisiert, zum Sieg des Nationalsozialismus und zum Untergang der Republik entscheidend beitrugen. Wenn im folgenden zur vorläufigen Beantwortung dieser Frage vor allem Material aus der Geschichte der großen Angestelltenverbände herangezogen wird, dann rechtfertigt sich dies methodisch nicht zuletzt durch den hohen Organisationsgrad der deutschen Angestellten. Er lag 1931 mit 36,5% im internationalen Maßstab sehr hoch und nicht tiefer als der der Arbeiter.[21a]

Als erstes ist darauf hinzuweisen, daß die relative Links-Bewegung der Angestellten, wie sie für Weltkrieg und Revolution konstatiert werden konnte, nach dem Krieg keineswegs in all ihren Aspekten rückläufig wurde; sofern sie die konsequente »Vergewerkschaftung« der Angestelltenverbände (überberufliche Kooperation oder Integration, Ausschluß von Selbständigen aus der Mitgliedschaft, Anerkennung eines tiefgehenden, wenn auch nicht unüberbrückbaren Interessengegensatzes zwischen Arbeitnehmern und Arbeitgebern, Anerkennung des Streiks und Schaffung finanzieller Streikbereitschaft, Tarifvertragspolitik, Ablehnung der »Gelben« und entschiedene sozialpolitische Forderungen) bedeutet hatte, blieb sie in den Jahren der Republik – zunächst mit leichten Abschwächungen und seit 1929 mit wieder zunehmender Radikalität – erhalten. In diesen Hinsichten unterschieden sich die großen Angestellten-Spitzenverbände im übrigen wenig voneinander.[22] Solch gewerkschaftliche Grundhaltung, zu der

21a. Neu berechnet von M. Prinz im Rahmen seiner entstehenden Dissertation. Vgl. unten S. 182 Anm. 17.

22. Dazu vom freigewerkschaftlichen Standpunkt: F. Croner, Angestelltenbewegung, S. 115 ff.; ebd., S. 117 ff. zum Programm des Afa-Bundes; Epochen der Angestellten-Bewegung 1774–1930. Bearb. vom GDA-Archiv, Berlin 1930, S. 194–201 zur gewerkschaftlichen Tätigkeit der liberalen Verbände (einschließlich der Streiks im Frühjahr 1919) und S. 246, 258 f., 262 ff., 278 f. zur Unternehmerkritik und zur Sozialpolitik im GDA; vgl. auch F. W. Fischer,

in allen drei Verbänden scharfe Kritik an der Übermacht der Unternehmer und intensive Angriffe gegen sozialreaktionäre Kräfte und Programme gehörten, verband sich jedoch – vor allem bei den Angestellten in GDA und Gedag, ansatzweise aber auch in Teilen des Afa-Bundes (etwa bei den dort organisierten Werkmeistern) – mit dem angestelltentypischen, aus der Vorkriegszeit bekannten, auch im Krieg nicht ganz verschwundenen, nach 1918 wieder stärker hervortretenden anti-proletarischen Absetzungsstreben. Dieses zeigte sich in der praktischen Sozialpolitik der beiden mittelständischen Verbandsgruppen als Kampf für die versicherungsrechtliche (z. B. Sonder-Angestelltenversicherung) und arbeitsrechtliche (eigene Angestelltenausschüsse nach dem Betriebsrätegesetz z. B.) Sonderstellung der Angestellten und damit gegen die Einschmelzungswünsche des Afa-Bundes, dem sie entsprechend »Verrat« an den Angestellteninteressen vorwarfen; dieses Absetzungsstreben und Angestelltensonderbewußtsein hinderten auch in einzelnen Fällen die mittelständischen Verbände an einer resoluteren Durchsetzung der gewerkschaftlichen Interessen ihrer Mitglieder.[23]

Ideologisch konkretisierte sich dieses antiproletarische Absetzungsstreben in vielen, oft widersprüchlichen, meist unsicheren, hier nicht im Detail zu beschreibenden Mischungsverhältnissen, die gleichwohl zu analytischen Zwecken auf zwei Grundmuster zurückgeführt werden können. Zum einen handelt es sich – offenbar nur bei einem Teil der kaufmännischen Angestellten – um ein berufsständisches Selbstverständnis, das am klarsten beim DHV mit seinem Kaufmannsgehilfenbewußtsein auftrat. Im Namen dieses *berufs*ständischen Selbstverständnisses grenzte sich der DHV nicht nur deutlich von den Lohnarbeitern ab, sondern weigerte sich auch, in eine allgemeine, d. h. das Berufsprinzip durchbrechende Angestellten-Einheitsgewerkschaft einzutreten. Praktisch freilich widersprach er diesem Anspruch durch einen engen Zusammenschluß mit anderen Angestelltengruppen im Gedag, durch pragmatisch motivierte Kooperation mit den christlichen Arbeitergewerkschaften, aber auch durch seine – konsequenten

Die Angestellten, S. 51 ff. und O. Thiel, Die Sozialpolitik der deutschen Kaufmannsgehilfen, Hamburg 1926 zur sozialpolitischen Praxis und zur teilweise geradezu klassenkämpferischen Rhetorik des DHV.

23. Vgl. F. W. Fischer, Die Angestellten, S. 47 f., 53 f.; Epochen der Angestelltenbewegung, S. 196, 204 f., 207, 243; sowie F. Croner, Angestelltenbewegung, S. 128, 131 zum Konflikt zwischen ständischem Sonderbewußtsein und gewerkschaftlicher Durchsetzungskraft im DHV.

berufsständischen Traditionen eigentlich entgegengesetzten – Angriffe auf die selbständigen Kaufleute, die Unternehmer des »Handelsstandes«. Der Zwitter-Begriff des »Handlungsgehilfenstandes« trat zunehmend an die Stelle des Begriffs »Handels-« oder »Kaufmannsstand«. – Das zweite ideologische Grundmuster, in das die Angestelltenverbände ihre gewerkschaftliche Tätigkeit einzubinden versuchten, ist *mittel*ständisch zu nennen. Das mittelständische Selbstverständnis grenzte seine Vertreter ebenfalls »von unten« (vom Proletariat) und »von oben« (vom Kapital) ab; im Unterschied zum berufsständischen Muster schloß es jedoch Angestellte verschiedenen Berufes ein: kaufmännische, technische, allgemeine Büroangestellte etc. Es berief sich nicht so sehr auf die Dignität eines bestimmten Berufsstands, sondern auf die »geistige« Arbeit seiner Vertreter, ihre allgemeine Bildung, ihre besondere Stellung und Funktion. Das Ursprungsmodell dieses mittelständischen Selbstverständnisses, dem ein dreistufig-hierarchisches Gesellschaftsmodell zugrunde lag, war letztlich der – bekanntlich ebenfalls nicht berufsspezifisch, sondern quer zu berufsständischen Differenzen definierte – Beamte, obwohl betont werden muß, daß die vor 1914 so gängige Bezeichnung der Angestellten als »Privatbeamte« mit dem Krieg und seiner Aushöhlung des Ansehens des Beamtentums sehr aus der Mode kam und nur in einigen Teilbereichen (in bestimmten industriellen Großunternehmen und Banken) fortlebte. Mittelständisches Selbstverständnis in gemäßigter Form kennzeichnete die GDA, die sich als Einheits-Angestelltengewerkschaft von kaufmännischen Angestellten, Technikern, Werkmeistern, Bankbeamten etc. verstand, jedoch faktisch nur sehr wenige technische Angestellte organisiert hatte.[24]

Das berufsständische und das mittelständische Grundmuster schlossen sich im Prinzip aus, verbanden sich jedoch faktisch in den Verbandsäußerungen zu widersprüchlichen Amalgamationen, vor allem im GDA und in den Gedag-Organisationen, weniger im Afa-Bund. Für die Erklärung der spezifischen Protesthaltung der deutschen Angestellten wichtige Merkmale waren jedoch beiden Grundmustern gemeinsam: Beide stammten sie letztlich aus vorindustriekapitalistischer Zeit und verwiesen auf die große Bedeutung weiterwirkender

24. Diese Skizze der ideologischen Grundmerkmale vor allem auf der Basis von: Epochen der Angestelltenbewegung, S. 217–315; Hamel, Völkischer Verband, Kap. III und IV; sowie F. W. Fischer, Die Angestellten, S. 41–151 (S. 65 zur Zusammensetzung des GDA); und Geiger, Soziale Schichtung, S. 103 ff.

vorindustrieller Traditionen in der deutschen Industrialisierung und Modernisierung.[25] Beide waren sie im Rückgriff auf ständische Prinzipien dafür verantwortlich, daß die Angestellten-Situation im Bewußtsein der deutschen Angestellten einen ausgeprägt integralen, multidimensionalen Charakter hatte, daß »Handlungsgehilfe-sein« oder »Angestellter-sein« nicht primär die Erbringung einer spezifischen funktional beschreibbaren ökonomischen Leistung für bestimmte ökonomische und soziale Gegenleistungen bedeutete, sondern eine umfassende Existenzform, in der sich soziale, kulturelle, ökonomische und politische Dimensionen in spezifischer Weise verknüpften. Der äußerst weit gefächerte, integrale Tätigkeitsbereich der großen Angestelltenverbände (von Tarifverhandlungen und politischen Einflußnahmen über ein standesbezogenes Bildungssystem mit periodischen Publikationen, Heimen, Schulen und Vorträgen bis zur verbandseigenen Jugend-Gruppe oder zum verbandseigenen Männerchor), der hinter der Vielfalt der Tätigkeitsbereiche der sozialdemokratischen Arbeiterbewegung des Kaiserreichs nicht zurückstand, erklärt sich aus diesem quasi-ständischen Grundprinzip ebenso wie die Betonung der Bildung, der standesgemäßen Lebensführung und der kulturellen Aspekte in den Äußerungen der Angestelltenorganisationen.[26] Nicht aus den Prinzipien der kapitalistischen Wirtschaftsordnung und bürgerlichen Gesellschaft selbst, sondern aus diesem Fortwirken vorkapitalistischer, in gewisser Weise vorbürgerlicher Traditionen erklärt sich entsprechend die aufgeladene Multidimensionalität des Unterschiedes zwischen Arbeitern und Angestellten, zwischen Proletariern und Mittelstand, der in Deutschland sehr viel deutlicher als etwa in dem »neuen Land« USA eine über funktionale und ökonomische Unter-

---

25. Die Vermittlungsmechanismen, die dafür sorgten, daß solche Traditionen in einer schnell wachsenden, zunehmend aus Arbeiter- und anderen Unterschichten rekrutierten Mittelschicht weiter wirken konnten, wären gesondert zu untersuchen. Der äußerst ausgebildeten Bildungsarbeit der Verbände kam zweifellos in dieser berufs- oder standesbezogenen Sozialisation der Angestellten eine große Bedeutung zu. Zum Problem des Weiterwirkens vorindustrieller Traditionen in bezug auf die angestellten Mittelschichten bis 1914 vgl. oben Abschnitt 2; entsprechend für andere Sozialgruppen: H. A. Winkler, Mittelstand, Demokratie und Nationalsozialismus, Köln 1972, Kap. II u. III; sowie H. J. Puhle, Von der Agrarkrise zum Präfaschismus, Wiesbaden 1972.

26. Vgl. die Schilderung entsprechender Aspekte der Angestelltenorganisationen und -ideologien bei P. W. Fischer, Die Angestellten, S. 47–151; sowie C. Dreyfuß, Beruf und Ideologie der Angestellten, München/Leipzig 1933.

schiede hinausreichende soziale, kulturelle und politische Bedeutung hatte.

Schließlich erklären sich das Ausmaß und die Färbung, die Schärfe und die Stoßrichtung der Proteste, mit denen deutsche Angestellte auf die sozialökonomischen Veränderungen und wirtschaftlichen Krisenerscheinungen zwischen 1918 und 1933 reagierten, zum Teil aus dem Fortwirken jener Traditionen, aufgrund deren deutsche Angestellte – in gewissem Unterschied zu amerikanischen – ein spezifisches, von der Lohnarbeiterschaft sich absetzendes Sonderbewußtsein mit daraus folgenden Privilegierungserwartungen entwickelten. Diese traditionell fundierten Erwartungen waren vornehmlich dafür verantwortlich, daß die ökonomisch-organisatorische Modernisierung der Angestellten-Arbeitswelt, die »Rationalisierung« (besonders seit 1924) und die damit verbundene Routinisierung, Spezialisierung und Kontrolle vieler Angestelltentätigkeiten, schließlich auch die tendenzielle Angleichung der Verdienst-, Arbeits- und Lebensbedingungen von Arbeitern und Angestellten von diesen so stark als Degradierung und Abstieg, als Bodenverlust, Bedrohung und »Proletarisierung« erfahren, gefürchtet und bekämpft wurden. Der Rechenschaftsbericht des DHV von 1930 drückte das so aus: »Wenn wir das Schicksal unseres Standes unter dem Druck der Krise beobachten, so müssen wir das wirtschaftliche Unheil, das über Deutschland hereingebrochen ist als ›Proletarisierungskrise‹ bezeichnen ... Das Jahr 1930 und die in dieser Zeit immer heftiger sich auswirkende Wirtschaftskrise verstärkten für uns die Bedrohung, die in der ganzen neuren Wirtschaftsentwicklung liegt, daß nämlich der Beruf und der Stand und damit unsere sich von der Lohnarbeiterschaft unterscheidende Lebensform zerstört wird.«[26a] Die Not der Inflation, die Verzweiflung massenhafter Arbeitslosigkeit und die sonstigen Lasten der Wirtschaftskrise bedrückten die deutschen Angestellten ganz besonders hart und in spezifisch gefärbter Weise, weil sie über die unmittelbare Drangsal und Armut hinaus die standesgemäßen Erwartungen und damit das Selbstbewußtsein der Betroffenen beschädigten, ein Selbstbewußtsein, in dem marktwirtschaftlich-ökonomische Momente mit quasi-bürokratischen und berufsständischen Sicherheits- und Angemessenheitserwartungen auf durchaus unkapitalistische Weise verschmolzen.[27]

26a. DHV-Rechenschaftsbericht 1930, Hamburg 1931, S. 9f. Zit. nach M. Prinz, Die Krise der Angestellten und der Aufstieg des Nationalsozialismus, Staatsexamensarbeit Bielefeld 1977, S. 3.

27. Diese hier stark verkürzte Argumentation basiert auf einem Vergleich

Dem berufsständischen wie dem mittelständischen Grundmuster der Angestellten-Ideologien war schließlich eine *doppelte Frontstellung* eigen: *einerseits* die antiproletarische, antiegalitäre, antisozialistische Absetzung gegenüber den proletarischen Massen, die im Falle des GDA abgeschwächt, im Afa-Bund kaum vorhanden war und auch den DHV nicht an pragmatischer Zusammenarbeit mit den christlichen Arbeiterverbänden hinderte; *andererseits* die Frontstellung gegen »oben«, gegen die Mächtigen und Reichen, gegen Unternehmer und Kapital. Durch die Verschärfung und Radikalisierung dieser »zweiten Front«, die vor allem im Krieg vonstatten ging, in den zwanziger Jahren kaum zurückgedreht wurde und in der Depression ab 1929 sogar eine erneute Verschärfung durchlaufen zu haben scheint,[28] unterschieden sich die großen Angestelltengewerkschaften der Weimarer Zeit von den vorwiegend berufsständischen oder quasi-bürokratischen Harmonieverbänden der Vorkriegszeit. Im Krieg hatte ihre mittel- und berufsständische Politik eine neue rebellische Dimension hinzugewonnen, die sie in den Jahren der Republik nicht mehr verlor. Ihre Forderungen waren jetzt durch eine am Beamtenmodell orientierte, mittelständische Integrationspolitik im Sinne des Angestelltenversicherungsgesetzes von 1911 nur noch zum Teil zu befriedigen. Ständische Absetzung gegenüber den »Massen« und hierarchische Ansprüche einerseits, klassengesellschaftliche Konflikthaltung gegenüber den Reichen und Mächtigen mit stark antihierarchischen, antitraditionalen und antikapitalistischen Beiklängen andererseits verschmolzen zu wechselnden und widersprüchlichen Mischungen. Dies war neben dem Nationalismus die ideologische Basis für die Affinität zwischen großen Teilen des sich radikalisierenden »neuen Mittelstandes« und den nationalsozialistischen Angeboten, in denen sich – wie häufig analysiert worden ist – ständisch-hierarchische und egalisierende, konservative und radikale, antisozialistische und antikapitalisti-

der deutschen Entwicklung mit der Entwicklung der amerikanischen Angestellten, die mit ähnlichen objektiven Veränderungen und – nach 1929 – Krisenerscheinungen konfrontiert waren, aber ohne jene ständische Traditionen und Erwartungen durchaus anders darauf reagierten. Vgl. J. Kocka, Angestellte zwischen Faschismus und Demokratie. Zur politischen Sozialgeschichte der Angestellten: USA 1890–1940 im internationalen Vergleich, Göttingen 1977.
    28. Dazu die verschärfte anti-unternehmerische Polemik 1929/39 im GDA nach: Epochen der Angestelltenbewegung, S. 276 f.

sche Impulse widersprüchlich-vage vermischten und die sich nach 1928 verstärkt an den »Mittelstand« richteten.[29]

Auf dieser grundsätzlichen Ebene wird man die Attraktivität des – eben weder konservativen noch linken – Nationalsozialismus für die sich in ähnlicher Weise zweifach abgrenzenden Angestellten verstehen müssen. Sie bestand, obwohl die einzelnen Forderungen und Versprechen der NSDAP den spezifischen Angestellteninteressen wenig zu bieten hatten (bis auf das Versprechen, die Arbeitslosigkeit abzuschaffen), obwohl die NSDAP die Angestellten direkt und spezifisch kaum adressierte und obwohl einige Elemente der NS-Politik (z. B. ihre zweideutige bis feindliche Haltung gegenüber den Gewerkschaften) vielen Angestellten mißfallen haben muß.[30] Doch bedarf diese These zweifellos der weiteren Differenzierung, denn sicherlich erwarteten sich verschiedene NSDAP wählende oder vor 1933 der Partei beitretende Angestellte Verschiedenes vom Nationalsozialismus, und die internen Differenzierungen der Angestelltenschaft waren groß.

Verkürzt zusammengefaßt: die vielfältige und intensive Bedeutung des Arbeiter-Angestelltenunterschiedes, spezifische Ausprägungen der deutschen Angestelltenbewegung, die Intensität und Ausprägung der Degradierungserfahrung der Angestellten, die Schärfe und die doppelte Stoßrichtung ihrer Verbitterung und Proteste, schließlich

---

29. Vgl. die treffende Skizze bei Fromm, Arbeiter und Angestellte, S. 248 f. Mit der dort vorgeschlagenen typologischen Unterscheidung zwischen »konservativ-autoritär« und »rebellisch-autoritär« ließe sich die hier gemeinte Veränderung der Politik der Angestelltenverbände (und vermutlich auch der von ihnen vertretenen Angestelltenerwartungen) vom Kaiserreich zur Republik durchaus beschreiben.

30. Daß die Abstraktion von konkreten Interessen überhaupt zum Geheimnis des Erfolgs der NS-Propaganda gehörte, ist ja häufig analysiert worden. Vgl. R. M. Lepsius, Extremer Nationalismus. Strukturbedingungen vor der nationalsozialistischen Machtergreifung, Stuttgart 1966; ders., From Fragmented Party Democracy to Goverment by Emergency Degree and National Socialist Takeover: Germany, in: J. J. Linz u. A. Stepan (Hg.), The Breakdown of Democratic Regimes: Europe, Baltimore u. London 1978, S. 34–79, bes. 61–65. – Das Fehlen angestelltenspezifischer Appelle in der NS-Propaganda erwähnt zu Recht Childers, National Socialism, S. 30 f.; auch Kocka, Angestellte zwischen Faschismus und Demokratie, S. 56 f., 356 (dort Anm. 98); s. auch M. H. Kele, Nazis und Workers. National Socialist Appeals to German Labor, 1919–1933, Chapel Hill 1972. – 1932 meinte bereits Geiger (Soziale Schichtung, S. 122), die NSDAP unterschätze wohl, »daß die Gewerkschaft ein elementares Lebensinteresse der Angestelltenschaft darstellt«; dies begrenze ihren Erfolg bei den Angestellten.

ihre Prädisposition für eine Radikalisierung im Rahmen der national-sozialistischen Protestbewegung und ihre Unterstützung für den Sieg des Faschismus in Deutschland resultierten mindestens ebensosehr aus spezifischen vorkapitalistischen und vorbürgerlichen Traditionen der deutschen Gesellschaft wie aus den immanenten Spannungen und Widersprüchen des kapitalistischen Wirtschafts- und bürgerlichen Gesellschaftssystems selbst.[31]

31. Diese Interpretation betont die Rolle fortwirkender Traditionen, die die Ansprüche vieler Angestellter so steigerten und aufluden, daß sie mit der sich wandelnden Realität notwendig in Spannung traten, woraus, wenn nicht der mittelständische Angestelltenprotest selbst, so doch seine spezifische, in anderen Ländern nicht so beobachtbare Schärfe, Färbung und Stoßrichtung resultierten.

Einige neuere Ergebnisse der Angestellten-Sozialgeschichte könnten als Einwände gegen diese Interpretation gedeutet werden, nämlich der Befund: daß die angestellten Mittelschichten schon im Kaiserreich ein im Vergleich zu den Arbeitern »modernes« generatives Verhalten (Familienplanung, Freizeit-orientierung z. B.) und in der Weimarer Republik ein im Vergleich zu Beamten und Arbeitern »modernes« Konsumverhalten (Zigaretten statt Zigarren und Pfeife, Kino statt Theater etc.) gezeigt hätten. Vgl. S. J. Coyner, Class Patterns of Family Income and Expenditure during the Weimar Republic: German White-Collar Employees as Harbingers of Modern Society, Ph. D. Thesis, New Brunswick, N. J. (Rutgers University) 1975; dies., Class Consciousness and Consumption: The New Middle Class during the Weimar Republic, in: JSH, Bd. 10, 1977, S. 310−331; R. Spree, Angestellte als Modernisierungsagenten: Indikatoren und Thesen zum reproduktiven Verhalten von Angestellten im späten 19. und frühen 20. Jahrhundert, in: Kocka (Hg.), Angestellte im europäischen Vergleich (im Erscheinen).

Dazu ist folgendes zu sagen: 1. Die Kriterien von »Modernität« bei Coyner und Spree sind alles andere als klar und eindeutig, während in der obigen Interpretation nicht auf Traditionalität schlechthin, sondern auf ganz spezifische, genau beschreibbare Traditionen und Reststrukturen (ständischer und bürokratischer Provenienz) abgehoben und damit sicherer Boden nicht verlassen wird. Genauer zum Begriff der Tradition in diesem Verständnis: Kocka, Angestellte zwischen Faschismus und Demokratie, S. 309 f. − 2. Selbst wenn Modernitätskriterien im Bereich des generativen und des Konsumverhaltens genau geklärt werden könnten, bliebe manches Stück Evidenz sehr ambivalent. Z. B.: Wann sind Kinderlosigkeit oder sehr kleine Kinderzahl Ausdruck »hedonistischer« Freizeit- und Selbstverwirklichungsbedürfnisse, wann Ausdruck von tiefem Pessimismus aufgrund enttäuschter Ansprüche oder antizipierter Enttäuschung (die Fähigkeit zur Familienplanung einmal unterstellt)? − 3. Es gibt konträre Evidenz: vgl. zur Hochschätzung herkömmlicher Kulturwerte durch Angestellte jetzt Fromm, Arbeiter und Angestellte, S. 158. − 4. ist die obige In-

Einschränkend ist hinzuzufügen, daß diese Aussagen für verschiedene Angestelltengruppen in verschiedenem Maße zutreffen, z. B. sehr viel mehr auf die – die Mehrheit der Angestelltenschaft ausmachenden – kaufmännischen und allgemeinen Büroangestellten als auf die Techniker. Die große Mehrheit der in Verbänden organisierten kaufmännischen und Büroangestellten waren den mittelständischen Organisationen GDA und Gedag angeschlossen; die Mehrheit der organisierten Techniker und Werkmeister gehörten dem Afa-Bund an. Dies hatte viele Gründe, vor allem aber wohl den: ständische Traditionen, Verhaltensweisen und Erwartungen waren unter den Technikern nie so verwurzelt gewesen wie unter den Handlungsgehilfen und hatten, so scheint es, größtenteils den Ersten Weltkreig nicht überstanden; deshalb neigten die technischen Angestellten weniger zu jenem mittel- und berufsständischen Protest, der hier analysiert wurde.[32] Aufgrund ähnlicher Überlegungen läßt sich vermuten, daß Männer, Personen (klein)bürgerlicher Herkunft, mittel- und kleinstädtische Angestellte und Beschäftigte von kleinen und mittelgroßen Unternehmen stärker zu jenen mittelständischen Protesthaltungen neigten als Frauen, Aufsteiger aus der Arbeiterschaft oder der Unterschicht überhaupt, Angestellte in Großstädten und Beschäftigte von Großunternehmen. Auch dafür lassen sich durch den Vergleich ver-

terpretation mit der Entdeckung vereinbar, daß Elemente des Angestellten-Alltagsverhaltens nicht traditionsorientiert sind. Wer im Zeugungsverhalten »progressiv« ist, muß dies in seinem beruflich-sozialen Selbstverständnis noch lange nicht sein; wer Zigaretten statt Zigarren raucht und ins Kino statt ins Theater geht, braucht noch lange nicht vorurteilsfrei und anti-hierarchisch eingestellt sein. Es mag »partielle Modernisierung« auch im Hinblick auf die Persönlichkeit und ihr Verhalten geben; vorstellbar sind geradezu kompensatorische Relationen zwischen verschiedenen Verhaltensdimensionen ein- und derselben Person.

32. Vgl. Speier, Die Angestellten, S. 148; T. Geiger, Soziale Schichtung, S. 102 zum eher funktional-beruflich-spezialistisch ausgerichteten Selbstverständnis der technischen Angestellten. Dieses war insofern mit den professionellen und quasi-professionellen Orientierungen amerikanischer Angestellter vergleichbarer als mit den berufsständischen Ideologien der Kaufmannsgehilfen, die sich in der Regel nicht auf der Basis ihres speziellen Berufs (etwa als Mahnbuchhalter, Chemiekaufmann oder Warenhausverkäufer) verstanden, sondern als Mitglieder eines umfassenden kaufmännischen Berufsstandes.

schiedener Angestelltenorganisationen und ihrer Rekrutierungsfelder einige Belege beibringen.[33]

Die Frage nach den Ursachen des Trendwechsels in der Entwicklung der deutschen Angestellten beim Übergang vom Kaiserreich zur Republik ist damit nicht beantwortet, sondern nur relativiert. Es erscheint unwahrscheinlich, daß dieser – wie sich gezeigt hat – eben doch nur partielle Trendwechsel direkt aus der sich verändernden sozial-ökonomischen Situation der Angestellten zu erklären ist. Denn diese veränderte sich hinsichtlich der von den Angestellten besonders empfindlich erfahrenen Aspekte im Grunde von 1918 bis 1923/24 in derselben Richtung wie 1914 bis 1918, erst dann traten neue Momente hinzu: Hinsichtlich der Verarmung der angestellten Mittelschichten und hinsichtlich des Verlustes ihrer Ersparnisse setzte die Inflation bis 1923 fort, was der Krieg begonnen hatte; danach trat eine allmähliche Wende zum Besseren ein, doch erreichte der durchschnittliche Angestellte bis 1929 nicht mehr sein reales Gehalt von 1913, während der durchschnittliche Lohnarbeiter seinen realen Vorkriegsverdienst etwa 1928 wiederhergestellt zu haben scheint. Der Einbruch der Depression brachte trotz Preissenkungen neuen Kaufkraftverlust, der für die Angestellten gleichwohl weniger empfindlich zu Buche schlug als für die Arbeiter. Die Nivellierung des Unterschieds zwischen Gehältern und Löhnen setzte sich nach kurzer Unterbrechung 1919/20 bis 1923 schnell, danach langsam fort, bis die Depression eine erneute Vergrößerung des durchschnittlichen Lohn-Gehalts-Unterschiedes bewirkte, der in den dreißiger Jahren weitgehend stabilisiert wurde. Hinsichtlich der sozialen Leistungen in den Betrieben und seitens der Sozialgesetzgebung gewannen nach 1918 wie schon davor die Arbeiter allmählich, was früher den Angestellten vorbehalten gewesen war, z. B. Urlaubsberechtigung und einen gewissen Kündigungsschutz. Zweifellos traten mit der Stabilisierung 1924 und vor allem mit der Depression seit Ende der zwanziger Jahre sehr ins Gewicht fallende neue Belastungen und Nöte für viele Angestellte auf: die »Rationalisierung« der Bürobetriebe und -abteilungen, die damit verbundenen Veränderungen in der sich verstärkt industrialisierenden Angestelltentätigkeit, das vorher nicht so häufig diskutierte Problem des älteren Angestellten über 40; in der Depression dann verschärfte Arbeitslosigkeit (bei weitem nicht so stark wie im Fall der Lohnarbeiter), die Streichung der übertariflichen Leistungen, erpresserisches Drücken unter das Tarifgehalt,

33. Vgl. Kocka, Angestellte zwischen Faschismus und Demokratie, S. 316–319.

Gehaltskürzungen bei Kurzarbeit, die dem Monatsgehaltsprinzip widersprachen und die Angestellten nach Meinung ihrer Sprecher an den »Stundenlöhner« heranrückten, etc.[34] All dies ist zu Recht immer wieder – wenn auch noch nicht im einzelnen – zur Erklärung der Radikalisierung der Angestellten herangezogen worden; aber erklärt man dadurch, daß diese Radikalisierung unter einem mittelständischen, rechtsgerichteten Vorzeichen geschah statt mit der Konsequenz der Annäherung an Arbeiterschaft, Gewerkschaften und Sozialdemokratie wie im Krieg?

Viel eher wird man die Erklärung in der Veränderung der soziopolitischen und ideologischen Gesamtsituation suchen müssen. In vieler Hinsicht war der Krieg eine Ausnahmesituation gewesen. SPD und Gewerkschaften hatten vor 1918 die Macht noch nicht übernommen, in den zwanziger Jahren wurden sie dagegen zu Recht oder zu Unrecht mit dem System und seiner Misere identifiziert. Eine Revolution lag dazwischen, die trotz weitgehenden Scheiterns zur Abgrenzung bürgerlicher Gruppen gegenüber den »Linken« neuen Anlaß gegeben hatte. Die Belastung und das nationale Trauma des verlorenen Krieges, die damit erneut gestellte und durch die Dolchstoßlegende vergiftete nationale Frage – all dies (und vieles andere) ist hier nicht zu be-

34. Vgl. zur sozialökonomischen Entwicklung der Angestellten bis 1933: E. Sträter, Die soziale Stellung der Angestellten, rechts- und staatswiss. Diss., Bonn 1933 (im Literaturverzeichnis die wichtigsten Enquêten von Afa, GDA und DHV); vgl. auch L. Preller, Sozialpolitik in der Weimarer Republik, Stuttgart 1949 (ND Düsseldorf 1978), S. 122 ff., 133 ff., 159–169. Die obigen Aussagen über die relative Entwicklung von Gehältern und Löhnen, bzw. Arbeitslosen stützen sich auf: G. Bry, Wages in Germany 1871–1945, Princeton 1960, S. 467; Statistik d. Dt. Reichs, Bd. 408, Berlin 1931, S. 110; Wirtschaft und Statistik, Bd. 19, 1939, S. 296, 299; und F. Croner, Angestelltenbewegung, S. 141 ff. Vgl. auch die Entwicklung der Angestelltentarifgehälter: ebd., S. 137–139 und in: Die wirtschaftliche und soziale Lage der Angestellten. Ergebnisse und Erkenntnisse aus der großen sozialen Erhebung des Gewerkschaftsbundes der Angestellten, Berlin 1931[2], S. 101, mit den Angaben über Arbeiterlohntarife bei H. Müller, Nivellierung und Differenzierung der Arbeitseinkommen in Deutschland seit 1925, Berlin 1954, S. 43; vgl. auch F. W. Fischer, Die Angestellten, S. 36–41; und als spezifischen Angestelltenprotest gegen Not und zunehmende Lohnarbeiterähnlichkeit in der Depression: H. Potthoff, Wandlungen im Angestelltenrecht, in: Soziale Praxis, Bd. 41, 1932, S. 600–654 (mit Rückgriff auf das Beamtenideal!). – Zuletzt Kadritzke, Angestellte; Priamus, Angestellte; Speier, Die Angestellten. Demn. eine Bielefelder Diss. von M. Prinz zur Geschichte der Angestellten von der späten Weimarer Republik bis zur frühen Bundesrepublik.

handeln. Vor allem aber existierte 1930, was im Ersten Weltkrieg nur in ganz schwachen, wirkungslosen Ansätzen (Deutsche Arbeiter- und Angestelltenpartei[35]) aufgetreten war: eine zugleich antisozialistisch-antiproletarische und antikapitalistisch-antielitäre, radikale und mächtige Protestbewegung, deren Entstehungsursachen hier nur zum Teil behandelt worden sind. Damit bot sich den Angestellten ein radikal-mittelständischer »dritter Weg« zwischen der Unterstützung der herrschenden Gewalten und des herrschenden Systems einerseits und der Unterstützung der sozialdemokratischen Emanzipationsbewegung andererseits, ein »dritter Weg«, der sich vor 1918 noch nicht angeboten hatte. Sehr viel weniger eindeutig als im Ersten Weltkrieg stellte sich damit die Alternative zwischen Bewegungs- und Beharrungskräften, zwischen »links« und »rechts«. Von der scheinbaren Möglichkeit, diese Alternativ-Wahl zu umgehen, machten viele Angestellte aus den skizzierten Gründen nur allzu gern Gebrauch.

35. Dazu Stegmann, Zwischen Repression und Manipulation, S. 392 ff.

6.
Die Angestellten im
»Dritten Reich«
und in der Bundesrepublik.
Kontinuität und Wandel:
1933 bis heute*

Die Ausgangssituation am Ende der Weimarer Republik[1]

WIE IN DEN VORAUSGEHENDEN ABSCHNITTEN argumentiert wurde und durch vergleichende Studien im einzelnen nachgewiesen werden kann, war der Arbeiter-Angestellten-Unterschied – die »Kragenlinie«, wie man mit Anspielung auf den amerikanischen Sprachgebrauch sagen kann – im 19. Jahrhundert und im ersten Drittel des 20. Jahrhunderts in Deutschland schärfer durchgezogen und anders gefärbt, sozial prägender und politisch relevanter als in vergleichbaren Ländern wie Frankreich, England und USA. Dies läßt sich schon an den sprachlichen Ordnungsmustern zeigen, die in den verschiedenen Ländern dominierten. Das Begriffspaar »Arbeiter-Angestellte« hat sich in Deutschland früher herausgebildet als das Begriffspaar »white collar – blue collar employees«; weder in den Ordnungskategorien der öffentlichen Statistik noch in der sozialen und politischen Auseinandersetzung, weder in der Sprache des Rechts noch in der früheren sozialwissenschaftlichen Literatur hat das Begriffspaar »white collar – blue collar« in England und USA eine auch nur annähernd so zentrale Rolle gespielt wie das Begriffspaar »Arbeiter-Angestellte« im deutschspra-

* Zusammen mit Michael Prinz.

1. Das folgende auf der Grundlage der vorausgehenden Abschnitte und als Ergebnis von: J. Kocka, Angestellte zwischen Faschismus und Demokratie. Zur politischen Sozialgeschichte der Angestellten: USA 1890–1940 im internationalen Vergleich, Göttingen 1977.

chigen Raum.[2] In Deutschland ist seit dem späten 19. Jahrhundert eine umfangreiche sozialwissenschaftliche Literatur über Angestellte und Angestelltenfragen sowie über Ursachen und Folgen des Arbeiter-Angestellten-Unterschieds entstanden. Entsprechende amerikanische, englische und französische Schriften sind bis heute viel seltener geblieben.[3]

In den deutschen Fabriken differenzierten die Unternehmensleitungen von Anfang an klar zwischen Gehaltsempfängern und Lohnarbeitern. Die Angestellten, bis ins frühe 20. Jahrhundert meist »Privatbeamte« genannt, genossen i. d. R. größere Arbeitsplatzsicherheit und andere innerbetriebliche Vorteile, die den Arbeitern nicht zukamen, etwa Ferien, Privilegien in den unternehmenseigenen Versicherungskassen etc. In den unternehmensinternen Arbeits- und Sozialverhältnissen, später auch bei der Bildung von Arbeitnehmer-Repräsentationsorganen im Unternehmen (Arbeiter- und Angestellten-Ausschüsse seit 1916) bezeichnete die »Kragenlinie« einen bemerkenswert deutlichen Graben, angesichts dessen andere Differenzierungslinien – etwa die zwischen gelernten und ungelernten Arbeitern – zurücktraten. Jedenfalls für amerikanische Unternehmen des 19. und frühen 20. Jahrhunderts traf dies nicht in dieser Klarheit und Schärfe zu.

Im deutschen (wie im österreichischen) Arbeits- und Sozialrecht hat sich die Unterscheidung zwischen Arbeitern und Angestellten tief eingegraben. Seitdem im Angestellten-Versicherungsgesetz von 1911 auf Drängen der Angestelltenorganisationen und aus sozialpolitischen Integrationsabsichten der Regierungen und meisten Parteien heraus eine separate Sozialversicherung für Angestellte eingerichtet und der Arbeiter-Angestellten-Unterschied rechtlich fixiert worden war, differenzierte in der Folge die Arbeits- und Sozialgesetzgebung häufig zwischen Arbeitern und Angestellten, so schon im Hilfsdienstgesetz von 1916, im Betriebsrätegesetz von 1920, in den Rahmenbedingungen für Tarifverträge etc. Die »Kragenlinie« gewann damit an praktischer Relevanz; die rechtliche Fixierung schrieb nicht nur vorgegebene soziale Differenzierungen fest, sie verstärkte dies auch rückwirkend. In den USA, England und Frankreich finden wir diese rechtliche Zementierung der Kragenlinie nicht.

2. Die Unterscheidung zwischen »ouvriers« und »employés« nahm und nimmt in dieser Hinsicht wohl eine Mittelstellung ein.

3. Vgl. die oben S. 13, Anm. 2 erwähnte neue Darstellung von W. Mangold.

Auch im Verbandsverhalten zeigte sich, wie scharf sich in Deutschland Angestellte von Arbeitern unterschieden. Gegen Ende der Weimarer Republik differierten die beiden Arbeitnehmerkategorien zwar nicht nach dem Organisationsgrad: etwa jeder dritte Arbeiter wie auch jeder dritte Angestellte gehörte einer gewerkschaftlichen Organisation an. Aber sie organisierten sich in strikt separaten Verbänden; es gab keinen Verband, der Arbeiter und Angestellte zugleich zu seinen Mitgliedern zählte. Ähnlich scharf war die organisatorische Trennung zwischen Angestellten- und Arbeiterbewegung weder in den USA noch in England.

Die meisten deutschen Angestellten fühlten sich nicht als Arbeitnehmer schlechthin, häufig auch nicht nur oder nicht primär als Mitglieder eines spezifischen, enggefaßten Berufes (wie Außenhandelskorrespondent), sondern entweder als Mitglieder eines Berufsstandes (etwa als Handlungsgehilfen, d. h. als Teil des Kaufmanns- oder Handelsstandes) oder als Mitglieder einer Berufsgruppen übergreifenden Schicht, eines angestellten »Mittelstandes«, der sich sowohl von den Reichen und Mächtigen, den Kapitalisten und Führungsgruppen wie auch von der Masse der Lohnarbeiter, dem Proletariat und den Unterschichten überhaupt klar unterschieden wähnte. In beiden Varianten – der berufsständischen und der mittelständischen – waren die konstitutiven Bestandteile des Selbstverständnisses deutlich auf die Arbeiterschaft als negative Vergleichs- und Bezugsgruppe[4] verwiesen; der Arbeiter-Angestellten-Unterschied als solcher war konstitutiv für das Selbstverständnis der Betreffenden. In beiden Varianten konnten entwicklungsgeschichtlich ältere Gruppen als normative Bezugsgruppen[4] fungieren, konnten vor-industriekapitalistische Modelle prägenden Vorbildcharakter haben: der »Stand« für kaufmännische Angestellte vor allem, das Beamtentum für Angestellte generell, die sich nicht zufällig lange »Privatbeamte« nannten und häufig – in durchaus unkapitalistischer Manier und sehr im Unterschied zum Leitbild des risikobereiten, bürgerlichen Unternehmeners – nach beamtenhafter Sicherheit und Beamtenähnlichkeit überhaupt strebten. Ähnliche kollektive Identifikationen und daraus folgende Erwartungen kann man bei den amerikanischen Angestellten nicht, bei den englischen und französischen kaum feststellen.

Es läßt sich nun zeigen, daß schon vor 1914 und erst recht in den Jahren der Weimarer Republik unvermeidliche, auf fortgeschrittener

4. Vgl. Kocka, Angestellte zwischen Faschismus und Demokratie, S. 34 ff. zum Begriff der Vergleichs- und Bezugsgruppen, wie er hier gebraucht wird.

Stufe der Industrialisierung auch in anderen Ländern ganz ähnlich auftretende Veränderungen der Technik, der Unternehmensorganisation (Rationalisierung!), der Arbeitsweise, des Ausbildungssystems, der Verbrauchsgewohnheiten und der Verteilung von Lebenschancen überhaupt von den deutschen Angestellten aufgrund ihrer spezifischen Traditionen und der daraus folgenden Ansprüche sehr viel deutlicher als Herausforderung, als Bedrohung, als Infragestellung, als Bodenverlust gegenüber der Arbeiterschaft, als »Nivellierung« aufgefaßt wurden als von ihren ausländischen Kollegen, die zwar mit ähnlichen Veränderungen konfrontiert waren, sie aber anders auffaßten und erfuhren. Zu denken ist an Veränderungen wie die Verringerung des durchschnittlichen Lohn-Gehalt-Unterschieds, zunehmend arbeiterähnliche Kontrollen und Fremdbestimmung vieler Angestelltentätigkeiten, an die zunehmende Markt- und Konjunkturabhängigkeit auch vieler Angestelltenstellungen, an die Gewährung bisher nur den Angestellten vorbehaltener Privilegien als Rechte auch an die Arbeiter (z.B. Urlaubsberechtigung) oder auch an gewisse Angleichungen im Verbrauch haltbarer Konsumgüter. Als Nivellierung und Proletarisierung beschrieben deutsche, aber nicht amerikanische Angestellte, was sie in der Zwischenkriegszeit und vor allem in der Wirtschaftskrise erlebten, obwohl etwa die Wirtschaftskrise seit 1929 die amerikanischen Angestellten objektiv nicht weniger hart traf als die deutschen.[5] So wird verständlich, warum deutsche Angestellte so viel mehr als amerikanische in den Herausforderungen der Jahre um 1930, z.T. aber schon vorher, dazu neigten, »mittelständische« Proteste zu entwickeln, die sich sowohl gegen »die da oben« und das ungerechte System, wie gegen »die da unten«, gegen das Proletariat, richteten, in das mancher Angestellter abzusinken drohte. In den verschiedenartigen Reaktionen der deutschen und der amerikanischen unteren und mittleren Angestellten auf die Krise um 1930 zeigt sich das sehr deutlich. In den USA standen die meisten unteren und mittleren Angestellten politisch ein wenig links von der Mitte und unterstützten in ihrer großen Mehrheit Roosevelts Reformpolitik, ohne sich politisch allzu sehr von den gelernten Arbeitern zu unterscheiden und ohne spezifisch kleinbürgerlich-mittelständische Protesthaltungen zu entwickeln. Dagegen zeigen Wahlstudien, Parteimitgliedschaftsuntersuchungen und Verbandsanalysen sehr deutlich, daß die deutschen Angestellten überdurchschnittlich stark zur sozialen Basis des aufsteigenden Nationalsozialismus gehörten.

5. Vgl. oben S. 168 f.

Weil hierzulande der Arbeiter-Angestellten-Unterschied so scharf durchgezogen und überdies in besonderer Weise durch Orientierung an ständischen und bürokratischen Modellen aufgeladen war, deshalb führten notwendig auftretende, auch andernorts beobachtbare Situationsveränderungen bei deutschen Angestellten zu besonders ausgeprägten und unter rechtem Vorzeichen mobilisierbaren Protesten – in mindestens graduellem Unterschied zu den angestellten Mittelschichten in anderen Ländern.

Die vorangehenden Abschnitte haben immer wieder die Frage diskutiert, *warum* die Kragenlinie in Deutschland diese Schärfe und Bedeutung erhielt. Drei zusammenwirkende Ursachenbündel lassen sich zusammenfassend herausheben.[6] Zum einen trugen die frühe und spannungsreiche Ausprägung des Klassengegensatzes, die vielfältig bedingte Ausgrenzung der Arbeiterschaft aus der bürgerlichen Gesellschaft und die massive Herausforderung einer starken Arbeiterbewegung dazu bei, daß sich Angestellte pointiert als Nicht-Arbeiter definierten und daß ihnen von Unternehmensleitungen und Staat Elemente einer Sonderstellung eingeräumt wurden, die ihnen die Absetzung von der Lohnarbeiterschaft erleichterten. Zum zweiten hing es mit der frühen Entwicklung des Interventionsstaats und seiner Tradition der Regulierung sozialer Probleme »von oben« zusammen, daß sich in Deutschland – über soziale Bewegungen, Interessenorganisationen und Sozialpolitik vermittelt – der Arbeiter-Angestelltenunterschied besonders deutlich herauskristallisierte. Zum dritten, und das sei hier betont, spielten fortwirkende, ältere, *vor-industriekapitalistische* Traditionen eine Rolle, die in Deutschland stärker oder doch inhaltlich anders weiterlebten als in Westeuropa oder gar in den USA: Sie wirkten über das Selbstverständnis, über die Erfahrungsweisen, aber auch über das Rechtssystem, über staatliche Sozialinterventionen, über die z. T. aus berufsständischen Vorläufern herauswachsenden Berufsverbände und ihre Bildungsarbeit, über die zur Verfügung stehende Sprache und andere Kanäle auf die Angestellten und den Arbeiter-Angestellten-Unterschied ein.

Gemeint sind zum einen *ständische* Reststrukturen und Traditionen, die sich trotz allen Wandels im 19. und frühen 20. Jahrhundert – wenn auch mit abnehmender Wirksamkeit – erhielten und das Selbstverständnis, den Erwartungshorizont, das Sozialverhalten, das Recht und das Verbandswesen des entstehenden »neuen Mittelstands« präg-

---

6. Vgl. genauer: Kocka, Angestellte zwischen Faschismus und Demokratie, S. 301 ff. (im Vergleich zu USA).

ten, vor allem im kaufmännischen Bereich, bei den »Handlungsgehilfen«. Gemeint sind zum anderen *bürokratische* Strukturen und Traditionen, die in Deutschland früh und kraftvoll entwickelt waren, durch Tendenzen erneuter Bürokratisierung seit der zweiten Hälfte des 19. Jahrhunderts weiter verstärkt wurden und neben vielen anderen Sozialbereichen und Gruppen auch die Welt des »neuen Mittelstands« prägten, wie schon der begriffsgeschichtliche Befund vermuten läßt. Solche Traditionen und Strukturen erhielten sich trotz der schnellen und tiefgreifenden Wandlungen, die Deutschland in anderen Bereichen im 19. und frühen 20. Jahrhundert durchlief, so z. B. im Bereich der Ökonomie. Sie erhielten sich, ungebrochen durch erfolgreiche Revolutionen und immer wieder gestärkt durch überdauernde vorindustrielle, vorbürgerliche Sozialeliten, Führungsgruppen und Herrschaftsformen. Sie erklären vor allem, warum sich objektiv und subjektiv die Arbeiter-Angestellten-Unterscheidung in Deutschland schärfer herausbildete als anderswo, warum das Angestelltenselbstverständnis hierzulande spezifisch ausgeprägt und besonders anspruchsvoll war, warum die Spannung treibende Diskrepanz zwischen sozialen Erwartungen und realer Situation großer Teile der angestellten Mittelschichten hier besonders scharf war, und also auch, warum in Deutschland mehr als anderswo »mittelständisches« Protestpotential in den 20er und 30er Jahren bereitlag, das dann in der Krise der kapitalistischen Wirtschafts- und bürgerlichen Gesellschaftsordnung zu einem der Treibsätze hinter der nationalsozialistischen Protestbewegung werden konnte.

Damit erweist sich die Problematik der deutschen Angestellten z. T. als ein Aspekt jener immer wieder analysierten »Verwerfungen« der sozialen und politischen Struktur eines Landes, das ökonomisch schnell und erfolgreich modernisierte, sozial, politisch und kulturell aber teilweise rückständig blieb.

Hypothesen

WENN DIES in ganz groben Zügen eine richtige Skizze der Entwicklung bis 1933 ist, lassen sich eine Reihe von Hypothesen entwickeln, die die Geschichte der Angestellten nach 1933 und besonders nach 1945 unter dem Gesichtspunkt der Kontinuität und Diskontinuität mit den davorliegenden Jahrzehnten thematisieren.

1. Einige der Ursachen der skizzierten Angestellten-Problematik haben an Wirkungskraft verloren, denn:

a) Ohnehin arbeitete die Zeit gegen jene vorindustriellen, vorkapitalistischen Traditionen, die für besondere Eigenarten der deutschen Angestelltenentwicklung verantwortlich waren. Je weiter wir uns von ihrer Entstehungssituation entfernen, desto mehr dürften sie verblassen. Das schnelle Wachstum der diskutierten Gruppe hat in dieselbe Richtung gewirkt. Die Erfahrung von nationalsozialistischer Diktatur, totalem Krieg und Zusammenbruch hat zweifellos auch in bezug auf die Angestellten nicht gerade traditionserhaltend gewirkt, sondern eher zur Verwischung als zur Bewahrung traditioneller Unterscheidungslinien beigetragen.[7]

b) Klassengesellschaftliche Spannungen und Konflikte sind in der Bundesrepublik weniger ausgeprägt als sie es in Kaiserreich und Weimarer Republik waren; die Ausgrenzung der Lohnarbeiterschaft aus der bürgerlichen Gesellschaft hat abgenommen; die Arbeiterbewegung hat ihren fundamentaloppositionellen Charakter verloren.

2. Der Arbeiter-Angestellten-Unterschied hat entsprechend an Schärfe der Ausprägung verloren, jene spezifisch »mittelständischen« Protestpotentiale sind reduziert worden, und eine spezifische Belastung der liberaldemokratischen Entwicklung von Gesellschaft und Staat in Deutschland gehört der Vergangenheit an. – Die deutsche Situation ist damit der in anderen westlichen Industrieländern ähnlicher geworden, ein Stück deutscher Sonderentwicklung wurde gewissermaßen »begradigt«.

Der Rest dieses Abschnitts versucht abzutasten, wieweit diese Hypothesen durch die Angestelltenentwicklung nach 1933 und besonders seit 1945 bestätigt werden. Im Zentrum steht die Frage nach der sich vermutlich verändernden Schärfe und Bedeutung der »Kragenlinie« und damit nach den unteren und mittleren Angestellten (nicht den leitenden) einerseits und den gelernten Arbeitern (nicht den un-

---

7. Vgl. dazu auch R. Dahrendorf, Gesellschaft und Freiheit, München 1961, S. 292 ff.; ders., Gesellschaft und Demokratie in Deutschland, München 1972², bes. S. 415 ff. Differenzierter und materialreicher findet sich die These bei D. Schoenbaum, Die Braune Revolution. Eine Sozialgeschichte des Dritten Reichs (engl. 1966), Köln/Berlin 1968 [wd. München 1980], S. 25, pass. Kritisch gegenüber dieser These, die hier nicht in ihrer Gänze zur Diskussion steht: H. Matzerath u. H. Volkmann, Modernisierungstheorie und Nationalsozialismus, in: J. Kocka (Hg.), Theorien in der Praxis des Historikers (= GG, Sonderh. 3), Göttingen 1977, S. 86–116.

gelernten) andererseits. Für die Zeit nach 1945 beschränken wir uns
größtenteils auf die Entwicklung in den Westzonen bzw. in der Bundesrepublik.

Der Arbeiter-Angestellten-Unterschied und die national-
sozialistische Politik der »Volksgemeinschaft«

DER NATIONALSOZIALISMUS trat 1933 mit dem Anspruch an, die sozialen und politischen Voraussetzungen für eine von Klassenkampf und
›Standesdünkel‹ freie Volksgemeinschaft zu schaffen. Die Durchsetzung dieser langfristigen Zielvorstellung übernahmen innerhalb des
nationalsozialistischen Herrschaftssystems arbeitsteilig die Partei für
den politischen Sektor und die als Einheitsorganisation »aller Schaffenden« konzipierte Deutsche Arbeitsfront (DAF) für einen wichtigen gesellschaftlichen Bereich.

Das gesellschaftspolitische Leitbild, an dem sich die verschiedenen
Aktivitäten der DAF in den folgenden Jahren orientieren sollten, war
zum Zeitpunkt der Machtergreifung erst in Umrissen festgelegt. Die
Form, die die »offizielle« gesellschaftliche Ideologie des Dritten Reiches schließlich annahm, wurde entscheidend durch den Ausgang der
Kämpfe bestimmt, die im Verlauf der Machtergreifung zwischen den
sozialen Trägergruppen der Partei ausgetragen wurden. Der Ausgang
dieser Kämpfe, aus denen die Arbeitsfront Leys als Sieger hervorging,
besiegelte zugleich auch das Ende aller ständestaatlichen Umgestal-
tungsversuche, die von den Vertretern der ländlichen und städtischen
Mittelschichten ausgingen.

Maßgeblichen Einfluß auf die inhaltliche Ausfüllung der ursprünglich äußerst vagen gesellschaftspolitischen Vorstellungen Leys gewann
der Leiter des in die Arbeitsfront übernommenen »Deutschen Instituts für technische Arbeitsschulung« (Dinta), Carl Arnhold.[8] Diesen
Vorstellungen zufolge sollten in der zukünftigen Volks- und Lei-
stungsgemeinschaft materielle und immaterielle Vorteile nurmehr
nach Maßgabe der Leistung des einzelnen für die Volksgemeinschaft
vergeben werden. Orientiert an diesem Leitbild begann die DAF in

---

8. Vgl. T. Wolsing, Untersuchungen zur Berufsausbildung im Dritten Reich,
Düsseldorf/Kastellaun 1977, S. 1–63. Zur Konzeption Arnholds vgl. auch R.
Seubert, Berufserziehung und Nationalsozialismus. Das berufspädagogische
Erbe und seine Betreuer, Weinheim und Basel 1977, S. 61 ff.

den folgenden Jahren mit der Schaffung des organisatorischen Unter-
baus für die künftige nationalsozialistische Gesellschaftsordnung.

Doch noch vor der Errichtung und dem Ausbau einzelner Institutionen vollzog sich bereits in der Propaganda des Regimes eine
»sprachliche Revolution«,[9] deren Inhalt in der konsequenten Negierung traditioneller Status- und Berufsbezeichnungen bestand. Die offizielle Sprache des Dritten Reiches kannte keine Unternehmer, Akademiker, Kaufleute usf. mehr, sondern nur noch »Hand- und Kopfar-
beiter« oder, allgemeiner noch, »Soldaten der Arbeit«. Es ist bezeich-
nend und entsprach durchaus den Intentionen der neuen Machthaber,
daß es, gerade was die Unterscheidung von »Hand- und Kopfarbeitern« anging, keinen verbindlichen offiziellen Sprachgebrauch gab.

Mit der »sprachlichen Revolution« verband sich die Propagierung
jener neuen Gesellschaftsordnung, die Status und Privilegien nurmehr
nach Eignung und beruflicher, politischer und biologischer Leistung
zu verteilen beanspruchte. Zu den institutionellen Manifestationen
dieser neuen Ordnung gehörten u. a. Ausbildungsstätten zur Förderung begabter Arbeiterkinder, die Etablierung des »Reichsberufs-
wettkampfs« (RBW), eines beruflichen Leistungswettbewerbs im nationalen Maßstab, Versuche zur Einführung einer umfassenden Be-
rufslenkung, die mit Hilfe psychotechnischer Eignungsprüfungen die
Berufswünsche von Schulabgängern zu korrigieren suchte, die Propagierung von Leistungslohnsystemen in den industriellen Betrieben[10]
sowie schließlich auch die Gründung eines Arbeitswissenschaftlichen
Institutes (AWI) der Arbeitsfront, dem die Aufgabe zufiel, die wissenschaftlichen Grundlagen einer einheitlichen »objektiven« Leistungs-
bewertung zu erarbeiten.

Die meisten der obengenannten Organisationen waren multifunk-
tionale Institute: sie kombinierten in geschickter Weise politische In-
doktrination mit materiellen Gratifikationen und Leistungsanreizen
und dienten damit dem doppelten Zweck, Leistungsreserven zu mobi-
lisieren und sozial pazifierend zu wirken. Im Kontext dieser Ideologie

9. Vgl. Schoenbaum, Revolution, S. 82 f.; K. D. Bracher, Die Deutsche Diktatur. Entstehung, Struktur und Folgen des Nationalsozialismus, Köln 1969, S.
367 sowie die wichtigen Beobachtungen bei V. Klemperer, LTI. Notizbuch eines Philologen, Berlin 1946. Ob diese »sprachliche Revolution« tatsächlich
auch in so kurzer Frist zum Abbau sozialer Bewußtseinsstrukturen führte, wie
es Bracher, Dahrendorf, Schoenbaum u. a. postulieren, erscheint allerdings
zweifelhaft. Vgl. dazu auch die Bemerkungen bei D. Winkler, Frauenarbeit im
Dritten Reich, Hamburg 1977, S. 189.

10. Vgl. Schoenbaum, Revolution, S. 289 ff.

stand auch die Angestelltenpolitik des NS-Staates. Ihre allgemeine theoretische Begründung fand sie in der skizzierten Leistungsideologie, mit der die traditionelle Mittelstandsideologie, die von der besonderen gesellschaftlichen Bedeutung der Angestelltenschaft als eines stabilisierenden Faktors im Klassenkampf und eines nationalen Kulturträgers ausgegangen war und von daher zugleich die Ansprüche auf Sonderbehandlung dieser Gruppe abgeleitet hatte, gleichsam offiziell außer Kraft gesetzt wurde.[11]

Da der Grenzlinie zwischen Arbeitern und Angestellten nach Auffassung der Arbeitsfront keine durchgängigen Unterschiede in der Leistung beider Gruppen für die Volksgemeinschaft mehr entsprachen, andererseits die Angestellten jedoch durch die Bestimmungen der weitergeltenden Tarifverträge und des Sozialrechts weiterhin gruppenspezifische Vorteile gegenüber den Arbeitern genossen, arbeitete die DAF mit den ihr zur Verfügung stehenden Mitteln auf die Einebnung dieser Differenzierung hin. Tatsächlich sind Bemühungen in dieser Richtung in der nationalsozialistischen Gesellschaftspolitik auf vielen Gebieten nachweisbar. In den nachfolgenden Abschnitten soll anhand einer Reihe ausgewählter Aspekte die Frage untersucht werden, ob und in welcher Weise es in den zwölf Jahren nationalsozialistischer Herrschaft zu erkennbaren Veränderungen im Verhältnis von Arbeitern und Angestellten kam und wieweit diese Veränderungen den Bemühungen der DAF zuzuschreiben sind.

Die geringere Arbeitslosigkeit bei den Angestellten und nicht zuletzt die Gehaltsform ihrer Bezüge trugen wesentlich dazu bei, daß sich die durchschnittlichen Differenzen zwischen den Arbeiter- und Angestellteneinkommen im Verlauf der Weltwirtschaftskrise vergrößert hatten.[12] So war auch die in den ersten Jahren nach der Machtergreifung nachzuweisende leichte Nivellierungstendenz der Löhne und Gehälter nicht das Ergebnis einer besonderen Lohnpolitik der DAF,

11. Siehe das Jahrbuch des Arbeitswissenschaftlichen Institutes der DAF, 1940/1, 1. Bd., Berlin 1942; dort heißt es mit direktem Bezug auf die Angestellten: »Entscheidend ist allein noch Einsatz und Leistung. Deren Wertung hat in der Volksgemeinschaft nach gleichen Grundsätzen zu erfolgen.« (S. 307).

12. Vgl. J. H. Müller, Nivellierung und Differenzierung der Arbeitseinkommen in Deutschland seit 1925, Berlin 1954, S. 26. Andererseits fanden in der Weltwirtschaftskrise wichtige Angleichungen von Arbeitern und Angestellten statt, wie etwa die prinzipielle rechtliche Bindung der Gehaltshöhe an die Arbeitszeit.

sondern nur das typische Entwicklungsmuster beim Wiederanstieg der Arbeitnehmereinkommen nach ökonomischen Krisen. Eine ähnliche Entwicklung ist auch für die Zeit 1923 bis 1925 und die frühen 1950er Jahre nachweisbar und führte dort bezeichnenderweise jedesmal zu Nivellierungsprotesten der Angestelltenverbände.[13] Dieser ohnehin nicht sehr ausgeprägte Trend wich einer erneuten Differenzierungsbewegung gegen Ende der 1930er Jahre, die mindestens z. T. auch auf die hohen Gehaltsangebote der als Nachfrager auf dem Angestellten-Arbeitsmarkt konkurrierenden Partei- und Wehrmachtsdienststellen zurückzuführen ist.

Ob sich Löhne und Gehälter in der Kriegszeit einander annäherten, läßt sich schwer feststellen, weil mindestens für die Angestellten seit 1942 die bis dahin auf der Basis der Sozialversicherungsklassen errechneten Durchschnittsgehälter nicht mehr zur Verfügung stehen. Die nominalen Wochenverdienste der Arbeiter sämtlicher Industrien erreichten 1941 ihren höchsten Stand. Seitdem gingen sie leicht zurück, ohne jedoch bis zum März 1944 unter den Stand von 1939 abzusinken.[14] Die Daten für die Gehaltsentwicklung in den ersten Kriegsjahren lassen erkennen, daß die Angestellteneinkommen zu diesem Zeitpunkt noch durchaus mit den Steigerungsraten der Löhne mithielten.[15] Es gibt keine Anzeichen dafür, daß die traditionell weniger elastischen Angestelltengehälter in den Jahren zwischen 1941 und 1945 nominal in nennenswertem Umfang zurückgegangen wären. Das würde bedeuten, daß die von den Angestelltenverbänden Anfang der

13. Die engagiert und kontrovers geführte Debatte der frühen 1950er Jahre um Nivellierung und Differenzierung der Einkommen stellt sich in erster Linie als ein Problem des Basisjahres dar. Die fundierteste Untersuchung zu dieser Thematik von J. H. Müller geht zurück auf das Normaljahr 1928 und kommt zum Schluß, daß sich Löhne und Gehälter bis zum Jahre 1950 grundsätzlich – wenn auch mit zeitlichen Verschiebungen – parallel entwickelten.

14. Die Angaben nach dem Statistischen Jahrbuch von Deutschland 1928–1944, hg. v. Länderrat des Amerikanischen Besatzungsgebiets, München 1949, S. 469.

15. J. H. Müller, Nivellierung, S. 26; Statistisches Jb., 1928–1944, S. 473. Bei diesen Angaben ist zu berücksichtigen, daß die zunehmende Zahl der halbtagsbeschäftigten weiblichen Angestellten den Durchschnitt der Gehälter eher noch gedrückt haben dürfte. Für die Gehaltsentwicklung bei den weiblichen Angestellten siehe auch D. Winkler, Frauenarbeit, S. 170, die die These vertritt, daß sich der Abstand zwischen den Einkommen der weiblichen Arbeiterinnen und Angestellten während des Krieges eher noch vergrößert habe.

Fünfziger Jahre beklagte Nivellierung der Einkommen in erster Linie ein Resultat der unmittelbaren Nachkriegszeit war.

Dies wäre ein deutlicher Unterschied zur Entwicklung der Einkommen im Ersten Weltkrieg, wo es zu einer ausgeprägten Nivellierungsbewegung bei den Arbeiter- und Angestellteneinkommen kam. Der allgemeine Lohnstopp und der Rückgang der Arbeitszeit, auf den die seit 1941 zunehmende Differenz zwischen nominalen Stunden- und Wochenverdiensten bei den Arbeitern hindeutet, Veränderungen in der Struktur der Angestelltenschaft durch die überproportionale Einberufung schlechterbezahlter kaufmännischer Angestellter sowie die im Vergleich zu 1914–1918 geringeren Preis- und Nominallohnsteigerungen überhaupt könnten erklären, warum eine ähnliche Entwicklung während des Zweiten Weltkrieges ausblieb. Der Lohnstopp für die Angestelltentarife galt im wesentlichen bis zum Frühjahr 1949 weiter, während er durch die Besatzungsmächte für bestimmte Arbeitergruppen in den ›Problemindustrien‹ (Direktive Nr. 40) frühzeitig gelockert wurde. Diese Maßnahme führte dann in der Tat zu einer scharfen Nivellierungsbewegung der Einkommen.[16]

Zusammenfassend läßt sich festhalten, daß das Dritte Reich offenbar keinen deutlichen Schub zur Nivellierung der Einkommen brachte. Vor allem während des Krieges blieben nach den vorliegenden Daten ähnlich drastische Verringerungen der Einkommensunterschiede von Arbeitern und Angestellten, wie sie für den Ersten Weltkrieg typisch gewesen waren, aus. Hierbei ist jedoch die Einschränkung zu machen, daß diese Aussagen auf nicht unproblematischen Gesamtgrößen basieren, die branchen- und regionalspezifische Sonderentwicklungen unberücksichtigt lassen.

Von großer Bedeutung für die Einkommensentwicklung im Dritten Reich überhaupt war die Entscheidung für das Einfrieren der Tarife auf dem Stand von 1933 und die Tatsache, daß die DAF mit ihrem Versuch, die alte Tarifstruktur durch eine neue, ausschließlich am Leistungsprinzip orientierte »Reichslohnordnung« zu ersetzen, scheiterte.[17] Mit der Einführung dieser Ordnung beabsichtigte die DAF, wie

---

16. Vgl. dazu Probleme der westdeutschen Wirtschaft. Tätigkeitsbericht des Wirtschaftswissenschaftlichen Instituts der Gewerkschaften für die Jahre 1946–1949, Köln 1949, bes. S. 19 und 24.

17. Hinweise auf diese im einzelnen noch zu untersuchenden Vorgänge im Jahrbuch des AWI, 1940/1, S. 290 ff. Diese Zusammenhänge sind im übrigen Thema einer z. Z. in Arbeit befindlichen Bielefelder Dissertation von M. Prinz,

es einer ihrer Funktionäre aus dem Arbeitswissenschaftlichen Institut formulierte, »eine möglichste Einheitlichkeit in den Lohn- und Arbeitsbedingungen herbeizuführen, keine gesetzlichen oder auch sonstigen allgemeinen Unterschiede mehr zu machen, sondern die Leistung zu bewerten und so eine volksgemeinschaftliche Lösung zu finden.«[18] Für die Erhaltung des Arbeiter-Angestellten-Unterschiedes war das Scheitern dieses Projektes von ausschlaggebender Bedeutung, da in seiner Konsequenz die völlige arbeitsrechtliche Nivellierung dieser Differenz bis hin zur Aufhebung der besonderen Gehaltform gelegen hätte.

Als die DAF dieses Projekt in den Jahren 1940/41 zur Diskussion stellte, erklärten die Arbeitgeber zwar ihre prinzipielle Kooperationsbereitschaft, zogen sich dann jedoch mit dem Hinweis auf die fehlenden Voraussetzungen im Bereich der Sozialversicherung aus der Affäre und konnten so die Einführung der neuen Lohnordnung mit leichter Hand blockieren. Damit war eines der Hauptanliegen der DAF und ein Kernstück ihrer gesamten Programmatik endgültig gescheitert.[19]

Ähnlich wie die Einkommen erholte sich auch der Arbeitsmarkt der Arbeiter nach 1933 zwar kurzfristig rascher als der Angestellten-Arbeitsmarkt, ohne daß dieser Trend jedoch langfristig zu einer dauerhaften Veränderung im Arbeitsmarktverhalten beider Gruppen geführt hätte.[20] Wie schon in den 1920er und später in den 1950er Jahren führte die relativ schwerfällige Erholung auf dem Angestellten-Arbeitsmarkt zu einem Problem dauererwerbsloser »älterer Ange-

Zur Entwicklung der Arbeiter-Angestellten-Differenz 1930–1950 unter bes. Berücksichtigung der Neugründung der Angestelltengewerkschaften.

18. Zitiert aus dem Jahrbuch des AWT, 1940/1, S. 289.

19. Die Pläne der DAF wurden ausführlich im Fachausschuß für Angestelltenfragen der Reichsgruppe Industrie in Berlin diskutiert. Ein Durchschlag des Protokolls befindet sich in der Akte VSt. Sozialwirtschaft Lfd. Nr. 242 im Thyssen-Archiv Duisburg.

20. Für die Zwanziger Jahre gibt es zu dieser Thematik die beiden gründlichen Monographien von W. Geisler, Die Lage auf dem Arbeitsmarkt der Angestellten, Bochum 1930; sowie H. Schnaas, Der Arbeitsmarkt der Angestellten und die Arbeitsmarktpolitik der Angestelltenorganisationen unter bes. Berücksichtigung der Nachkriegszeit, Diss. Münster 1929, während für die 1930er Jahre eine spezielle Studie zu dieser Frage fehlt. Aus den Übersichten im Reichsarbeitsblatt, 1936 Nr. 1, II, S. 7/8 geht hervor, daß sich der Arbeitsmarkt der weiblichen Angestellten, der hierin eher dem der Arbeiter glich, erheblich rascher als der der männlichen Angestellten erholte.

stellter«, auf das auch der nationalsozialistische Staat wie vor ihm die Weimarer Republik mit entsprechenden Sondergesetzen für diese Angestelltengruppe reagierte. Anders als das Weimarer Gesetz sah eine entsprechende Verordnung aus dem Jahre 1936 jedoch die Auflagen zur Einstellung älterer Angestellter auch dann als erfüllt an, wenn die betroffenen Erwerbslosen in einer Arbeiter-Funktion untergebracht wurden.[21]

Die Negierung des Anspruchs auf Wiedereinstellung im Angestelltenstatus deutete auf einen deutlichen Wandel in der Einstellung des Gesetzgebers zu den Sonderrechten der Angestelltenschaft hin. Jene Verordnung lag mithin ganz auf der Linie der DAF-Politik, die die prinzipielle Gleichstellung beider Arbeitnehmergruppen zum Ziel hatte.

Die Frage ist, ob diese Politik zusammen mit den Nachwirkungen der bei den Angestellten besonders häufigen Dauerarbeitslosigkeit dazu beitrug, deren Identifikation mit Beruf und Status nachhaltig zu schwächen. Die Ergebnisse einer 1938 durchgeführten Arbeitsbuch-Erhebung deuten eher auf das Gegenteil hin. Entgegen den Erwartungen zeigte sich, daß die Massenarbeitslosigkeit und die anschließende Wiedereingliederung der Erwerbslosen in den Arbeitsprozeß nicht in nennenswertem Umfang zum Wechsel von Angestellten ins Arbeiterverhältnis geführt hatten. Besonders auffallend war, daß die männlichen kaufmännischen Angestellten, die wie kaum eine zweite Berufsgruppe von der Dauerarbeitslosigkeit betroffen waren und deren Teilarbeitsmarkt sich zudem nach 1933 nur sehr allmählich erholt hatte, dennoch nur in verschwindend geringer Zahl in Arbeiterstellungen übergewechselt waren. Die ausgeprägte Berufs- und Statusorientierung dieser Gruppe widersprach der DAF-Ideologie der prinzipiellen Statusgleichheit von Hand- und Kopfarbeit und wurde auch entsprechend als Überbleibsel alten »Standesdünkels« interpretiert.[22]

Erfolgreicher als bei den Einkommen und der Arbeitsmarktentwicklung war die DAF-Politik, soweit sie auf die Nivellierung des Ar-

21. Diese Bestimmung erwies sich u. a. deshalb als notwendig, weil manche zum Angestellten beförderte, ehemalige Arbeiter sich weigerten, wieder eine Arbeiterstellung anzunehmen. Entsprechende Hinweise bei H. Kühne, Der Arbeitseinsatz im Vierjahresplan, in: Jb. f. Nationalökonomie und Statistik, Bd. 146, 1937, S. 686–712, bes. 708 ff.

22. Siehe hierzu bes. H. Herdegen, Der Berufswechsel. Beobachtungen über grundsätzliche Vorgänge im Arbeitseinsatz, in: Reichsarbeitsblatt, 18. Jg., 1938, Nr. 21, II, S. 221 ff., bes. 224/5.

beiter-Angestellten-Unterschiedes abzielte, bei der Regulierung des Urlaubsanspruchs der Arbeiterschaft. Es gelang der DAF bis in die Kriegszeit hinein, in den Betriebs- und Tarifordnungen einen allgemeinen Urlaubsanspruch für Arbeiter durchzusetzen, der allerdings hinsichtlich seiner Dauer weiterhin erheblich hinter dem der Angestellten zurückblieb.[23]

Ein zäher Kampf wurde von seiten der DAF jedoch vor allem um den Lohnausgleich für Arbeiter an nationalen Feiertagen, um die Freistellung zu politischen oder militärischen Aktivitäten und – in der Kriegszeit – besonders um den Ausgleich des vollen Lohnausfalls bei Fliegerangriffen geführt.[24] Der Druck von seiten der Arbeiterschaft war in diesen Fällen besonders wirksam, da sie ihre Ansprüche zumal im Falle militärischer Übungen und nationaler Feiertage durch den Bezug auf die egalitäre Volksgemeinschafts-Rhetorik politisch überzeugend legitimieren konnte.

In all diesen Fällen gelangen der DAF in langwieriger Kleinarbeit und durch politischen Druck auf die Unternehmerschaft partielle Annäherungen des materiellen Status der Arbeiterschaft an den der Angestellten. Da die von der Arbeitsfront angestrebten Angleichungen grundsätzlich in der Form der Nivellierung nach oben gefordert wurden, bildeten sie für das einzelne Unternehmen eine erhebliche zusätzliche Belastung. Diese Politik mußte daher mit dem Widerstand der Unternehmer wie auch der Treuhänder rechnen, die die Aushöhlung des staatlich verordneten Lohnstopps befürchteten.

Die DAF gab sich jedoch nicht damit zufrieden, einige begrenzte Verbesserungen in der materiellen Lage der Arbeiterschaft durchzusetzen und damit gleichzeitig den Abstand zur Angestelltenschaft zu verringern. Sie versuchte darüber hinaus direkten Einfluß auf die Nutzung der neuerworbenen Arbeiter-Freizeit zu nehmen. Mit Hilfe von Werkskonzerten, KdF-Reisen und Fortbildungsangeboten sollten in erster Linie der Arbeiterschaft zusätzliche Leistungsanreize geboten

23. Vgl. dazu T. W. Mason, Sozialpolitik im Dritten Reich. Arbeiterklasse und Volksgemeinschaft, Opladen 1977, S. 183 ff. zum Urlaubsanspruch allgemein. Für die Angestellten bes. die Bilanz im Jahrbuch des AWI, 1940/1, S. 285.

24. Vgl. dazu den Inhalt der »Anordnung über Vergütung und Erstattung von Lohnausfällen bei Fliegeralarm und Fliegerschäden vom 4. September 1942«, in: Amtliches Mitteilungsblatt des Treuhänders der Arbeit für das Wirtschaftsgebiet Westfalen, 20. Okt. 1942, Nr. 20, S. 264–65.

werden und gleichzeitig das Freizeitverhalten der Arbeiter dem der »Geistesarbeiter« angenähert oder gar angeglichen werden.[25]

Da die Teilnahme an diesen freizeitpolitischen Angeboten i.d.R. freiwillig war, bilden wohl Teilnehmerfrequenzen und soziologische Struktur der Konsumenten einen relativ zuverlässigen Indikator für den Erfolg oder Mißerfolg dieser Strategie. Am Beispiel einer Reihe von Reiseveranstaltungen der KdF-Organisation weist eine neuere Untersuchung zu dieser Frage nach, daß es sich hier realiter um Reisen für die Mittelschichten handelte, wobei Angestellte die mit Abstand größte Gruppe unter den Teilnehmern bildeten. Während sich der Anteil von Arbeitern zu Angestellten in der Erwerbsbevölkerung überhaupt etwa wie 4 : 1 verhielt, rekrutierten sich die Teilnehmer der Reiseveranstaltungen nur zu 15 bzw. 19 v. H. aus der Arbeiterschaft, aber zu knapp 40 v. H. aus der Angestelltenschaft.[26] Damit waren die Angestellten in dieser gerade auf die Arbeiterschaft abzielenden Veranstaltung, gemessen an ihrem Anteil an der Erwerbsbevölkerung, um ein Vielfaches überrepräsentiert. In dieselbe Richtung deuten auch die zu einem relativ späten Zeitpunkt – 1937 und 1940 – ermittelten Daten über die soziale Zusammensetzung des Teilnehmerkreises der Forbildungsveranstaltungen der Arbeitsfront, in denen Angestellte ebenfalls deutlich überproportional vertreten waren.

Diese Daten zeigen zunächst einmal, daß der Nationalsozialismus in dieser Beziehung weit hinter seinen Ansprüchen und retuschierten Erfolgsbilanzen zurückblieb. Das eingelebte Sozialverhalten von Arbeitern und Angestellten war ganz offenbar bei allem propagandistischen und organisatorischen Aufwand, den der NS-Staat betrieb, in derart kurzer Zeit nicht entscheidend zu verändern. So bildeten sich in den durch das Dritte Reich neugeschaffenen institutionellen Formen hauptsächlich nur die traditionellen sozialstrukturellen Inhalte ab. In diesen Bereichen, in denen das Regime auf unmittelbaren physischen Zwang verzichtete und sich auf »erzieherische« Maßnahmen be-

25. Einen Überblick über diese Einrichtungen gibt W. Buchholz, Die Nationalsozialistische Gemeinschaft »Kraft durch Freude«. Freizeitgestaltung und Arbeiterschaft im Dritten Reich, Diss. München 1976, S. 92 ff.; vgl. auch die ältere Arbeit von L. van Zandt Moyer, The Kraft durch Freude Movement in Nazi Germany: 1933–1939, Diss. Evanston, Ill. 1967 S. 87 ff.; sowie Schoenbaum, Revolution, S. 143.

26. Die Prozentangaben nach Buchholz, Gemeinschaft, S. 366, der sie nach den Berichten der von der DAF bzw. dem SD eingeschleusten V-Männern errechnet hat.

schränkte, erwies sich die Resistenz traditioneller Strukturen, die sich nicht in das Bild der egalitären Volksgemeinschaft fügen wollten. Im Hinblick auf den Arbeiter-Angestellten-Unterschied läßt sich hier zunächst nur der weite Abstand zwischen Anspruch und Realität der NS-Gesellschaftspolitik konstatieren.

Chancenreicher im Sinne der Einwirkungsmöglichkeiten der Arbeitsfront und für Erhalt oder Schwächung der Arbeiter-Angestellten-Differenz von zentraler Bedeutung war die Frage der getrennten Sozialversicherung. Die Bedeutung dieser Frage auch innerhalb der langfristigen DAF-Strategie geht schon daraus hervor, daß es neben anderen Faktoren vor allem die versicherungsrechtliche Differenzierung der Arbeitnehmerschaft in Arbeiter und Angestellte war, die, wie erwähnt, die Einführung der »Reichslohnordnung« im Jahre 1941 blockiert hatte. Diesen Zusammenhang kommentierte der zuständige Referent des Arbeitswissenschaftlichen Institutes nicht zu Unrecht mit den folgenden Worten: »Solange hier noch die Trennung nach Invalidenversicherung und Angestelltenversicherung aufrecht erhalten bleibt, ist eine Lösung dieses Problems unmöglich. Diese Trennung hat es überhaupt erst verschuldet, daß sich das Problem der Arbeiter und Angestellten zu seiner heutigen Schärfe ausgewachsen hat.«[27]

Dabei hatten die sog. »Versicherungsarchitekten« aus den Reihen der »alten Kämpfer« 1933/34 durchaus versucht, im Bereich der Sozialversicherung entscheidende Angleichungen durchzusetzen, waren jedoch am Widerstand des Reichsarbeitsministeriums und an der im Vergleich zur Angestelltenversicherung desolaten finanziellen Situation der Invalidenversicherung gescheitert.[28] Vor allem die fehlenden finanziellen Mittel blockierten in dieser Situation die von der Partei-

---

27. Das Problem der Arbeiter und Angestellten, in: Jahrbuch der AWI, 1940/1, S. 305.

28. Siehe dazu W. Dobbernack, Betrachtungen über die Neuordnung der deutschen Sozialversicherung und ihre Problematik, in: Arbeitsblatt für die Britische Zone, Jg. 1, 1947, S. 58 ff.; Hinweise auf diese Auseinandersetzungen auch bei P. Prange, Die Ersatzkassen am Scheidewege. Eine grundsätzliche Betrachtung über das Wesen der gesetzlichen Krankenversicherung, in: Arbeit und Sozialpolitik, Jg. 8, 1954, S. 128 ff. Zur Entwicklung der Sozialversicherung im Dritten Reich allgemein siehe: F. Tennstedt, Sozialgeschichte der Sozialversicherung, in: M. Blohmke/v. Ferber/Kisker (Hg.), Handbuch der Sozialmedizin, Bd. 3, Stuttgart 1975, S. 385–482; K. Teppe, Zur Sozialpolitik des Dritten Reiches am Beispiel der Sozialversicherung, in: AfS, Bd. 17, 1977, S. 195–250, die allerdings auf die spezielle Problematik der Vereinheitlichungspläne für Invaliden- und Angestelltenversicherung nicht eingehen.

seite anvisierte materielle Gleichstellung.[29] Die Situation der Jahre 1933/34 unterschied sich damit prinzipiell von der Lage am Ende der Inflation, als das Vermögen beider Kassen der Geldentwertung zum Opfer gefallen war. Damals bestand von den finanziellen Voraussetzungen her die Möglichkeit einer grundsätzlichen Neuordnung des Sozialversicherungs-Systems. Doch damals hatten die bürgerlichen Angestelltenverbände gegen den Widerstand der Sozialdemokratie mit Hilfe ihres wohlkoordinierten Netzes parlamentarischer Querverbindungen die Wiederaufrichtung der getrennten Versicherung durchgesetzt.

Zusammenfassend läßt sich bisher konstatieren, daß Tendenzen zur Abschwächung des Arbeiter-Angestellten-Unterschiedes im Dritten Reich zwar keineswegs fehlten, aber doch deutlich begrenzt blieben. Zwar gelangen der DAF bei der Lohnfortzahlung und der Erweiterung des Urlaubsanspruchs für Arbeiter partielle Reduzierungen der Arbeiter-Angestellten-Differenz. Deutlich veränderte sich auch die Haltung des Gesetzgebers: In der den Arbeitseinsatz betreffenden Gesetzgebung war er häufig nicht mehr bereit, die tradierte Sonderstellung der Angestellten zu berücksichtigen. Doch die Einkommen der Arbeiter und die Einkommen der Angestellten glichen sich nicht oder kaum aneinander an. Auch ihre Arbeitsmarktsituation wurde nicht ähnlicher. Die Entscheidung für das Einfrieren der Tarifverträge trug dazu bei, wesentliche Angestelltenprivilegien über die Zeit des Dritten Reiches hinaus zu sichern. Wie sich an der Teilnahme an NS-Freizeit-Angeboten zeigte, veränderte sich das eingelebte Sozialverhalten von Arbeitern und Angestellten kurzfristig kaum, auch wenn die NS-Politik darauf abzielte.

Dieser Befund wäre jedoch unvollständig. Zwei Veränderungen bleiben zu erwähnen, die für die weitere Entwicklung des Arbeiter-Angestellten-Unterschiedes in der Tat von großer Bedeutung waren. Bei diesen Veränderungen, die beide noch in der Machtergreifungsphase durchgesetzt wurden und eng mit der machtpolitischen Konsolidierung des Regimes zusammenhingen, handelte es sich um die Gleichschaltung der Arbeiternehmerorganisationen und um den Erlaß des sog. »Gesetzes zur Ordnung der nationalen Arbeit«, das zum

29. Vgl. dazu W. Schumann u. L. Brucker, Sozialpolitik im neuen Staat, Berlin 1934, wo eine der zahlreichen von Nationalsozialisten zum damaligen Zeitpunkt vertretenen Konzeptionen zur Reform der Sozialversicherung detailliert entwickelt wird. Ebd. bes. S. 343 ff.

Grundgesetz der neuen Sozialverfassung wurde.[30] Mit diesem Gesetz
wurden nicht nur die innerbetrieblichen Machtverhältnisse neugere-
gelt, sondern darüber hinaus auch der Einfluß der staatlichen Arbeits-
verwaltung auf die Lohn- und Tarifpolitik festgeschrieben und damit
die Kompetenzen der DAF auf den außerbetrieblichen Bereich beschränkt. Seinem ideologischen Inhalt nach stellte das Gesetz die
Übertragung des aus dem politischen Bereich übernommenen Füh-
rerprinzips auf die innerbetrieblichen Verhältnisse dar. Im Vergleich
zum Betriebsrätegesetz von 1920 brachte dieses Gesetz für die Angestellten eine deutliche Einschränkung ihrer Gruppenrechte. Nach seinen Bestimmungen wählten Arbeiter und Angestellte ihre Vertreter
zwar nach wie vor getrennt, aber die Vorschrift eines gesonderten An-
gestelltenrates entfiel und wurde durch die interpretierbare Formulierung einer »zahlenmäßig angemessenen« Vertretung der Angestellten
im Vertrauensrat ersetzt.[31] Damit wurde die von den Angestellten-
verbänden bei den Verhandlungen zum Betriebsrätegesetz von 1920
noch erfolgreich unterlaufene Majorisierung der Angestelltenvertreter in diesem Gremium Wirklichkeit.

Die Frage, ob die neuen Bestimmungen beide Arbeitnehmergruppen in höherem Maß als das vorhergehende Betriebsrätegesetz zur
Kooperation führten (etwa bei der Kandidatenauswahl oder der praktischen Arbeit im Vertrauensrat), ist derzeit schwer zu beantworten.
Das traditionelle Desinteresse der Angestellten an diesen Einrichtungen überhaupt, die Tatsache, daß Unternehmensleitung und DAF in
aller Regel die Kandidatenauswahl in eigener Regie vornahmen, die
Aussetzung der Vertrauensratswahlen nach den Ergebnissen der ersten beiden Jahre sowie die Beschneidung der faktischen Kompetenzen dieses Gremiums sprechen eher gegen die Vermutung, dieses Gesetz habe in der Praxis beide Gruppen zu einem höheren Maß an Kooperation in den Unternehmen gezwungen. Vielmehr dürfte die Bedeu-

30. Vgl. dazu im einzelnen: T. W. Mason, Die Entstehung des Gesetzes zur
Ordnung der nationalen Arbeit vom 20. Januar 1934: Ein Versuch über das
Verhältnis von »archaischen« und »modernen« Momenten in der neuesten
deutschen Geschichte, in: Industrielles System und politische Entwicklung in
der Weimarer Republik, hg. v. H. Mommsen u. a., Düsseldorf 1977², S.
322–351; ders., Sozialpolitik, S. 177 ff.
31. Der entsprechende Passus des § 7 lautete: »Bei der Auswahl der Vertrauensmänner sind Angestellte, Arbeiter und Hausgewerbetreibende ange-
messen zu berücksichtigen.« Zit. nach der Ausgabe »Gesetz zur Ordnung der
nationalen Arbeit . . .«, hg. v. R. Dietz, München 1934.

tung dieses Gesetzes für die Abschwächung des Arbeiter-Angestellten-Unterschiedes darin liegen, daß es für eine Zeit von zwölf Jahren ein bisher geltendes Sonderrecht der Angestellten suspendierte und damit für die Zeit nach 1945 die Möglichkeit zu einer grundsätzlichen Neuregelung eröffnete.

Von ähnlicher langfristiger Bedeutung waren schließlich auch die Auswirkungen des Gleichschaltungsprozesses der Arbeiter- und Angestelltenverbände im Verlauf der Machtergreifung. Vor 1933 gab es drei politische Richtungen in der Angestellten-Gewerkschaftsbewegung: den linken, auch links vom Allgemeinen Deutschen Gewerkschaftsbund (ADGB) stehenden, immer schwächer werdenden Allgemeinen Freien Angestelltenbund (AfA-Bund), den gemäßigt-mittelständischen, den liberalen Parteien nahestehenden Gewerkschaftsbund der Angestellten (GDA) und den bis zum Ende der Weimarer Republik numerisch nach vorn gerückten, mit der christlich-nationalen Gewerkschaftsbewegung verbundenen Gesamtverband deutscher Angestelltengewerkschaften (Gedag) unter Führung des nationalistischen, antisemitischen, antisozialistischen Deutschnationalen Handlungsgehilfenverbands (DHV). AfA-Bund und Gedag waren lockere Föderationen von berufsspezifisch definierten Verbänden, der GDA ein ziemlich zentralisierter Großverband, der Angestellte verschiedener Berufe zusammenschloß.[32]

Die Gleichschaltung dieser Angestelltenorganisationen im Zuge der Machtergreifung lief nach dem üblichen Muster ab. Die ideologisch der Partei am nächsten stehenden Verbände – bei den Angestellten der DHV – entgingen noch der ersten Gleichschaltungsphase, während der freigewerkschaftliche, sozialdemokratisch orientierte AfA-Bund der drohenden Liquidierung nurmehr durch die ›freiwillige‹ Selbstauflösung zuvorkommen konnte.[33] Kurze Zeit später gaben dann auch die christlichen Gewerkschaften und mit ihnen der DHV dem starken politischen Druck nach, der jedoch, anders als beim freigewerkschaftlichen AfA-Bund, beim DHV auch von der eigenen Basis, insbesonders von der in ihrer Mehrheit zur NSDAP tendierenden Verbandsjugend ausging,[33a] und unterstellten sich dem sog. »Ak-

32. Vgl. oben S. 154 ff. und H. Speier, Die Angestellten vor dem Nationalsozialismus, Göttingen 1977, S. 124 ff.

33. Vgl. H. G. Schumann, Nationalsozialismus und Gewerkschaftsbewegung. Die Vernichtung der deutschen Gewerkschaften und der Aufbau der deutschen Arbeitsfront. Hannover 1958, dort bes. S. 71, 76, pass.

33 a. Hinweise dazu in einer von dem leitenden DHV-Funktionär Max Ha-

tionskomitee zum Schutz der Deutschen Arbeit«, das von dem späteren Leiter der Deutschen Arbeitsfront, Robert Ley, kontrolliert wurde. In dieser Phase profitierte der DHV massiv von der Auflösung der übrigen Verbände durch die Übernahme von Mitgliedern und Einrichtungen. Mitte Mai 1933 bildeten sich aus den Überresten der drei großen Gesamtverbände, AfA-Bund, GDA und Gedag, neun neue Angestelltenorganisationen, die im Februar 1934 als »Deutsche Angestelltenschaft« (DA) korporativ in die inzwischen gegründete DAF eingegliedert wurden.[34] Der in der Deutschen Angestelltenschaft federführende DHV bemühte sich in den folgenden Monaten darum, durch Abgrenzungsvereinbarungen und durch die Zusammenlegung seiner Unterstützungseinrichtungen mit denen der anderen Angestelltenverbände Boden gegenüber der Arbeitsfront Leys gutzumachen, von deren Seite bereits früh der Anspruch auf die einheitliche Erfassung »aller Schaffenden« geltend gemacht wurde.[35] Nach einer Phase beständiger interner Reorganisationsversuche wurde die Angestelltensäule in der DAF schließlich Anfang 1935 auf Drängen Leys, der sich damit gegen den Leiter der DA, Albert Forster, durchsetzte, als separate Organisation innerhalb der DAF aufgelöst. Gleichzeitig wurden die in ihr organisierten Mitglieder als Einzelmitglieder in die Arbeitsfrontorganisation überführt. Der organisatorische Apparat des DHV mit seinen zahlreichen Forbildungseinrichtungen, einschließlich eines größeren Teiles des ehemaligen Funktionärskorps, bildete nunmehr den Grundstock für das Hauptamt für Berufserziehung der DAF.[36] Damit fiel eine wesentliche Differenzierung zwi-

bermann im Jahre 1934 verfaßten Verbandsgeschichte »Der Deutschnationale Handlungsgehilfenverband im Kampf um das Reich. 1918–1933«. Das Manuskript dieser Arbeit befindet sich im Verbandsarchiv des DHV in Hamburg.

34. Es handelte sich im einzelnen um: 1. Deutscher Handlungsgehilfen-Verband; 2. Deutscher Techniker-Verband; 3. Deutscher Werkmeister-Verband; 4. Deutscher Büro- und Behördenangestellten-Verband; 5. Verband deutscher Land- und Forstwirtschaftsangestellter; 6. Verband angestellter Ärzte und Apotheker; 7. Verband der deutschen Theaterangestellten und ähnlicher Berufe; 9. Verband der weiblichen Angestellten – vgl. dazu die Übersicht im Reichsarbeitsblatt 1933, Nr. 30, II, S. 414/5.

35. In einem Gespräch mit M. Prinz berichtete der frühere Leiter des »Bundes der Fahrenden Gesellen«, Schuhmacher, daß die Gründung der Deutschen Angestelltenschaft in aller Eile und als Gegenmanöver gegen die von Ley geplante gemeinschaftliche Erfassung von Arbeitern und Angestellten vorgenommen wurde.

36. Hinweise darauf bei W. Müller, Das soziale Leben in Deutschland, Ber-

schen Arbeitern und Angestellten dem Totalitätsanspruch der Partei zum Opfer.

Die Politik der DAF gegenüber der Deutschen Angestelltenschaft war in erster Linie Ausdruck der Kehrtwendung der NS-Mittelstandspolitik im Verlauf der Machtergreifung. Ähnlich wie die Gruppen des »alten Mittelstandes« zogen auch die der NSDAP nahestehenden Gruppen und Verbände der Angestelltenschaft keine Vorteile aus ihrer Unterstützung der nationalsozialistischen Bewegung.[37] Der Primat der Arbeitsbeschaffung und das Bündnis der Staatsführung mit der Großindustrie ließen diejenigen Gruppen, die am Aufbau eines korporativen, ständestaatlichen Gesellschaftsmodells interessiert waren, nicht zum Zug kommen. Bei den Angestellten kam die Tatsache hinzu, daß sich die Partei in erster Linie der Arbeiterschaft, die ihr bislang mehrheitlich feindlich oder skeptisch gegenüber gestanden hatte, versichern wollte und allein von daher schon bemüht war, diese Gruppe nicht durch die demonstrative Privilegierung oder Sonderbehandlung der Angestellten zu provozieren. Die Gleichschaltung der Angestelltenvertretungen war scheinbar der beste Beweis dafür, daß in der künftigen Volksgemeinschaft selbst diejenigen Gruppen, die zur Massenbasis der NSDAP gehört hatten, keine Sonderrechte mehr genießen sollten.

Für die Angestellten wiederum war dieser Bruch um so folgenschwerer, als ihre Standesorganisationen in der Weimarer Republik nicht einfach nur organisatorischer Ausdruck einer vorhandenen Differenzierung, sondern sozialpolitisch agile und überaus erfolgreiche Interessenvertretungen gewesen waren. Bei der Zerschlagung der selbständigen Angestelltenbewegung handelte es sich um eine Maßnahme, die in dieser Zeitspanne und Rigidität wohl kaum durch ein anderes politisches System zu erreichen gewesen wäre. »Die in der politischen Umwälzung freigesetzte Rücksichtslosigkeit beseitigte alle Hemmnisse im Sturm und schloß eine Entwicklung ab, deren evolutionäre Vollendung Jahrzehnte erfordert hätte.«[38]

---

lin 1938, S. 94. Bald verschob sich das Tätigkeitsfeld dieses Amtes von der allgemeinen Bildungs- und Fortbildungsarbeit für Angestellte zu den Facharbeitern, die als erste zu den Mangelberufen der anlaufenden Rüstungskonjunktur gehörten.

37. Für den »alten Mittelstand« siehe H. A. Winkler, Der entbehrliche Stand. Zur Mittelstandspolitik im »Dritten Reich«, in: AfS, Bd. 17, 1977, S. 1–40.

38. Speier, Angestellte, S. 154.

Angestellte und Arbeiter: Tendenzen zur Angleichung und Fortdauer des Unterschieds

SETZTEN SICH diese begrenzten Nivellierungstendenzen des Arbeiter-Angestellten-Unterschieds, wie wir sie für das Dritte Reich festgestellt haben, in den Jahrzehnten nach 1945 fort? Beschleunigten sie sich oder verstärkten sich die Widerstände gegen eine weitere Einebnung nach dem Fall der NS-Diktatur? Wurden gar abbröckelnde Differenzierungen durch Rückgriff auf ältere Muster restauriert?[39] Schließlich: Aus welchen Ursachen erklären sich die festzustellenden Entwicklungen?

1. Vergleicht man Arbeiter und Angestellte *am Arbeitsplatz* und fragt, ob die typischen Arbeiter-Angestellten-Unterschiede seit dem Zweiten Weltkrieg eher ab- oder zugenommen haben, so sind generalisierende Antworten schwierig, zumal auf der Basis relativ weniger, schwer vergleichbarer Fallstudien zu diesem Thema.[40] Auf jeden Fall ist vor der häufigen Generalisierung zu warnen, daß sich die Arbeit der großen Masse der unteren und mittleren Angestellten durch die Fortentwicklung der Technik und der Unternehmensorganisationen heute schon nach Kontrollen, Fremdbestimmung, Spezialisierung, Vergesellschaftung und Aufstiegsmöglichkeiten nur noch unwesentlich von der Tätigkeit der Masse der Werkstattarbeiter unterscheide. Für die große Gruppe der großbetrieblichen Routine-Stellungen, die hauptsächlich von Frauen wahrgenommen werden, mag dies weitgehend zutreffen, für große Angestelltengruppen dagegen nicht. So gibt es etwa zwischen den Routine-Angestellten und der Abteilungsleiterebene in den großen Unternehmen einen hochdifferenzierten Bereich von »Sachbearbeiter«-Stellen, in dem bei hoher Spezialisierung relative Autonomie für die einzelnen meist männlichen Angestellten realisierbar ist und so etwas wie ein eng spezialisiertes Berufsbewußtsein und entsprechende Arbeitszufriedenheit nachweisbar sind. Erfahrungswissen spielt hier eine große Rolle, Beförderungen in kleinen Schritten über fein differenzierte Beförderungsstufen sind die Regel, und die Arbeitsverhältnisse – meist in Einzel- und Zweier-Büros – unter-

39. Dazu generell J. Kocka, 1945–1949. Restauration oder Neubeginn?, in: C. Stern u. H.A. Winkler (Hg.), Wendepunkte deutscher Geschichte 1848–1945, Frankfurt 1979, S. 141–168.

40. Als Versuch einer Zusammenschau der Literatur zu dieser Problematik: E. Fehrmann u. U. Metzner, Angestellte in der sozialwissenschaftlichen Diskussion. Ein Literaturbericht, Köln 1977.

scheiden sich in sehr vielen Hinsichten von der Werkstatt oder dem oft beschworenen Bürosaal.[41] Besonders in kleineren und mittleren Unternehmen ist die Angestelltentätigkeit auch auf der untersten Ebene oft sehr zusammengesetzt, heterogen, weniger leicht meßbar und schwerer kontrollierbar als die der meisten Produktionsarbeiter. Angestellten-Akkordbezahlung bleibt die Ausnahme. Viele der oben[42] genannten innerbetrieblichen Aspekte des Arbeiter-Angestellten-Unterschieds dauern fort.

Doch haben zweifellos Maschinisierung und Automatisierung den Bürobereich verstärkt erfaßt und ihn damit dem Werkstattbereich etwas ähnlicher werden lassen. Gerade für die letzten Jahre gilt, daß, nachdem die Rationalisierung im Produktionsbereich häufig auf Grenzen stößt, die nur noch mit erheblichem Aufwand bei sinkendem Grenznutzen überschritten werden können, sich die Rationalisierungsbemühungen auf den Bürobereich konzentrieren, wo man große unausgeschöpfte Produktivitätsreserven vermutet.[43] Nach den untersten Rängen des Verwaltungs- und Verkaufspersonals erfaßt diese Bewegung jetzt auch zunehmend den erwähnten mittleren Bereich der Sachbearbeiter, deren Zahl dadurch abnimmt und deren Tätigkeit sich ändert. Neue technologische Entwicklungen – der Klein-Computer, automatische Textverarbeitung u. ä. – machen dies möglich.[44] Diese

41. Vgl. S. Braun u. J. Fuhrmann, Angestelltenmentalität. Berufliche Position und gesellschaftliches Denken der Industrieangestellten. Bericht über eine industriesoziologische Untersuchung, Neuwied/Berlin 1970, bes. Kap. 1. Zur Funktion des Sachbearbeiters vgl. auch U. Jäggi u. H. Wiedemann. Der Angestellte im automatisierten Büro. Betriebssoziologische Untersuchung über die Auswirkungen der elektronischen Datenverarbeitung auf die Angestellten und ihre Funktionen, Stuttgart 1966; H. Seidel, Das Verhältnis der Angestellten zur Mitbestimmung, Frankfurt 1972, S. 30 f.

42. S. 7 f.

43. Vgl. Fehrmann u. Metzner, Angestellte, bes. S. 98 ff., sowie die von der IG Metall herausgegebene Aufsatzsammlung: Computer und Angestellte. Beiträge zur dritten internationalen Arbeitstagung der Industriegewerkschaft Metall für die Bundesrepublik Deutschland über Rationalisierung, Automatisierung und technischen Fortschritt, 2 Bde., Frankfurt 1971.

44. In den betroffenen Industrien läßt sich in der Funktionshierarchie eine deutliche Polarisierung erkennen; so entwickelte sich die Personalstruktur des IBM-Werkes in Sindelfingen zwischen 1954 und 1969 dahingehend, daß sich der Anteil der akademischen Ingenieure und Naturwissenschaftler an der Belegschaft verdreifachte, der der Techniker verdoppelte, der Anteil der Facharbeiter dagegen beinahe auf ein Drittel des Ausgangswertes zusammen-

Entwicklung führt auf den mittleren und unteren Rängen zu wachsender Spezialisierung und Routinisierung der Arbeit, sie verringert die Aufstiegschancen und die Möglichkeiten zum Stellungswechsel überhaupt. Andererseits resultiert ein Teil der jüngsten Angestellten-Arbeitslosigkeit – 1976 erreichte die Arbeitslosenrate der Angestellten erstmals die der Arbeiter – aus solchen Veränderungen.[45]

Deutlichere Tendenzen zur Verringerung des Arbeiter-Angestellten-Unterschieds finden wir in den Methoden der Personalverwaltung. Was die Urlaubsberechtigung, die Stellung im betrieblichen Pensionssystem, Prämien, Zuschüsse zum Essen, Arbeitszeit, Kündigungsfristen über das gesetzliche Minimum hinaus etc. angeht, mögen die Unterschiede *innerhalb* der Angestelltenschaft zugenommen haben. Zwischen Arbeitern und Angestellten als solchen differenzieren diese innerbetrieblichen Leistungen heute aber weniger als 1925 oder 1950, was nicht zuletzt auf tarifvertragliche Regelungen zurückzuführen ist, die die Arbeitergewerkschaften erreichten.[46] Auch die Stilunterschiede, die einstmals Büro und Werkstatt deutlicher voneinander abhoben, sind im letzten Jahrzehnt vor allem undeutlicher geworden: Auch Angestellte duzen sich jetzt häufig, auch Arbeiter bekommen ihren Verdienst oft bargeldlos und monatlich ausgezahlt (wenn auch nicht per Monat berechnet). Das Bild vom Arbeiter, der, wenn er ins Büro kommt, ungelenk die Mütze abnimmt und nicht weiß, wo er hintreten soll, trifft mehr die 1920er als die 1970er Jahre.[47] Doch auch auf diesem Gebiet sind die kleinen Unterschiede nicht völlig verschwunden, und die Firmen, die, wie die IBM, nur noch »Mitarbeiter« kennen und intern nicht mehr zwischen Arbeitern und Angestellten unter-

schrumpfte und auch die technischen und kaufmännischen Sachbearbeiter um ca. 50 % zurückgingen. Vgl. M. Grüning, Auf dem Weg zur Verwaltungsfabrik? Büro- und Verwaltungsrationalisierung. Ein Literaturbericht für Betriebspraktiker, Heidelberg 1978.

45. Vgl. vor allem M. Beckenbach u. a., Ingenieure und Techniker in der Industrie. Eine empirische Untersuchung über Bewußtsein und Interessenorientierung, Frankfurt/Köln 1975; Fehrmann u. Metzner, Angestellte, S. 73 f. und 125 zum Vergleich zwischen Technikern und Kaufmännischen Angestellten; S. 38 zur Arbeitslosigkeit.

46. Vgl. die Umfrage in: DIVO-Pressedienst, Oktober I/II 1966, S. 20–24.

47. Vgl. Braun u. Fuhrmann, S. 81 f.; M. Osterland u. a., Materialien zur Lebens- und Arbeitssituation der Industriearbeiter in der Bundesrepublik Deutschland. Ein Forschungsbericht, Frankfurt 1973[5], S. 68 (Urlaubsanspruch); L. Henze, Die Gleichstellung von Arbeitern und Angestellten. Versäumte Gelegenheiten, Opladen 1961, S. 79.

scheiden, sind eine verschwindende, sowohl von Gewerkschafts- wie von Arbeitgeberseite ungeliebte Minorität.[48]

2. Was die Entwicklung der *Einkommensrelationen* von Arbeitern und Angestellten angeht, so steht zunächst fest, daß es zwischen 1938 und 1951 zu einer deutlichen Annäherung gekommen ist, wobei es unter den Arbeitern vor allem die in der Industrie beschäftigten waren, deren Einkommenszuwächse im Durchschnitt über denen der Angestellten lagen. Die frühzeitige Lockerung des Lohnstopps für bestimmte industrielle Arbeitergruppen unmittelbar nach dem Ende des Krieges und relativ hohe Steigerungsraten der Löhne in der Zeit zwischen 1949 und 1951 scheinen für diese von der Deutschen Angestellten-Gewerkschaft (DAG) in den frühen 50er Jahren laut beklagte Entwicklung verantwortlich.[49]

Klagen über die »Unterbewertung der geistigen Arbeit« – wie etwa auf einer Großkundgebung der DAG am 18. März 1954 in Bonn – waren in den frühen 50er Jahren in aller Munde. Bonn reagierte darauf mit der Einsetzung einer Kommission, die die »Unterbewertungsfrage« zu klären hatte und gleichzeitig den Anstoß für eine Renaissance der deutschen Angestelltensoziologie gab.[50]

---

48. Vgl. E. Zander, Arbeiter-Angestellte, Freiburg 1974.

49. Vgl. J. H. Müller, Nivellierung, S. 26; F. Spiegelhalter, Löhne und Gehälter im Strukturvergleich, in: Der Arbeitgeber, 15.4.1954, S. 315 f. (kritische Auseinandersetzung mit den Nivellierungsprotesten der Angestellten). Dazu weiter: ders., Nivellierung und Differenzierung der Arbeitseinkommen, in: Der Arbeitgeber, 5.10.1954, S. 274–279; H. H. Statwald, Sozialstruktur und Verdienstverhältnisse der Angestelltenschaft in der gewerblichen Wirtschaft, in: Arbeit und Sozialpolitik, 14. Jg., 1960, S. 258 ff. (Zusammenfassung der Erhebung über Angestellteneinkommen in NRW vom Herbst 1957). Die Nivellierungsthese im Sinne der DAG vertritt: K. Rieker, Arbeitslohn, Angestellten- und Beamtengehälter, in: Arbeit und Sozialpolitik, 8. Jg., 1954, S. 77. Einschlägige Zahlenangaben der DAG: Tätigkeitsbericht der DAG 1950/51, Hamburg 1951, S. 25; ebd., 1951–1954, Hamburg 1954, S. 107; ebd., 1954–1957, Hamburg 1957, S. 212.

50. Der entsprechende Kabinettsbeschluß datiert vom 7.8.1954. Am 28.9.1956 erklärte Adenauer die Förderung des unselbständigen Mittelstandes zur »Daueraufgabe der Bundesregierung«. Der Bericht des zuständigen Referenten über diese Vorgänge, R. Tippelmann, ist abgedruckt im Bundesarbeitsblatt, 1956, Nr. 4, S. 168 ff. (»Die Angestellten«). Zum Zusammenhang zwischen diesem Projekt und der damaligen Angestellten-Literatur: H. Steiner, Soziale Strukturveränderungen im modernen Kapitalismus. Zur Klassenanalyse der Angestellten in West-Deutschland, Berlin 1967, S. 186 f.

Diese Klagen ließen seit Mitte der 50er Jahre nach, eher aufgrund der deutlichen Steigerungen der Arbeitnehmerverdienste in der Hochkonjunktur der folgenden Jahre, nicht aber, weil die Angestelltengehälter nun schneller gestiegen wären als die Arbeiterlöhne. Dies war bestenfalls kurzfristig Mitte der 50er Jahre und wieder in der Rezession 1966/67 der Fall.[51] Betrachtet man die zwei Jahrzehnte von 1950–1970 als Ganzes (s. Tab. 1) und vergleicht die Arbeiterhaushaltseinkommen mit den Angestelltenhaushaltseinkommen, so nahm zwar der Unterschied der arithmetischen Mittelwerte nur ganz wenig, der Unterschied der Modalwerte und der Medianwerte aber deutlich ab. Dies wird verständlich, wenn man in Rechnung stellt, daß in diesem Zeitraum die Verdienstunterschiede innerhalb der Angestelltenschaft wuchsen, eine Spitzengruppe von Gehältern besonders deutlich emporstieg, was sich im arithmetischen Mittel niederschlägt, während die große Masse der unteren und mittleren Angestelltengehälter den innerhalb ihrer selbst homogener werdenden Arbeiterlöhnen ähnlicher wurden – auf einem insgesamt deutlich ansteigenden Gesamtniveau.

Wir stellen also fest: Während die Einkommensunterschiede zwischen Arbeitnehmern und Selbständigen 1950–1970 deutlich wuchsen, näherten sich die Einkommen von Arbeitern und Angestellten aneinander an,[52] besonders wenn man eine allerdings nicht genau abgrenzbare obere Spitzengruppe von leitenden Angestellten, die sich im Einkommen immer deutlicher von der Masse der Angestellten abhoben, nicht mit einbezieht. Wichtig ist, daß man diese leichten Nivellierungstendenzen auch feststellt, wenn man männliche Angestellte mit männlichen Arbeitern und weibliche Angestellte mit weiblichen Arbeitern vergleicht,[53] und daß sich diese Nivellierung nicht durch die sich verändernde Mitarbeit der Frau erklären läßt: Der Anteil von Haushalten mit mitarbeitenden Frauen liegt bei den Arbeitern zwar höher als bei den Angestellten,[54] doch änderte sich dieses numerische

51. Vgl. Basisdaten. Zahlen zur sozioökonomischen Entwicklung der Bundesrepublik Deutschland. Bearbeitet von R. Ermrich, Bonn–Bad Godesberg 1974, S. 528; sowie Osterland, Materialien, S. 123.

52. Das gilt auch für die Nettorenten von Arbeitern und Angestellten 1960–1970. Vgl. ebd., S. 155.

53. Dazu Basisdaten, S. 528.

54. So etwa in dem Sample bei W. H. Schusser, Ein empirischer Beitrag zur Diskussion um die Abgrenzung von Arbeitern und Angestellten. Diss. Erlangen/Nürnberg 1971: bei 40 % für die Arbeiterhaushalte und 34 % für die Angestelltenhaushalte.

Tabelle 1
Mittelwerte der Einkommensschichten sozialer Gruppen in der Bundesrepublik Deutschland

Jahr	Modalwert[1]	Median[2]	Arithmetisches Mittel[3]
Selbständigenhaushalte			
1950[4]	334	437	567
1955[4]	600	754	938
1960	913	1 154	1 483
1964	1 317	1 559	1 932
1968	1 494	2 147	2 626
1970	1 932	2 670	3 267
Angestelltenhaushalte[5]			
1950[4]	266	346	425
1955[4]	451	570	690
1960	612	804	972
1964	777	1 081	1 255
1968	896	1 260	1 550
1970	1 087	1 498	1 842
Arbeiterhaushalte			
1950[4]	236	283	331
1955[4]	349	474	550
1960	533	683	781
1964	724	908	1 036
1968	880	1 082	1 241
1970	1 082	1 321	1 519
Rentnerhaushalte			
1950[4]	92	145	203
1955[4]	159	232	337
1960	235	359	504
1964	315	472	650
1968	393	595	807
1970	477	669	911

[1] Größte Besetzung im Einkommensraster – [2] Obere Einkommensgrenze für die Hälfte alles Haushalte – [3] Gewogener Durchschnitt – [4] Ohne Berlin und Saarland – [5] Einschl. Beamte

Quelle: Einkommensschichtung sozialer Gruppen in der Bundesrepublik Deutschland 1950–1970, in: DIW-Wochenbericht vom 23. August 1973, 40 Jg. S. 299–309, bes. S. 306/7

Verhältnis zwischen Arbeitern und Angestellten im Zeitraum nicht.[55]

Diese leichte Lohn-Gehalts-Nivellierung, die sich in den 70er Jahren durchaus fortsetzte,[56] mag mit Veränderungen im Erziehungssystem und mit dem Einfluß der Gewerkschaften zu tun haben, wohl auch mit dem überproportionalen Wachstum der Angestellten und der damit verbundenen Umstrukturierung: 1970 gab es achteinviertel Millionen Angestellte in der Bundesrepublik; von 1950–1970 wuchs die Angestelltenzahl um ca. 100%, dagegen die Zahl der Arbeiter nur um 25%, während die Zahl der Selbständigen um ca. 15% zurückging.[57]

55. Vgl. ebd., S. 198; Osterland, Materialien, Tab. 123 im Anhang, wo allerdings Angestellte und Beamte zusammengezogen wurden.

56. Vgl. DIW-Wochenbericht 32–33/78, 45. Jg., 1978, S. 318 und ebd., 31/75, 42. Jg., 1975, S. 247 zur kurzfristigen Unterbrechung dieses Trends in den frühen 70er Jahren.

57. Zur Struktur der Erwerbsbevölkerung: Basisdaten, S. 59. Zur Binnenstruktur der Angestellten: Osterland, Materialien, bes. S. 30–32; vgl. auch die Übersicht bei K. M. Bolte u. a., Soziale Ungleichheit, Opladen 1974, S. 44.

Die Erwerbsperson nach der Stellung im Beruf (in %)

Jahr	Selb-ständige	Mithelfende Familien-angehörige	Be-amte	Angestellte	Arbeiter	Erwerbs-personen insgesamt
		Deutsches Reich[a])				
1882	25,4	9,9	2,6	4,7	57,4	100
1895	23,3	9,0	2,2	8,6	56,9	100
1907	18,8	15,0	2,0	10,7	53,0	100
1925	15,9	17,0	4,7	12,4	50,1	100
1933	16,4	16,4	4,6	12,5	50,1	100
		Bundesgebiet[b])				
1933	17,1	18,8	4,5	12,1	47,4	100
1939	14,9	18,4	5,1	13,2	48,3	100
1950	14,8	14,4	4,0	16,0	50,9	100
1961	12,2	10,3	5,7	23,8	48,0	100
1970	9,7	6,3	7,3	31,1	45,6	100

a) Gebietsstand und Berufssystematik von 1933.
b) Gebietsstand und Berufssystematik von 1950.
Zu den Schwierigkeiten statistischer Angaben aufgrund wechselnder Definitionen und Erhebungsmethoden und daraus resultierenden andersartigen Ergebnissen s. oben S. 17 u. 142 f. (Anm. 1).

199

3. Im *Konsumverhalten* unterscheiden sich Arbeiter und Angestellte heute weniger als in den 1920er Jahren. So glichen sich etwa die Anteile, die von den gesamten Haushaltsausgaben auf Nahrungs- und Genußmittel bzw. auf Kleidung und Wäsche entfallen, der Tendenz nach aneinander an, nicht jedoch die Anteile, die fürs Wohnen ausgegeben werden.[58] Diese begrenzten Nivellierungsprozesse fanden wohl weniger in den 30er und 40er Jahren statt,[59] sondern vor allem mit dem rasanten Anstieg der Kaufkraft und der größeren Zugänglichkeit vieler Waren seit Mitte der 50er Jahre. Bei langlebigen Gebrauchsgütern wie elektrischen Geräten und Personenautos, in der Ausstattung der Wohnräume und in ihrer Zahl pro Person, bei der Teilnahme an Ferienreisen und beim Kinobesuch haben wir auffallende Angleichungstendenzen zwischen Arbeitern und Angestellten.[60] Ungefähr ebenso viele Arbeiter wie Angestellte (prozentual) besitzen Sparbücher, wenn auch mit unterschiedlich großen Durchschnittseinlagen.[61]

Arbeiter und Angestellte unterscheiden sich aber auch heute noch, selbst wenn man den Vergleich auf solche mit ungefähr gleicher Verdiensthöhe beschränkt, in der Neigung, ein Telefon zu besitzen,[62] Bücher zu haben und zu lesen, das Theater zu besuchen und in Form von

58. Vgl. für die Weimarer Republik: »Was verbrauchen die Angestellten«, hg. v. AfA-Bund, Berlin 1931; für die frühen 70er Jahre: Osterland, Materialien, S. 139. – S. auch S. J. Coyner, Class Patterns of Family Income and Expenditure during the Weimar Republic: German White-collar Employees as Harbingers of Modern Society, Ph. D. Thesis, Rutgers University, New Brunswick, N. J. 1975.

59. Die Haushaltsbuch-Erhebungen der Gewerkschaften in der unmittelbaren Nachkriegszeit spiegeln weniger Annäherungen im Konsumverhalten von Arbeitern und Angestellten als vielmehr die allgemeinen Lebensbedingungen der Arbeitnehmer in dieser Situation. Vgl. Osterkamp, Haushaltsbuch-Erhebung der Gewerkschaften, September 1948, in: Mitteilungen des WWI, Nr. 10/11/12, 15.12.1948, S. 46–49. Die Erhebungen der frühen 1960er Jahre werden ausführlich interpretiert bei A. Gaus, Die Lebenshaltung in vergleichbaren Haushalten von Beamten, Angestellten und Arbeitern, in: Wirtschaft und Statistik, 1966, Nr. 8, August, S. 487–71.

60. Vgl. Osterland, Materialien, S. 148 (Haus- und Grundbesitz); 179 (Wohnungsausstattung); 236 (Fernsehen); 256 (Lesegewohnheiten); 141: Die Zahl der Autobesitzer unter den Arbeitern und Angestellten verhielt sich 1958 wie 1:3, 1969 aber wie 1:1,5.

61. Vgl. ebd., S. 337, Anm. 29.

62. Vgl. ebd., S. 336, Anm. 17.

Wertpapieren zu sparen.[63] Zweifellos wirken hier schichtspezifische Einstellungsunterschiede weiter und begründen Verhaltensunterschiede, die allein ökonomisch nicht zu erklären sind. Zweifellos gibt es auch weiterhin viele feine Unterschiede im Konsumverhalten, die sich beim Vergleich von Fernsehgerät- und Pkw-Zahlen pro Haushalt nicht zu erkennen geben – Unterschiede der Qualität, des Geschmacks und der Mode –, doch steht zu vermuten, daß sie vor allem die Angestelltenschaft innerhalb ihrer selbst differenzieren und nicht primär den Arbeiter-Angestellten-Unterschied als solchen markieren.

4. Vergleicht man die *soziale Herkunft* der Angestellten im späten Kaiserreich, in der späten Weimarer Republik, in der frühen Bundesrepublik und heute, so lassen sich langfristige Trends feststellen.[64] Die Selbstrekrutierungsrate der Angestellten nahm erwartungsgemäß zu – heute sind 23 % von ihnen Kinder von Vätern, die ebenfalls Angestellte waren, dagegen stammen nur 8 % der Arbeiter aus Angestelltenfamilien.[65] Der Anteil von Arbeiterkindern unter den Angestellten wuchs von 10 bis 20 % vor dem Ersten Weltkrieg über 25 % in den späten 20er Jahren auf mehr als 30 % um 1970. Der Anteil der Angestellten mit beruflich selbständigen Vätern nahm dagegen kontinuierlich ab.[66] Sowohl was die Herkunft aus Arbeiterfamilien wie die Herkunft aus Selbständigen-Familien angeht, ist ein langfristiger Trend zur Angleichung von Arbeitern und Angestellten unübersehbar, wenn auch heute noch die »Kragenlinie« eine deutliche Mobilitätsbarriere bezeichnet, die intergenerationell in Deutschland schwieriger zu überschreiten ist als etwa in den USA.[67] Das Dritte Reich und die unmittelbare Nachkriegszeit haben diesen langfristigen Annäherungsprozeß nicht beschleunigt. Soweit die uns zugänglichen Angaben es er-

63. Ebd., S. 337. Weiterhin: G. Schmidtchen, Lesekultur in Deutschland 1974, in: Archiv für Soziologie und Wirtschaftsfragen des Buchhandels, Bd. 30, 1974, S. 707–896, bes. 805.

64. Bei einem derartigen Vergleich wird man allerdings die erheblichen Unterschiede, die zwischen einzelnen Angestelltengruppen bestehen, nicht außer Acht lassen dürfen.

65. Vgl. Basisdaten, S. 113, Tab. 103.

66. Vgl. Gewerkschaftsbund der Angestellten [GDA], Die wirtschaftliche und soziale Lage der Angestellten, Hamburg 1931, S. 43; Speier, Angestellte, S. 47; K. V. Müller, Die Angestellten, S. 44; und vor allem: H. Kaelble, Sozialer Aufstieg in USA und in Deutschland 1900–1960, in: H.-U. Wehler (Hg.), Sozialgeschichte Heute. Fs. f. Hans Rosenberg zum 70. Geburtstag, Göttingen 1974, S. 525–542, hier S. 536.

67. Vgl. Walter Müller, Familie, Schule, Beruf, Opladen 1975, S. 73 f.

kennen lassen, wuchs der Anteil der Arbeiterkinder unter den Angestellten nur wenig von den späten 20er Jahren bis 1950,[68] dafür sehr deutlich in der Expansion der nächsten beiden Jahrzehnte. Die Zunahme von Arbeiterkindern unter den Angestellten dürfte auf deren sozio-politische Einstellungen und Verhaltensweisen nicht ohne Einfluß geblieben sein.[69]

5. Auch heute unterscheiden sich Arbeiter und Angestellte sehr deutlich nach ihrem *Bildungs- und Ausbildungsstand,* und zwar auch dann, wenn man, wie eine in den späten 1960er Jahren durchgeführte Untersuchung, den Vergleich auf bessergestellte Arbeit und untere bis mittlere Angestellten-Kategorien im industriellen Bereich, also auf am ehesten vergleichbare Gruppen einschränkt.[70] Diese Arbeiter und Angestellten unterschieden sich, nimmt man nur die Männer, interessanterweise kaum in der Häufigkeit, mit der sie eine Lehre besucht hatten. 88 % der männlichen Arbeiter konnten eine solche vorweisen und immerhin 83 % der Angestellten – die jüngeren sogar häufiger als die älteren. Weibliche Angestellte hatten dagegen sehr viel seltener eine Lehre hinter sich gebracht. Zusätzlich zur Lehre oder anstatt der Lehre hatte jedoch jeder zweite Angestellte, aber nur jeder sechste Arbeiter eine Fachschule besucht. 63 % der befragten Angestellten, aber nur 42 % der befragten Arbeiter hatten an Fortbildungskursen teilgenommen. 86 % der Arbeiter, aber nur 53 % der Angestellten verfügten über eine Allgemeinbildung, die nicht über den Volksschulbesuch hinausgelangt war.[71] Langzeitvergleiche sind auf der Basis des uns zugänglichen Materials nicht möglich. Der Anteil der Nur-Volksschüler unter den Mitgliedern einer größeren Angestelltenorganisation um 1930 lag jedoch nur um 4 % höher[72] als in einer vergleichbaren Gruppe von 1970. Die jüngeren der Ende der 60er Jahre befragten Arbeiter und Angestellten (unter 30 Jahre alt) wiesen ein leicht höheres Maß an Allgemeinbildung auf als die älteren, doch die Relation

68. Vgl. K. V. Müller, Angestellte, S. 47 f. (auf der Basis einer kleinen Nürnberger Probe).

69. Vgl. Braun u. Fuhrmann, Angestelltenmentalität, S. 420. Dort geht hervor, daß sich aus der Arbeiterschaft rekrutierende Angestellte häufiger organisieren als Mittelschichtenabkömmlinge und im übrigen sehr viel häufiger zum DGB als zur DAG tendieren.

70. Schusser, Beitrag, bes. S. 189 ff.

71. Ebd., S. 206, 214, 210 f., 190; Basisdaten, S. 107.

72. 81 % nach GDA, Lage, S. 70 (allerdings unter Einbezug eines nicht isolierbaren Anteils »gehobener Angestellter«).

zwischen Arbeitern und Angestellten war altersunabhängig.[73] Deutlich wird aus diesen Zahlen, daß erhebliche Bildungsdifferenzen zwischen Arbeitern und Angestellten, vor allem im Bereich der allgemeinen Bildung, jedenfalls bis in die späten 1960er Jahre weiterbestanden.[74]

6. Als 1956 das Bundeskabinett eine Novelle zur Altersversicherung verabschiedet hatte, die nach Meinung der DAG die Möglichkeit einer stufenweisen und später vollständigen Abschaffung der selbständigen *Angestellten-Versicherung* sowie »Nivellierungstendenzen« überhaupt erkennen ließ, ging die DAG mit einem Plakat an die Litfaßsäulen, das unter der Überschrift »Großalarm für uns alle!« folgendermaßen warnte: »Angestellte gibts nicht mehr, wenn das selbständige Arbeitsrecht beseitigt wird.«[75]

Die DAG hatte so unrecht nicht. Mangels besserer Kriterien definierten Sozialwissenschaftler in den 20er Jahren: »Angestellter ist, wer Angestelltenversicherungspflichtig ist«[76], und in der Tat gehört die sozial- und arbeitsrechtliche Kodifizierung des Arbeiter-Angestellten-Unterschieds, wie es indirekt auch die Kritik des oben[77] zitierten Arbeitsfront-Funktionärs bestätigt, in Deutschland zu den wichtigsten Absicherungen dieser sozialen Differenzierung.

In den ersten ein bis zwei Jahren nach der Niederlage blieben die Forderungen nach einer Rückkehr zum dualen Sozial- und Arbeitsrecht schwach. Führende Vertreter der entstehenden DAG, vor allem die ehemaligen AfA-Bund-Funktionäre Dörr und Erhard, sprachen sich 1946 für eine einheitliche Sozialversicherung aus.[78] Spätestens

73. Vgl. Schusser, Beitrag, S. 193 f.

74. Vgl. auch Schmidtchen, Lesekultur.

75. DAG-Tätigkeitsbericht, S. 125 f.

76. L. Heyde, Art. »Angestellte und Angestelltenbewegung«, in: Internationales Handwörterbuch des Gewerkschaftswesens, Bd. 1, Berlin 1931, S. 50; vgl. oben S. 134 ff. zum Angestelltenversicherungsgesetz.

77. S. 187.

78. Vgl. DAG-Post, Rundbrief für die Mitarbeiter und Mitglieder, als Manuskript gedruckt, Hamburg 1. 9. 1946, Nr. 16, in dem es heißt: »Die einheitliche Rentenversicherung und die einheitliche Unfallversicherung werden zwei der neuen Säulen der Sozialversicherung darstellen und auch in der Krankenversicherung wird mit der ungeheueren Vielzahl aufgeräumt werden müssen...« Andererseits gibt es sehr deutliche Hinweise auf unterschiedliche Positionen in der DAG bereits zu diesem Zeitpunkt. Vgl. U. Wichert, Probleme der gewerkschaftlichen Organisation der Angestellten in der britischen Zone 1945−1949, Staatsexamensarbeit Bochum 1977, S. 28, 30, 39.

seit 1947/48 änderte sich das aber. Nunmehr wurde der Kampf für die Restauration der rechtlichen Sonderstellung in all ihren Aspekten zum zentralen Thema der sich außerhalb des DGB konstituierenden DAG. Gegen mannigfaltigen Widerstand, vor allem von Seiten des DGB, der SPD und gegen Teile des Arbeitnehmerflügels der CDU wurde, nicht ohne Adenauers direkte Hilfe, bis etwa 1955 annähernd die alte rechtliche Situation – vor allem im Betriebsverfassungsgesetz,[79] in der Sozialversicherung und in der Krankenversicherung (Ersatzkassen) – wieder hergestellt.[80]

Dieses Stück bundesrepublikanischer Restauration, das den ökonomischen Interessen und Statusbedürfnissen der meisten Angestellten entsprochen haben dürfte, wurde im Grundsatz bis heute nicht revidiert. Die Novelle zum Betriebsverfassungsgesetz von 1971 und der Mitbestimmungskompromiß von 1976 haben die Gruppenwahl und sonstige die Majorisierung der Angestellten verhindernde Minderheitsrechte sogar noch einmal verstärkt.[81]

Doch andererseits finden wir seit den 1950er Jahren und erst recht seit den späten 1960er Jahren einen schleichenden Abbau der Angestellten-Sonderstellung in materiell-rechtlicher Hinsicht. Dies gilt etwa für die Einführung des Rechts auf Höher- und Weiterversicherung in der Invalidenversicherung vom 14.3.1951, die Neuregelung des Rechts der Arbeiter- und Angestelltenversicherung vom 1.1.1957 sowie die Rentengesetze desselben Jahres.[82] Das Gesetz zur wirt-

79. Das Betriebsverfassungsgesetz von 1952 hielt hinsichtlich der Berücksichtigung der Arbeiter-Angestellten-Differenz die Mitte zwischen dem Weimarer Betriebsräte-Gesetz und dem Arbeitsordnungs-Gesetz von 1934. Der noch im Weimarer Gesetz vorgesehene besondere Angestelltenrat fiel weg, während andererseits die Formel von der »angemessenen Vertretung« durch die bindende Vorschrift einer anteilsmäßigen Vertretung der Angestellten im Betriebsrat ersetzt wurde. Darüber hinaus wurden im Vergleich zum NS-Gesetz eine Reihe dem Minderheitsschutz dienende Bestimmungen eingeführt.

80. Die DAG wertete dies nicht ganz zu unrecht als ihren Erfolg. Vgl. DAG-Tätigkeitsbericht 1949, S. 25; ebd., 1950/51, S. 37, 47 ff. (zur Diskussion um das Betriebsrätegesetz); ebd., 1951–1954, S. 56 ff.; ebd., 1954–1957, S. 125 ff.

81. Vgl. dazu die Kritik von seiten des DGB: DGB-Grundsätze zur Praktizierung des Mitbestimmungsgesetzes 1976, in: Gewerkschaftliche Monatshefte, 28. Jg., 1977, S. 726–728.

82. Vgl. G. Grotkamp, Die Nivellierung im Deutschen Sozialrecht. Weitgehende Angleichung im Recht der Angestellten und Arbeiter, in: Arbeit und Sozialpolitik, 11. Jg., 1957, S. 92 ff.; allgemein: Th. Mayer-Maly, Arbeiter und

schaftlichen Sicherung der Arbeiter im Krankheitsfall von 1969/70, die Änderung des Kündigungsrechtes vom selben Jahr, die Aufhebung oder weitestgehende Hinausschiebung der Versicherungspflichtgrenzen und die Reform der Arbeitslosenversicherung von 1969 führten diese Entwicklung fort. Diese Gesetze bedeuteten große Schritte auf dem Weg zur Gleichstellung von Arbeitern und Angestellten in materiell-rechtlicher Hinsicht, und zwar, wie es scheint, ohne große Gegenwehr der organisierten Angestellten.[83] Offenbar stand für die Verteidigung traditioneller rechtlicher Unterschiede zwischen Arbeitern und Angestellten nicht mehr die geeignete politische Rhetorik zur Verfügung. Vielleicht erschien aber auch ihre Verteidigung selbst der DAG nicht mehr dringlich, zumal es sich durchweg um Zugewinne der Arbeiter, nicht um absolute Verluste der Angestellten handelte, und das in meist günstiger Konjunktur.

7. *Insgesamt* lassen sich also – mit Ausnahme der Bildungs- und Ausbildungsdimension – gewisse, begrenzt bleibende Tendenzen zur Verringerung des vieldimensionalen Arbeiter-Angestellten-Unterschieds feststellen, wobei gleichzeitig andere Differenzierungslinien – zwischen verschiedenen Angestelltenkategorien, aber auch zwischen verschiedenen Arbeiterkategorien – deutlicher geworden sein mögen. Die tendenzielle Einebnung des Arbeiter-Angestellten-Unterschieds setzte übrigens in allen bislang diskutierten Dimensionen Tendenzen der Jahrzehnte vor 1933 fort. Abgesehen von wichtigen sozialrechtlichen Dimensionen und abgesehen von der weiter unten genauer zu diskutierenden Verbandsentwicklung waren es offenbar nicht primär die Jahre des Dritten Reiches selbst, sondern die Jahrzehnte danach, die die geschilderten Reduktionen des Arbeiter-Angestellten-Unterschieds vor allem brachten. In der DDR – das sei nebenbei bemerkt – wurde dieser traditionelle Unterschied in allen diskutierten Dimensionen sehr viel radikaler und kurzfristiger eingeebnet[84] – was die

Angestellte, Wien/New York 1969; F. Teichmann, Die Angestellten im Arbeitsrecht, Hamburg 1965; K. Wahle u. a. (Hg.), Das Angestellten- und Arbeiterrecht, Wien 1963².

83. Es spricht für den hohen Grad der erreichten Annäherung, daß die DAG noch 1968 für den Ausbau der Lohnfortzahlung bei Arbeitern eintrat, freilich nicht ohne den Hintergedanken, damit die Angestelltenversicherung vor möglichen Belastungen zu bewahren. Vgl. Arbeit und Sozialpolitik, Jg. 22, 1968, S. 277.

84. Dazu G. Hass u. A. Leutwein, Die rechtliche und soziale Lage der Arbeitnehmer in der sowjetischen Besatzungszone, Bonn 1954.

DAG in den 50er und frühen 60er Jahren gern als Argument für die notwendige Zementierung der Angestellten-Sonderrechte in der Bundesrepublik benutzte.

8. Lief der beobachteten realen Nivellierung des Arbeiter-Angestellten-Unterschieds, so begrenzt ihr Ausmaß bisher auch erscheint, eine tendenzielle Angleichung der *Prestigeunterschiede* parallel? Wenig spricht dafür, daß der relative Prestigestatus der Angestellten in der unmittelbaren Nachkriegszeit deutlich geringer war als in den Jahren der Weimarer Republik, die im übrigen auch schon den »Maschinenangestellten« kannte. So wird berichtet, daß große Firmen nach 1945 den Entnazifizierungsbestimmungen genüge taten und belastete Angestellte entließen, sie aber zur selben Stunde als Arbeiter einstellten. Wenn diese so Degradierten eine Zeitlang für ihre Parteisünden gebüßt hatten, beförderte sie man wieder zu Angestellten.[85] 1952 hielten 59 % einer befragten Stichprobe dafür, daß ein Buchhalter mit 300 Mark im Monat in der Bevölkerung im allgemeinen mehr angesehen sei als ein Gießereiarbeiter mit 450 Mark im Monat.[86] K. V. Müller berichtete dagegen 1957 von Flüchtlingen aus der DDR, von denen nur ein knappes Fünftel – von den gelernten Arbeitern unter ihnen sogar noch weniger – auf Befragung einem schlechter bezahlten Angestelltenverhältnis vor einer besser bezahlten Arbeiterstellung den Vorrang gaben. Müller wertete dies als »eine beträchtliche Verschiebung der sozialen Werthaltung zwischen West und Ost«; es fehle im Osten wohl »eine rechte Vorstellung« vom Prestigegefälle zwischen Angestellten und Arbeitern, die es im Westen so ausgeprägt gebe.[87]

Für die Bundesrepublik der späteren Jahre zeigen vergleichbare Zahlen zunehmende Unsicherheit bei einer im übrigen weiterhin beobachtbaren Höherbewertung des schlechter bezahlten kaufmännischen Angestellten vor dem besser bezahlten Gießereiarbeiter.[88] Als

85. Vgl. Henze, Gleichstellung, S. 88.
86. Vgl. K. V. Müller, Angestellte, S. 26, 30: In den 50er Jahren wollten 34 % einer Auswahl befragter DEMAG-Arbeiter gern Angestellte werden, auch wenn sie dabei zunächst weniger verdienen würden; umgekehrt wollten nur 14 % der befragten kaufmännischen Angestellten und nur 2 % der befragten Konstrukteure Arbeiter werden, auch wenn sie dadurch mehr verdienen würden. Vgl. auch: Jahrbuch der öffentlichen Meinung 1947–1955, hg. v. E. Noelle u. E. P. Neumann, Allensbach 1956, S. 385.
87. K. V. Müller, Angestellte, S. 31 f.; zu weiteren Beispielen Henze, Gleichstellung, S. 85–87.
88. Vgl. K. V. Müller, Angestellte, S. 26 f., 30 f.; Jahrbuch der öffentlichen Meinung 1958–1964, Allensbach 1965, S. 367; Schusser, Beitrag, 110 f.

in den späten 60er Jahren eine Auswahl von industriellen Arbeitern und Angestellten nach dem relativen sozialen Ansehen von Arbeitern und Angestellten gefragt wurde, waren noch 54% der Arbeiter und 36% der Angestellten vom höheren sozialen Ansehen der Angestellten überzeugt, während 35% der Arbeiter und 43% der Angestellten meinten, es käme darauf an.[89] Es steht zu vermuten, daß solche Ergebnisse zusammen mit den häufigen Vorschlägen, den Unterschied zwischen Arbeitern und Angestellten rechtlich und personalpolitisch ganz aufzuheben, auf ein gewisses Abbröckeln des Prestigevorsprungs der Angestellten hinweisen sowie auf die im allgemeinen Bewußtsein zunehmende Bereitschaft zur Differenzierung der beiden Sammelbegriffe und damit auf die abnehmende Bedeutung der Kragenlinie an sich bei der Verteilung des sozialen Ansehens.[90]

Gewerkschaftliche Organisation der Angestellten nach 1945: ein Neuansatz

AUF ETWAS SICHEREM GEBIET bewegt man sich bei einer Analyse der Angestellten-Gewerkschaftsentwicklung. Die Verbände interessieren hier vor allem, insofern ihre Entwicklung über sozialstrukturelle und sozialpsychologische Veränderungen in den unteren und mittleren Rängen der Angestelltenschaft Aufschluß geben kann; sie interessieren zugleich als Faktoren, die, einmal etabliert, auf das Verhalten und das Bewußtsein ihrer tatsächlichen und potentiellen Mitglieder einwirken. Welches sind die Kontinuitäten und welches die Diskontinuitäten der Angestellten-Gewerkschaftsentwicklung der Nachkriegszeit gegenüber Weimarer Republik und Drittem Reich?

Nach 1945 gab es keine ernsthaften Bemühungen, die politische Drei-Gliederung der Gewerkschaftsbewegung, wie sie für die Weima-

---

89. Ebd., S. 296.

90. In dieselbe Richtung deuten auch die sich häufenden Versuche einzelner Unternehmen, trotz praktischer Schwierigkeiten, die sich beim »Überbauen« des geltenden Arbeits- und Sozialrechts ergeben, den Arbeiter-Angestellten-Unterschied betriebsintern zu beseitigen. Vgl. z.B. H. Bößenecker, Abschied vom Arbeiter. Die Gleichstellung aller Beschäftigten stößt bei Siemens auf Schwierigkeiten, in: Die Zeit, 10.12.1971, S. 46; H. Friederichs, Vom Arbeiter zum Angestellten. Die Angleichung in der Praxis, in: Arbeit und Sozialpolitik, Jg. 20, 1966, S. 202–205.

rer Republik kennzeichnend gewesen war, zu beleben. An verschiedenen Orten, so in Hamburg bereits ab Juni 1945, bildeten sich lokale, bald regionale Angestellten-Gewerkschaften, in denen sich Funktionäre der drei Richtungsgewerkschaften – soweit sie nicht zu sehr belastet waren – zusammenfanden, und zwar eindeutig auf die Initiative und unter der Führung der am wenigsten korrumpierten alten AfA-Mitglieder wie etwa Wilhelm Dörr und Max Ehrhardt. Auch in der »Basis« der neugegründeten Gewerkschaftsorganisationen überwogen jedenfalls im Hamburger Fall zunächst die ehemaligen AfA-Mitglieder.[91] Aus diesen Gruppen entstand bis 1947 die DAG. Die Not dieser Jahre, die gemeinsame Erfahrung von Unterdrückung, das Erlebnis der Katastrophe, die gemeinsamen Beschränkungen durch die Militärregierungen, ein verbreitetes Gefühl des Neuanfangs und des Aufbruchs sowie Parallelentwicklungen in den Arbeitergewerkschaften machten die Angestellten-Einheitsgewerkschaft unter Aufhebung der alten politischen Trennung zwar nicht zur Selbstverständlichkeit, aber doch zum Gebot der Stunde – ein Beispiel für die entdifferenzierende, alte Unterschiede einebnende Wirkung von Diktatur, Krieg und Zusammenbruch. Als nach dem Ende der unmittelbaren Nachkriegszeit, 1950, ehemalige DHV-Mitglieder, die in der DAG nicht zum Zuge kommen waren, ihren alten Verband in nur leicht modernisierter Form als selbständige Richtungsgewerkschaft wieder aufzubauen versuchten, kamen sie nicht weit – trotz mancher Sympathien aus dem Regierungslager (Gerstenmeier z.B.). Der »Deutsche Handels- und Industrieangestellten-Verband« (DHV) schien zwar in den frühen 50er Jahren einen Aufschwung zu erleben, er vegetiert aber seitdem mit kleiner stagnierender Mitgliederzahl dahin.[92] Die verän-

91. Unter den frühen Hamburger DAG-Mitgliedern gehörten rund die Hälfte bereits Weimarer Angestellten-Verbänden an, und davon zwei Drittel dem AfA-Bund. Vgl. Wichert, Probleme, S. 25. Es spricht jedoch viel dafür, daß die Rechtswendung der DAG, die auf ihrem außerordentlichen Gewerkschaftstag in Bielefeld (21./22. Mai 1948) zutage trat, als die sozialdemokratische Führung nur noch mit Mühe die eigenen Kandidaten für den Vorstand durchsetzen konnte, mit dem zwischenzeitlichen Einströmen ehemaliger Mitglieder und Funktionäre der bürgerlichen Angestelltenverbände zu tun hatte.
92. Der Ausgang der Sozialwahlen des Jahres 1953, hierin nicht unähnlich dem Rechtsruck in der Angestelltenschaft nach 1923, der 1927 zu vergleichbaren Wahlergebnissen führte, schien einen Wiederaufstieg des DHV anzukündigen. Vgl. »Absage der Angestellten an den DGB«, in: Arbeitgeber, 1.6.1953, S. 457f. Zum Wahlausgang 1927: Soziale Praxis, Jg. 37, 1928, S. 398–400. Vgl. Tab. 2, S. 213 zur Mitgliederentwicklung.

derte Parteienstruktur, eine gewisse Pragmatisierung der Gewerkschaftsarbeit, wohl auch das Schwergewicht der nun einmal etablierten
Organisationen und institutionellen Regelungen machten eben auch
nach dem Verblassen der unmittelbaren Nachkriegsstimmungen und
nach dem Abbau hinderlicher Verbote und Einschränkungen die Restauration der Richtungsgewerkschaften schwierig.

Auch in organisatorischer Hinsicht war die DAG Einheitsgewerk-
schaft: indem sie sich wie der frühere GDA, aber im Unterschied zu
AfA und Gedag der Weimarer Zeit, nicht in berufsständische Unter-
verbände – also etwa in Verbände der Kaufmännischen Angestellten,
der Werkmeister und der Techniker – gliederte, sondern die Berufe
gemeinsam umschloß, trotz einiger Ausnahmen und trotz einer inner-
verbandlichen Untergliederung in Berufsgruppen, die zunehmend von
einer Organisationsstruktur auf Bezirks- und Betriebsbasis überlagert
wurde. Hierin spiegelt sich die Bedeutungsabnahme der traditionellen
berufsständischen Unterschiede, die durch die Erfahrungen 1933 bis
1945 möglicherweise gefördert worden ist.[93]

Bis 1933 hatte eine scharfe organisatorische Trennung zwischen
Arbeiter- und Angestelltengewerkschaften bestanden, bei Koopera-
tionsbeziehungen zwischen den jeweils politisch nahestehenden, aber
selbständig bleibenden Arbeiter- und Angestellten-Föderationen.
Daß dies selbst für das linke Lager – AfA und ADGB – galt, wirft ein
Licht auf die scharfe Ausprägung der Kragenlinie in Deutschland, die
oben betont wurde. Die DAF faßte, wie ausgeführt, die »Arbeiter der
Stirn und Faust« in einer gemeinsamen Dachorganisation zusammen.
Erst recht nach 1945 und sicher zum großen Teil als Folge der Erfahrungen 1933–1945 wurde diese ehemals so scharfe Grenzziehung an
mehreren Stellen durchbrochen, wenn sie auch nicht völlig aufgeho-
ben wurde. Drei Phasen sind in der Geschichte des Verhältnisses von
Arbeitergewerkschaften und Angestelltengewerkschaften zu unter-

93. So klagte die Berufsgruppe der Kaufmännischen Angestellten in der
DAG Mitte der 50er Jahre: »Die außerordentliche Verzweigung der kaufmännischen Berufstätigkeit, die in der modernen Entwicklung der Bürotechnik begründet ist, hat das Zusammengehörigkeitsbewußtsein der Kaufmännischen
Angestellten vielfach zerstört, zumindest aber sehr stark geschwächt. Die Aus-
löschung der Gewerkschaftsarbeit in den hinter uns liegenden ›tausend Jahren‹
hat dieses Zerstörungswerk entscheidend gefördert. Deshalb ist es nicht immer
leicht, in den örtlichen Gliederungen der Berufsgruppe dieses Gefühl der Zu-
sammengehörigkeit stets wachzuhalten und zu steigern.« DAG-Tätigkeitsbericht 1954–57, Hamburg 1957, S. 165 f.

scheiden: 1. die Frühphase 1945–1949; 2. die Phase von 1949 bis Mitte der 50er Jahre; 3. die Entwicklung seitdem.[94]

1. Die ersten Jahre nach Kriegsende kennzeichnete ein immer schärferer Organisationskonflikt: Auf der einen Seite finden wir die entstehenden Industrieverbände des sich bildenden DGB, die im Unterschied zu Weimar die Angestellten ihrer jeweiligen Bereiche organisatorisch einzubeziehen versuchten. Auf der anderen Seite stand die sich bildende Angestellten-Einheitsgewerkschaft DAG,[95] die einer Verteilung der Angestellten auf die Industrieverbände widersprach, aber – im Unterschied zu Weimar – als Angestelltengewerkschaft im DGB wirken wollte, auf die Solidarität aller Arbeitnehmer größten Wert legte[96] und sich auch gesellschaftspolitisch vom entstehenden DGB zunächst kaum unterschied. Die regional verschiedenen Bewegungen, Schachzüge, Konflikte und Kompromißversuche dieser Jahre sind hier nicht darzustellen, doch 1948 waren die Würfel im Grund gegen einen Arbeiter- und Angestelltenorganisationen gemeinsam umschließenden Dachverband gefallen. Die DAG entwickelte sich nun außerhalb des DGB, und dessen Industrieverbände betrieben weiterhin die Organisation der Angestellten in ihren jeweiligen Bereichen.

94. Hinweise auf Phasen im Verhältnis von DAG und DGB auch bei R. Breitling, Die Verbände der Bundesrepublik Deutschland, Meisenheim 1955, S. 27–30 (auch zu Spannungen zwischen ehemaligen AfA-Bund- und ehemaligen DHV-Funktionären).

95. Die DAG entstand bei der Fusion einer von Kommunisten und Sozialdemokraten (unter ihnen ehemalige Funktionäre des freigewerkschaftlichen Zentralverbands der Angestellten) unmittelbar nach Kriegsende in Hamburg gegründeten »Sozialistischen Freien Gewerkschaft« (S.F.G.) und einer von »rechtssozialdemokratischen, antikommunistischen, hauptamtlichen Gewerkschaftsfunktionären um Franz Spliedt« (Wichert, Probleme, S. 23) ins Leben gerufenen Gegenorganisation. Gegen die straff zentralisierte, nach dem Industrieverbandsprinzip aufgebaute S.F.G. setzte sich die Gruppe um Spliedt mit Hilfe der auf Selbstverwaltung und demokratischen Neuaufbau von unten eingeschworenen britischen Besatzungsbehörden durch. In der neuentstandenen »Freien Gewerkschaft Hamburg« bildete die Deutsche Angestelltengewerkschaft (DAG) den selbständigen Angestelltenverband. Vgl. auch J.H. Hennecke, Die deutsche Angestelltengewerkschaft 1949–1969, Dipl. arb. (Fachbereich Wirtschaftswissenschaften) Tübingen 1971.

96. Belege für die Bereitschaft der führenden DAG-Funktionäre zur Arbeit innerhalb des entstehenden DGB, in: Protokoll der Gewerkschaftskonferenz der britischen Zone vom 21.–23.8.1946 in Bielefeld, Bielefeld 1946, S. 46, 55.

1948 waren in der Britischen Zone 145000 Angestellte in der DAG und 243000 Angestellte in verschiedenen Industrieverbänden des DGB organisiert.[97]

Nur eine genaue Untersuchung der verwirrenden Entscheidungsprozesse in der sich neuformierenden Gewerkschaftsbewegung könnte eindeutig zeigen, warum es nicht zu der an sich wohl möglichen Alternative – Entwicklung der DAG im DGB – gekommen ist. Organisatorische Konflikte sind es, die die Akten ausfüllen,[98] kaum dagegen Konflikte über politische und ideologische Fragen, wenn auch ein gewisses Mißtrauen in DGB-Kreisen gegenüber den ehemaligen DHV-Mitgliedern in dieser neuen DAG eine gewisse Rolle gespielt haben mag.[99] Die ständigen Organisationsstreitigkeiten in den Betrieben vergifteten die Atmosphäre. Starke, selbstsichere und schnell wachsende Industrieverbände drängten die nicht einige, z.T. kompromißbereite DGB-Spitze schließlich zu einer harten Alles-oder-Nichts-Politik gegenüber der DAG,[100] der schließlich nur die Wahl blieb zwischen weitgehender Selbstauflösung in die Industrieverbände hinein oder Konstituierung als separate Spitzenorganisation. Die spontanen Zusammenschlüsse von lokalen Angestelltengewerkschaften nach 1945 und die Weigerung der zu diesem Zeitpunkt durchaus nicht rechtsgerichteten DAG-Führung, die Organisation der Angestellten weitestgehend den Industrieverbänden zu überlassen, in denen dann die Angestellten notwendig Minderheiten dargestellt hätten, zeigen deutlich, daß so etwas wie ein Angestellten-Sonderbewußtsein und vor allem Angestellten-Sonderinteressen – die explizit an den einmal errungenen, teilweise gesetzlich festgelegten Sonderrechten

97. Die Gewerkschaftsbewegung in der britischen Zone. Geschäftsbericht ... 1947–49, S. 527.

98. Akut wurden diese Konflikte besonders, nachdem im Oktober 1946 überregionale Zusammenschlüsse der bis dahin meist lokalen Neugründungen von der Militärregierung genehmigt wurden. Die politischen Gemeinsamkeiten zwischen den in diesem Augenblick noch die DAG führenden Sozialdemokraten und der Gruppe um Böckler im DGB erwiesen sich als stark genug, um ein vorläufiges Stillhalteabkommen zu erreichen (Nienburger Abkommen vom 4.12.1946).

99. Ein Beispiel hierfür war der Auftritt des aus dem DHV kommenden Mitglieds der DAG-Geschäftsführung, H. Sube, auf der ersten gemeinsamen Zonenkonferenz vom 12.–14.3.1946 in Hannover-Linden; er setzte sich für eine selbständige Angestellten-Versicherung ein. Vgl. Wichert, Probleme, S. 51 f.

100. Vgl. Bielefelder Protokoll vom August 1946, S. 72 f.

anknüpften und verständlicherweise auf deren Einebnung keinen Wert legten – durchaus weiterbestanden, bei aller neuen Bereitschaft, enger als bisher mit den Arbeitergewerkschaften zusammenzuarbeiten und zum Teil sogar sich in ihnen zu organisieren.

In der Tat war die Tradition des Arbeiter-Angestellten-Unterschieds 1945 noch zu stark, als daß eine konsequente Einbeziehung der Angestellten in eine rein industrieverbandlich organisierte Gewerkschaftsbewegung möglich gewesen wäre, und der DGB verkalkulierte sich mit dieser Forderung. Nur mit Zwang wäre das möglich gewesen, wie die gleichzeitige Entwicklung in der SBZ es demonstrierte, und selbst dort wurden den Angestellten innerhalb des FDGB vorübergehend Zugeständnisse gemacht.[101]

2. Seit 1949 bis zur Mitte der 50er Jahre wurde der bis dahin fast nur in Organisationskategorien ausgetragene Gegensatz zwischen DAG und DGB zunehmend ideologisch überformt. Dies war die Phase, in der die DAG sich mühsam, mit der Unterstützung der neuen Bonner Machtkonstellation, als gleichberechtigte Spitzenorganisation etablierte. Dies war auch die Phase, in der die Wiederfestschreibung der traditionellen rechtlichen Sonderstellung der Angestellten wenigstens größtenteils gelang, während die alten AfA-Leute in der DAG-Spitze nun an Einfluß verloren. Defensiv-mittelständische Töne wurden in den DAG-Stellungnahmen deutlicher,[102] man kämpfte jetzt wieder gegen »Nivellierung«, »Unterbewertung der geistigen Arbeit« u. ä. Doch blieb dies im Vergleich zur Zeit vor 1933 schwach. Mittelständische Rhetorik fehlte auch nicht ganz in den Regierungserklärungen jener Zeit.[103] Die DAG wuchs schneller als der Angestelltenanteil der DGB-Gewerkschaften (vgl. Tab. 2). Und 1953 gewann die DAG, die weiterhin absolut weniger Angestellte organisierte als die DGB-Gewerkschaften zusammen, einen den DGB überraschenden und der DAG großen Auftrieb gebenden Sieg bei den Sozialwahlen (AVG);[104] im Wahlkampf hatte die DAG ihr Eintreten für eine eigenständige Angestellten-Sozialversicherung und ihren Kampf gegen die Nivellierung des Arbeiter-Angestellten-Unterschieds in den Vordergrund gestellt. Diese tendenzielle Wiederverstärkung alter Fronten, die gleichwohl bei weitem nicht mehr so starr wurden, wie vor 1933,

101. Hinweise von Dörr, ebd., S. 65.
102. Dies auf der Basis einer Durchsicht der Tätigkeitsberichte und Verbandstags-Protokolle der DAG.
103. DAG-Bericht 1954–57, S. 17.
104. Beleg in Anm. 92.

Tabelle 2
Die Mitgliederbewegung in den Angestelltengewerkschaften
(1951–1979)

Jahr	DGB	DAG (Mitglieder)	DHV	DGB	DAG (in %)	DHV
1951	626 998	343 500	?			
1952	647 632	360 388	?			
1953	645 201	384 365	20 153	61,5	36,6	1,9
1954	641 001	406 473	25 865	59,7	37,9	2,4
1955	642 340	420 540	32 312	58,7	38,4	3,0
1956	648 469	431 483	44 529	57,7	38,4	4,0
1957	675 213	437 068	48 221	58,2	37,7	4.2
1958	690 724	438 142	52 035	58,5	37,1	4,4
1959	691 476	440 011	53 485	58,4	37,1	4,5
1960	721 658	450 417	55 318	58,8	36,7	4.5
1961	724 200	461 513	58 163	58,2	37,1	4,7
1962	756 767	471 902	60 132	58,7	36,6	4,7
1963	767 110	479 457	61 051	58,7	36,7	4,7
1964	789 829	475 415	61 838	59,5	35,8	4,7
1965	835 202	475 561	62 653	60,8	34,6	4,6
1966	861 160	477 982	62 871	61,4	34,1	4,5
1967	878 982	481 286	62 897	61,8	33,8	4,4
1968	896 492	471 147	62 474	62,7	32,9	4,4
1969	930 233	467 796	61 138	63,8	32,1	4,2
1970	986 112	461 291	60 132	65,4	30,6	4,0
1971	1 065 550	469 932	60 341	66,8	29,4	3,8
1972	1 140 803	468 880	60 116	68,3	28,1	3,6
1973	1 206 152	463 370	60 312	69,7	26,8	3,5
1974	1 313 586	472 035	60 228	71,2	25,6	3,3
1975	1 381 774	470 446	60 427	72,2	24,6	3,1
1976	1 435 724	471 840	60 720	72,9	24,0	3,1
1977	1 483 241	473 405	60 972	73,5	23,5	3,0
1978	1 548 947	481 628	61 174	74,0	23,0	3,0
1979	1 609 960	487 743	61 414	74,6	22,6	2,8

Quelle: Statistisches Jahrbuch für die Bundesrepublik Deutschland

wäre vielleicht ausgeblieben, wenn sich die DAG als Angestelltengewerkschaft im DGB hätte entwickeln können.

3. Seit der zweiten Hälfte der 50er Jahre sind im Verhältnis von DAG und DGB wie auch in der Mitgliederentwicklung beider Ge-

werkschaften Veränderungen zu erkennen, die Hinweise darauf geben, daß der Arbeiter-Angestellten-Unterschied in mehrfacher Hinsicht für die Angestellten-Organisationen wie auch für Teile der Angestelltenschaft selbst an Relevanz für Orientierung und Verhalten verlor.

Zum einen hörte jetzt die DAG auf, schneller zu wachsen als die Zahl der im DGB organisierten Angestellten; seit Mitte der 1960er Jahre nimmt die Zahl der in DGB-Gewerkschaften organisierten Angestellten bedeutend schneller zu als die Mitgliedschaft der DAG (s. Tab. 2). Diese Verschiebung weist auf die abnehmende Bedeutung des traditionellen anti-proletarischen Absetzungsstrebens für das Organisationsverhalten vieler Angestellter hin, vor allem der technischen Angestellten; denn im DGB sind vor allem technische Angestellte, daneben Werkmeister, Betriebsangestellte und Angestellte öffentlicher Verwaltungen organisiert, weniger die kaufmännischen Angestellten, die Bankangestellten und die Verwaltungsangestellten der privaten Unternehmen. Diese überwiegen in der DAG (s. die Tabellen 3 u. 4). Während die Zahl der Techniker in der DAG stagniert, erzielt der DGB bei diesen außerordentlich hohe Organisationserfolge. Noch 1953 lag der Anteil der technischen Angestellten an der Gesamtzahl aller in den DGB-Gewerkschaften organisierten Angestellten bei nur 22%, während er inzwischen die 50%-Marke überschritten haben dürfte.[105]

Nur im Ausmaß sind dies neue Phänomene; denn auch vor 1933 waren auf dem linken Flügel der organisierten Angestellten die (unteren und mittleren) Techniker, auf ihrem rechten Flügel die kaufmännischen Angestellten stärker vertreten. Ständische Traditionen, Erwartungen und Verhaltensweisen sowie damit verbundene antiproletarische Absetzungsbemühungen waren unter den unteren und mittleren

105. Dieser Befund harmoniert mit einigen Ergebnissen der jüngeren Literatur über die »Neue Arbeiterklasse«, die meist Kaufmännische, Bank- und allgemeine Verwaltungsangestellte nicht behandelt, sondern sich auf der Techniker und Ingenieure konzentriert und deren Bereitschaft zum gewerkschaftlichen bzw. politisch »linken« Engagement betont (vielleicht überbetont). Vgl. die Literaturberichte von G. Ross, Marxism and the New Middle Classes, in: Theory and Society, Bd. 5, März 1978, S. 163–190; H. Siegrist, Angestellte, technisch-wissenschaftliche Intelligenz und Arbeiterklasse, in: Neue Politische Literatur, Jg. 23, 1978, S. 367–380; Beckenbach u. a., Ingenieure; Fehrmann u. Metzner, Angestellte, S. 148 ff.; sowie die im Auftrag des DGB vorgenommene und als Broschüre publizierte Erhebung: »Angestelltenbewußtsein« (Mai 1976), S. 15.

Tabelle 3
Die Entwicklung der Mitgliedsstruktur der
Deutschen Angestelltengewerkschaft (DAG), 1951–1979

Jahr	Kaufmännische Angestellte	Banken u. Sparkassen	Techniker u. Beamte	Werk-meister
1951	148400	22200	37200	28100
1957	189259	29700	53335	32250
1960	192642	32467	59868	32445
1963	197748	37373	62967	32743
1964	194504	36816	62797	32122
1965	195781	38100	62108	31348
1966	195209	38565	62957	30726
1967	194484	40083	63579	29767
1968	188027	39282	63193	28722
1969	184263	40049	63574	27606
1970	181010	41607	63990	26598
1971	176947	46001	63820	25320
1972	176712	45672	65053	24184
1973	174477	45348	64101	22606
1974	176049	46424	63600	21825
1975	176346	45350	62234	20216
1976	177341	44205	60304	18831
1977	183651	43831	58583	17908
1978	190340	43477	57747	17125
1979	199745	43646	583569	16683

Quelle: wie Tabelle 2.

Tabelle 4
Technische Angestellte im DGB (Privatindustrie u. öffentl. Dienst)

Jahr	Angestellte insges. im DGB (in Tsd.)	davon technische Angestellte (einschl. Werkmeister) (in Tsd.)	Anteil der technischen Angestellten an der Gesamtheit der im DGB organisierten Angestellen (in v. H.)
1950	571	124	22
1953	648	146	22
1956	648	230	35
1970	986	370	37
1971	1000	490	49

Quelle: Schätzungen aufgrund von Angaben des DGB, zit. b. N. Beckenbach
u. a., Ingenieure und Techniker in der Industrie, Frankf./M.-Köln 1975, S. 29.

Tabelle 5: Angestellte im Deutschen Gewerkschaftsbund 1951–1979

Gewerkschaft	1951			1979		
	Insgesamt	ml.	wl.	Insgesamt	ml.	wl.
Bau, Steine, Erden	17297	16079	1218	45784	39240	6544
Bergbau und Energie	40682	37861	2821	46369	41309	6060
Chemie, Papier, Keramik	39206	30990	8216	119810	89416	30394
Druck und Papier	7582	5585	1997	22210	15061	7149
Eisenbahner Deutschlands	2770	2420	355	8870	4600	4270
Erziehung und Wissenschaft	8314	3574	4740	35361	13155	22206
Gartenbau, Land- und Forstwirtschaft	1830	1618	212	2795	2399	396
Handel, Banken u. Versicherungen	61955	26126	35829	282863	120401	162462
Holz und Kunststoff	4550	3766	784	10215	7877	2338
Kunst	37889	28862	9027	44113	36809	7304
Leder	2973	2059	914	3407	2458	949
Metall	105776	87888	17888	399643	295427	104216
Nahrung, Genuß, Gaststätten	21605	11652	9953	48381	28015	20366
Öffentliche Dienste	226117	164992	61125	469914	278926	190988
Polizei	–	–	–	12347	6708	5639
Post	34395	15837	18558	31137	8974	22163
Textil-Bekleidung	14057	10761	3296	26741	16254	10487
Insgesamt	626998	450070	176928	1609960	1007029	602931

Quelle: Statistisches Jahrbuch für die Bundesrepublik 1952 und 1980.

Technikern nie so verwurzelt gewesen wie unter den »Handlungsgehilfen«. Die absolute und proportionale Zunahme von Arbeiterkindern und ehemaligen Arbeitern bzw. Arbeiterinnen unter den Technikern; die fortschreitende Akademisierung der oberen und mittleren
Ingenieurstellen und die damit verbundene Blockierung von Auf-
stiegswegen für Nicht-Akademiker; die zunehmende, Stellungswechsel erschwerende Spezialisierung und die oben erwähnten Veränderungen im Sacharbeiter-Bereich mögen die Neigung zum konsequent
gewerkschaftlichen Verhalten in dieser schnell wachsenden Gruppe in
den letzten Jahrzehnten weiter erhöht haben.[106]

Zum andern nahmen aber auch in der DAG die defensiv-mittel-
ständischen Töne der frühen 50er Jahre immer mehr ab. Soweit sich
die DAG als Organisation eines durch Abstieg bedrohten Mittelstandes dargestellt und verhalten hatte, verlor sich das allmählich; die
Rhetorik wurde optimistischer, man gab sich als Vertretung einer an
Zahl und Bedeutung schnell wachsenden, dynamischen, aufsteigenden Leistungsschicht, der die Zukunft gehöre. Die DAG-Führung
rückte wieder näher an die SPD heran, man betrieb Annäherungsver-
suche gegenüber dem DGB, ohne allerdings, wie dieser es wollte, die
eigene Selbständigkeit zum Verhandlungsgegenstand zu machen.
Zwar gab und gibt es Unterschiede zwischen der DGB- und der
DAG-Politik: Die DAG zeigt mehr Zurückhaltung bei der Inan-
spruchnahme des Rechts auf allgemeine politische Stellungnahmen
und lehnt den politischen Streik grundsätzlicher ab; früher, stärker
und offener als der DGB erwärmte sie sich für die »Sozialpartner-
schaft«, und von klassenkämpferischer Rhetorik blieb sie auch in den
späten 60er und frühen 70er Jahren konsequenter entfernt als der
DGB; die DAG unterstützte die europäische Einigung früher als der
DGB und propagierte die Beteiligung am Produktivvermögen als einen Weg zur Demokratisierung der Wirtschaft früher und deutlicher
als der DGB. Die DAG vermeidet fast durchweg den Streik, und sie
steht aller nivellierenden Tarifpolitik feindlicher gegenüber als die
DGB-Gewerkschaften. – Im übrigen überwiegen aber die gesell-

---

106. Der Anteil der Frauen an den in DGB und DAG organisierten Angestellten betrug 1979 gleichmäßig 37 % (mit steigender Tendenz). 1951 betrug
der Frauenanteil an den im DGB organisierten Angestellten 28 %, an den
DAG-Angestellten 31 %. Gerade in den letzten Jahren resultierte die Zunahme der Angestellten im DGB überdurchschnittlich stark aus Beitritten von
Frauen. Vgl. oben S. 216 Tabelle 5. Dagegen wächst der Frauenanteil in der
DAG in den letzten Jahren langsamer.

schafts- und wirtschaftspolitischen Gemeinsamkeiten zwischen DAG und DGB, die an dieser Stelle nicht aufgezählt werden können. Manches spricht dafür, daß die gesellschaftspolitischen Differenzen innerhalb des DGB größer sind als zwischen einzelnen DGB-Verbänden und der DAG.[107]

Allerdings zeichnen sich in den letzten Jahren wieder stärkere Spannungen zwischen DGB-Verbänden und DAG ab, deren Bedeutung noch schwer zu beurteilen ist. Teilweise dürften sie mit der Krise der Mitgliederentwicklung der DAG, der erfolgreichen Angestellten-Werbekampagne auf Seiten des DGB und der organisationspolitischen Konkurrenz der beiden Organisationen überhaupt zusammenhängen. Zum Teil scheinen aber auch inhaltliche Divergenzen wieder eine stärkere Rolle zu spielen, etwa um die von DGB-Verbänden wie der ÖTV geforderten Sockelbeträge, die von der DAG als nivellierend und leistungsfeindlich abgelehnt werden, zumal sie den in der DAG stärker vertretenen älteren Angestellten ohnehin weniger nützlich sind.[108] Bisher bringt das der DAG jedenfalls keinen größeren Erfolg in der Mitgliederwerbung ein. Doch bleibt die Entwicklung abzuwarten. Festzuhalten ist:

107. Vgl. H.-P. Marchal, Gesellschaftsbild und Selbstverständnis westdeutscher Gewerkschaften, Bonn 1972, S. 90; sowie die Materialzusammenstellung in: Dpa-Hintergrund, Archiv- und Informationsmaterial hg. v. der Dpa-Hamburg, Dpa-Archiv/HG 2636 vom 29. 12. 1976.

108. 1976 zerbrach die bis dahin zwischen ÖTV und DAG bestehende Verhandlungsgemeinschaft, in der man gemeinsam den Arbeitgebern des öffentlichen Dienstes gegenübergetreten war. Der von der ÖTV in der Öffentlichkeit genannte Anlaß war ein vorher gefaßter Beschluß des DAG-Kongresses, keine gemeinsamen Tarifverträge für Angestellte und Arbeiter abschließen zu wollen. – Die DAG reagierte, indem sie zusammen mit dem Verband der angestellten Ärzte Deutschlands (Marburger Bund) und einer Reihe anderer kleinerer Gewerkschaften und Verbände die »Tarifgemeinschaft für Angestellte im öffentlichen Dienst« einging, die nur Angestellte vertritt. Vgl. B. Keller, Am Festbetrag scheiden sich die Gewerkschaftsgeister, in: Frankfurter Rundschau Nr. 54, 4. 3. 1980, S. 10–11. – Der DAG-Politik widerspricht es, wenn der 2. Vorsitzende der IG Druck und Papier feststellt: »Wir brauchen Strukturen, die langfristig die immer noch bestehenden, immer noch von den Arbeitgebern als Herrschaftsinstrument benutzten Unterschiede zwischen Arbeitern und Angestellten aufheben.« (Nach Frankfurter Allgemeine Zeitung v. 14. 10. 1980). – Vgl. dagegen zu Gerüchten über erneute enge Kontakte zwischen der DGB- und der DAG-Spitze: E. Martens, Flirt der Funktionäre, in: Die Zeit Nr. 38 v. 12. 9. 1980, S. 15f.

a) In der Bundesrepublik hat sich im Gegensatz zu Weimar trotz bemerkbarer Tendenzen zur Nivellierung des Arbeiter-Angestellten-Unterschieds keine organisierte antiproletarische, antisozialistische, mittelständisch-rechtsgerichtete Angestelltenbewegung herausgebildet; der Versuch des DHV ist gescheitert; entsprechende zeitweilige Tendenzen in der DAG nahmen ab.

b) Die scharfe Trennung und Unterscheidung zwischen Arbeitern und Angestellten auf gewerkschaftlich-organisatorischem Gebiet, wie sie bis 1933 typisch war, hat sich etwas verflüssigt. Angestellte und Arbeiter gehören erstmals und zunehmend zu ein und denselben Organisationen; soweit die Trennung in verschiedene Verbände aufrecht erhalten worden ist, sind die Arbeitergewerkschaften und die Angestelltengewerkschaft in Ideologie, Politik und Aktionen einander ähnlicher geworden, wobei diese Annäherung sowohl Veränderungen auf der Angestelltenseite wie Veränderungen auf der Arbeiterseite zu verdanken ist.

c) Doch kann von einer völligen Aufhebung des Arbeiter-Angestellten-Unterschieds auch auf organisatorischem Gebiet nicht die Rede sein. Angesichts verschiedenartiger, z.T. rechtlich verfestigter Traditionen und Arbeitsbedingungen liegen hinter diesen verbleibenden Organisationsunterschieden nicht nur überständige, gewissermaßen irrationale Mentalitätsunterschiede, sondern auch klar identifizierbare Interessenunterschiede. Deren Austragung erfuhr jedoch im Unterschied zur Weimarer Republik kaum politisch-ideologische Überformung. Dies erklärt sich zweifellos nur zum Teil aus den Veränderungen in der Angestelltenschaft selbst, zum Teil auch aus Wandlungen im Parteiensystem, aus der Milderung der Klassenspannungen und aus gewissen Lockerungen der im Reich noch engeren Verknüpfung zwischen Sozialgruppen- und Interessenstruktur einerseits und politischer Konstellation andererseits.[109]

d) Was die Verbandsentwicklung angeht, wird man der Phase von 1933 bis 1945 zubilligen müssen, daß sie traditionelle Differenzierungen einzuebnen tendierte und gewisse überständige Traditionen zerstörte, die einer einheitlichen Arbeitnehmerbewegung entgegenstanden. In den späten 40er und frühen 50er Jahren ist, nicht unähnlich der Entwicklung in der frühen Weimarer Republik, eine partielle Restau-

109. Vgl. M. R. Lepsius, Sozialstruktur und soziale Schichtung in der Bundesrepublik Deutschland, in: R. Löwenthal u. H. P. Schwarz (Hg.), Die zweite Republik, Stuttgart 1974, S. 263–288, bes. S. 281 ff. zum »Grad der Versäulung«, der in der Bundesrepublik zweifellos schwächer ist als vor 1933.

ration beobachtbar, die jedoch anders als in Weimar seit der zweiten Hälfte der 1950er Jahre von Tendenzen abgelöst wurde, die den traditionellen Arbeiter-Angestellten-Unterschied weiter an Bedeutung verlieren ließen.

Die Aussagekraft dieser Ergebnisse ist jedoch begrenzt, und dies hängt mit einer weiteren Diskontinuität zusammen, die auf verbandsgeschichtlichem Gebiet zu beobachten ist, nämlich mit dem Absinken des Organisationsgrades der Angestellten von Weimar zur Bundesrepublik (s. Tabelle 6). Am Ende der Weimarer Republik waren ca. 35% aller deutschen Angestellten verbandlich organisiert, aber nur 12 bis 13% im linken AfA-Bund, die Mehrheit in »mittelständischen« Verbänden, die auf klare Absetzung von der Arbeiterschaft Wert legten. 1953 betrug der Organisationsgrad der Angestellten dagegen nur noch 28% und er fiel bis 1970 auf 19%, d.h. auf fast die Hälfte des Standes von 1932.[110] Diese 19% aber waren fast alle – bis auf das knappe Prozent, das dem DHV angehörte – im DGB und in der DAG organisiert, die man beide nicht als »mittelständisch« im Sinne des GdA und der Gedag bezeichnen kann.

Hier zeigt sich ein ganz wichtiger Unterschied zur Weimarer Republik. Wie man an dem Vergleich der 12 bis 13% AfA-Angestellten 1930 mit den 19% in DGB und DAG 1970 sieht, hat der Anteil derjenigen Angestellten, die sich gewerkschaftlich in enger (DGB) oder leicht distanzierter (DAG) Solidarität mit den Lohnarbeitern zu organisieren bereit sind, langfristig nicht allzu sehr zugenommen; erst im letzten Jahrzehnt steigt dieser Anteil zusammen mit dem Angestellten-Organisationsgrad langsam an. Neu gegenüber Weimar ist vielmehr, daß die einzige Alternative zur konsequent gewerkschaftlichen Arbeitnehmer-Organisation heute für die allermeisten Angestellten die Nicht-Organisation ist, während diese Alternative in Weimar zwar auch von einer knappen Mehrheit aller Angestellten bevorzugt wurde, aber ein Viertel bis ein Drittel aller Angestellten einen »dritten Weg« sahen und wählten, nämlich den Weg der »mittelständischen« Organisation. Dieser »dritte Weg« mutete den Angestellten keine Identifikation mit der Arbeitergewerkschaftsbewegung zu, im Gegenteil, er setzte sich bewußt und zum Teil feindlich von dieser ab; doch er bot den Angestellten eine Möglichkeit zu kollektiver Interessenwahrnehmung und eine Chance zur Situationsverbesserung durch nicht-individuelle Mittel. Interessanterweise unterschied sich das Deutschland der Zwischenkriegszeit eben durch diesen hohen Organisationsgrad

110. Vgl. Tab. 6 und oben S. 156 f.

Tabelle 6

Der Organisationsgrad der Angestellten in der Bundesrepublik
(1953–1979)

Jahr	Angestellte insgesamt	Organisierte Angestellte	In v. H.
1953	3 770 000	1 049 719	27,9
1954	3 980 000	1 073 339	27,0
1955	4 272 000	1 095 192	25,6
1956	4 511 000	1 124 481	24,9
1957	4 708 000	1 160 502	24,7
1958	5 019 000	1 180 901	23,5
1959	5 245 000	1 184 972	22,6
1960	5 811 000	1 227 393	21,1
1961	6 066 000	1 243 876	20,5
1962	6 463 000	1 288 801	19,9
1963	6 540 000	1 307 613	20,0
1964	6 873 000	1 327 082	19,3
1965	7 034 000	1 373 416	19,5
1966	7 180 000	1 402 013	19,5
1967	7 155 000	1 423 165	19,9
1968	7 274 000	1 430 113	19,7
1969	7 560 000	1 459 167	19,3
1970	7 774 000	1 507 535	19,4
1971	8 220 000	1 595 823	19,4
1972	8 591 000	1 669 799	19,4
1973	·	1 729 834	·
1974	8 863 000	1 845 849	20,8
1975	8 977 000	1 912 647	21,3
1976	9 058 000	1 968 284	21,7
1977	9 150 000	2 019 585	22,0
1978	9 396 000	2 091 749	22,3
1979	9 666 000	2 159 117	22,3

Quelle: Basisdaten. Zahlen zur sozioökonomischen Entwicklung der Bundesrepublik Deutschland, Bonn 1974; Statistisches Jahrbuch für die Bundesrepublik Deutschland.

der Angestellten und diesen mittelständischen »dritten Weg« von zeitgenössischen Ländern wie USA und Großbritannien. Es entsprach den für deutsche Angestellte so kennzeichnenden mittel- und berufsständischen Prägungen sowie den darin eingeübten Traditionen kollektiven Handelns, daß hierzulande dieser dritte, kollektiven Protest erleichternde Weg zwischen Arbeiterbewegung und individualisierender Nicht-Organisation bestand, in England und USA, wo die Angestellten über solche Prägungen und Traditionen nicht verfügten, dagegen kaum. Wenn auf diesem Gebiet die bundesrepublikanische Szene der amerikanischen und englischen ähnlicher geworden ist, so mag es dafür viele Gründe geben. Sicherlich ist einer davon und nicht der unwichtigste, daß jene beamtenorientierten bzw. ständisch orientierten Selbstverortungs- und Handlungsmuster, wie sie die Privatbeamten und Handlungsgehilfen der Zwischenkriegszeit noch prägten, immer mehr verblaßt sind – der oben formulierten Hypothese entsprechend. Daneben sind vor allem die fortschreitende Integration der Arbeiterschaft, die Abschwächung der Klassengegensätze und die Entschärfung der Front zwischen Arbeiterbewegung und bürgerlicher Gesellschaft zu nennen, wenn man erklären will, warum nach 1945 Angestelltenorganisationen nicht wiedererstanden sind, die an die anti-proletarische, mittelständische Distanzierungspolitik der Jahrzehnte vor 1933 anknüpften. Denn wie oben ausgeführt: die Schärfe des Klassengegensatzes und die Herausforderung einer umfassenden, vor allem sozialdemokratisch-sozialistischen, Arbeiterbewegung waren im späten 19. und frühen 20. Jahrhundert wichtige Bedingungen für die Herausbildung einer sich scharf von der Lohnarbeiterschaft abhebenden Angestelltenschaft und einer anti-proletarischen, antisozialistischen Angestelltenbewegung gewesen.

Die mittelständische Tradition verblaßt

DIESE INTERPRETATION wird durch das, was man aus Selbstverständnis- und Mentalitätsuntersuchungen der heutigen Angestellten entnehmen kann, wenigstens teilweise bestätigt. Statt sich als Mitglieder eines allgemeinen »Mittelstands« oder eines Berufs*standes* (etwa als Handlungsgehilfen) zu verstehen, bedienten sich die meisten der von Braun und Fuhrmann befragten industriellen Angestellten ganz spezifischer, enger Berufsbezeichnungen, um zu sagen, was sie seien: etwa »Laborant« (statt Technischer Angestellter) oder »Buchhalter« (nicht aber »Kaufmännischer Angestellter« oder »Handlungsgehilfe«).[111] Andere Befragungsergebnisse deuten ebenfalls darauf hin, daß beruflich-funktionale, z.T. professionelle Selbstauslegungen an die Stelle

111. Vgl. Braun u. Fuhrmann, S. 55.

von berufsständischen und bürokratisch-mittelständischen getreten sind oder treten, besonders bei den jüngeren.

Das mag als unscheinbare Veränderung erscheinen, ist es aber nicht. Dieses sehr spezifizierte, differenzierte, eng tätigkeitsbezogene, beruflich-professionelle, nicht mehr umfassend berufsständische Selbstverständnis setzt sehr viel weniger den Unterschied zum Arbeiter als Bedingung seiner selbst voraus als das traditionelle Angestelltenselbstverständnis, es ist deshalb weniger durch die Verringerung dieses Unterschieds bedroht und führt deshalb weniger leicht zu Ressentiment und Statusprotest als jenes. Es ist nicht so leicht der Träger von überhöhten Ansprüchen, die notwendig mit der nachständischen, industriekapitalistischen Realität kollidieren, wie es oben für die früheren deutschen Angestellten skizziert wurde. In der Tat weisen alle entsprechenden Umfragen ein vergleichsweise hohes Maß an Zufriedenheit und Erfolgsbewußtsein bei den Angestellten auf.[112] Dieses beruflich-professionelle Selbstverständnis ist nicht so deutlich Teil eines hierarchischen Gesellschaftsbildes wie jenes mittelständische – und in der Tat tendieren neuere Untersuchungen dazu, ältere Ergebnisse über das angeblich hierarchische Gesellschaftsbild der Angestellten und angeblich dichotomische der Arbeiter für die gegenwärtigen Angestellten in Frage zu stellen.[113] Neuere Umfragen zeigen den unteren und mittleren Angestellten nicht als auf den kleinen Unterschied zum Lohnarbeiter fixierten Stehkragenproletarier voll Abstiegsfurcht und Nivellierungsangst; schon gar nicht gilt das für den Techniker. Der Abbau von traditionellen Arbeiter-Angestellten-Unterschieden wird zwar häufig von den befragten Angestellten gesehen, doch nur in einer Minderheit von Fällen beklagt und abgelehnt. Im Gegenteil, häufig wird ironisch-distanziert auf überholte frühere Privilegien angespielt, auf die frühere »Dünkelhaftigkeit« der Angestellten, die es manchmal noch gebe, die aber eigentlich keinen Platz mehr habe. Als kürzlich eine ausgewählte Gruppe von Angestellten nach vordringlichen, ihrer Meinung nach vor allem von den Gewerkschaften zu vertretenden, sozialpolitischen Zielen gefragt wurde, hielt nur noch ein Viertel der Be-

112. Vgl. etwa die Umfrageergebnisse aus verschiedenen Jahren in DIVO-Pressedienst, Mai 1959, S. 2; ebd., Dez. 1961, S. 3; Basisdaten, S. 396, 449f.; EMNID-Informationen, Nr. 28, 1965, 17. Jg., S. 1; ebd., Nr. 4/5, 26. Jg., 1974, Tab. 7, S. 21.

113. Z. B. Schusser, Beitrag; implizit auch Braun u. Fuhrmann. Jener ältere, 1954 an Arbeitern des Ruhrgebiets gewonnene Befund vor allem bei H. Popitz u. a., Das Gesellschaftsbild des Arbeiters, Tübingen 1957.

fragten die Beibehaltung von Ersatzkassen und einer selbständigen Angestelltenversicherung für ein solches Ziel; mehr als 50% setzten sich dagegen für ein nicht-angestelltenspezifisches Ziel wie die Herabsetzung der Altersgrenze und den Ausbau der allgemeinen Gesundheitsfürsorge ein.[114]

Vieles an solchen Umfrageergebnissen mag nicht ganz ehrlich sein; vielleicht paßt das Aussprechen von Nivellierungsängsten nur nicht gut in die gegenwärtige politische Rhetorik. Auch mag es in einer Zeit ökonomischen Wachstums sehr viel einfacher sein, Nivellierungsfurcht und Ressentiments zu unterdrücken, als in einer Weltwirtschaftskrise. Schließlich fehlt es auf diesem Gebiet an Gegentendenzen und Unklarheiten nicht ganz. Doch insgesamt scheint hier eine neue Entwicklungstendenz vorzuliegen, die dem auch wissenschaftlich oft noch mitgeschleppten Stereotyp vom abstiegsbedrohten, ressentimentgeladenen Stehkragenproletarier widerspricht und die mit dem allmählichen Abbau jener bürokratischen und ständischen Traditionen zusammenhängt, die anfangs für die ältere deutsche Angestelltenschaft skizziert wurden.

Damit wurden wichtige Voraussetzungen jener kleinbürgerlichmittelständisch-rechtsgerichteten Proteste, wie sie in der Angestelltenschaft um 1930 so massiv auftraten und zum Aufstieg des Nationalsozialismus beitrugen, beseitigt oder doch geschwächt. In der Tat haben sich in den letzten Jahrzehnten kaum mittelständisch-rechtsgerichtete Proteste in der Angestelltenschaft gezeigt: Der DHV blieb eine Außenseiter-Organisation, entsprechende Ansätze in der DAG klangen seit den 50er Jahren ab, unter Wählern und Anhängern der einzigen ernst zu nehmenden rechtsradikalen Protestbewegung der Nachkriegszeit, der NPD, waren Angestellte jedenfalls nicht überrepräsentiert.[115] Meinungsumfragen, die zwischen Arbeiter- und Angestelltenhaltungen unterscheiden, ließen in den letzten Jahren häufig die Angestellten als die durchschnittlich »liberaleren« oder »progressiveren« erscheinen, so hinsichtlich ihrer Aktivitäten in Bürgerinitiativen, in bezug auf individuelle und soziale Freiheitsrechte und hinsichtlich des Grades an Reformbereitschaft.[116] Den Test einer tiefen Wirt-

114. »Angestelltenbewußtsein« (s. oben Anm. 105), S. 44 f.

115. Zur Soziologie der NPD-Wählerschaft: W. Fink, Die NPD bei den bayerischen Landtagswahlen 1966, München 1969, S. 26 f.; K. Liepelt, Anhänger der neuen Rechtspartei, in: PVS, 8. Jg., 1967, S. 237–270.

116. Vgl. Basisdaten, S. 591, 595, 599, 600. S. 589 zum ausgeprägten politischen Interesse von Angestellten und Beamten.

schafts- oder politischen Krise bzw. die Versuchung einer breit anerkannten, nicht als abseitig stigmatisierten, rechtsradikalen Alternative
mußte die neue Liberalität der Angestellten allerdings noch nicht bestehen; die Herausforderung einer radikalen Arbeiterbewegung blieb
ihr ebenfalls erspart.

Der Arbeiter- und Angestellten-Unterschied als solcher ist nicht
nur, wie skizziert, im Selbstverständnis vieler Angestellter zurückge-
treten; auch für die Strukturierung und Erklärung politischen Verhal-
tens ist er weniger wichtig, als er es zu sein pflegte. Noch in den 50er
Jahren unterschieden sich die großen Parteien sehr stark hinsichtlich
der Arbeiter-Angestellten-Relation in ihrer Mitgliedschaft und ihrer
Wählerschaft – ähnlich wie vor 1933. In den 60er Jahren, besonders in
deren zweiter Hälfte, ebnete sich das ein: Seitdem unterschieden sich
z. B. Arbeiter und Angestellte kaum hinsichtlich ihrer Neigung, SPD
zu wählen.[117] Die soziale Zusammensetzung der Partei-Mitgliedschaf-
ten von CDU und SPD entwickelte sich entsprechend. Sicher muß
man diese tendenzielle Angleichung im Sozialprofil der Parteien[118]
auch als eine Folge der Wandlungen der sich programmatisch und
ideologisch weniger scharf als früher entgegenstehenden Parteien verstehen, nicht nur als Resultat von Veränderungen in den Orientierungen spezieller Gruppen. Wichtig jedoch ist in diesem Zusammenhang,
daß zwar der Arbeiter-Angestellten-Unterschied das Wahlverhalten
kaum noch stratifiziert, SPD und CDU sich aber gegenwärtig ähnlich

117. Vgl. E. Ballerstedt u. a. (Hg.), Soziologischer Almanach, Frankfurt
1975, S. 461 zu Wahlentscheidungen bei den Bundestagswahlen von 1953 –
1972, nach Beruf differenziert. Die Zahlen zeigen den deutlichen Annäherungsprozeß im Wahlverhalten von Arbeitern und Angestellten, nicht aber von
Arbeitern und Selbständigen. 1976 unterschieden sich Arbeiter und Angestellte wieder etwas stärker in ihrem Wahlverhalten voneinander. Doch auch
1976 waren die Differenzierungslinien zwischen ungelernten Arbeitern einerseits und gelernten Arbeitern, unteren und mittleren Angestellten und Beamten andererseits sowie die Differenzierungslinie zwischen unteren/mittleren
Angestellten und Beamten einerseits und den höheren Angestellten und Beamten andererseits schärfer durchgezogen als die Kragenlinie selbst. Vgl. M.
Berger u. a., Die Bundestagswahl 1976: Politik und Sozialstruktur. Oder:
Wider die falsche Einheit der Wahlforschung, in: Zs. f. Parlamentsfragen,
1977, S. 197–231.

118. Zum langfristigen Wandel in den Sozialprofilen der Parteien seit 1950
siehe O. Flechtheim, Die Parteien der Bundesrepublik Deutschland, Hamburg
1973, S. 398–411; H. Kaack, Geschichte und Struktur des Parteiensystems,
Opladen 1971, bes. S. 439, 482.

stark wie früher hinsichtlich des Anteils von Selbständigen, den sie gewinnen können, unterscheiden. So ähnlich sind sich die Parteien also offenbar nicht geworden, daß nicht die »Klassenlinie« im klassischen Sinn (selbständige Arbeitgeber versus Arbeitnehmer) ihre Basis weiterhin deutlich unterscheiden würde. Dieses Indiz kann auch als Einschränkung des Arguments dienen, daß die nachlassende Bedeutung des Arbeiter-Angestellten-Unterschieds *nur* als Teil eines generelleren Wandels zu interpretieren ist, nämlich als Moment der abnehmenden Bedeutung sozialökonomischer Klassen- und Schichtzugehörigkeit für politisches Verhalten überhaupt. Die politische Relevanz des Arbeiter-Angestellten-Unterschieds ist jedenfalls vergleichsweise stärker verblaßt als die politische Relevanz anderer sozialökonomischer Unterschiede. Während Angestellte und Arbeiter politisch aneinander heranrückten, entwickelten sich Angestellte und Selbständige eher auseinander. Es war schon immer problematisch, Angestellte und kleine Selbständige als »neuen« und »alten Mittelstand« zusammen zu verorten und von der Arbeiterschaft abzusetzen. Doch noch nie war es so problematisch wie heute.[119]

Neue Differenzierungen: Angestelltenschaft in der Auflösung

INSGESAMT SCHEINT die Untersuchung die oben (S. 176–178) aufgestellten Hypothesen zu bestätigen. Die objektive und die subjektive Bedeutung der Kragenlinie, des Arbeiter-Angestellten-Unterschieds, hat gegenüber der Weimarer Zeit stark nachgelassen. Dazu haben einerseits ökonomische und soziale Veränderungen, wie sie für weit fortgeschrittene industriekapitalistische Systeme typisch sind, beigetragen, wie man z.B. an den Auswirkungen des Wachstums der Angestelltenbereiche, an den Auswirkungen ihrer Rationalisierung, Mechanisierung und Automatisierung oder an den Auswirkungen des sich ausweitenden Warenmarktes auf den Arbeiter-Angestellten-Unterschied erkennen kann; hierbei handelt es sich um langfristige, im schnellen Wachstum seit den 1950er Jahren beschleunigte Entwicklungen. Andererseits resultierte die Bedeutungsabnahme der Kragenlinie aber auch aus der Schwächung jener bis 1933 noch wirksamen

119. Vgl. H.-A. Winkler, Stabilisierung durch Schrumpfung: Der gewerbliche Mittelstand in der Bundesrepublik, in: ders., Liberalismus und Antiliberalismus, Göttingen 1979, S. 145–159.

vorindustriekapitalistischen Reststrukturen und Traditionen, denen der Arbeiter-Angestellten-Unterschied in Deutschland seine besondere Prägnanz und Färbung verdankte; auch dies ist eine langfristige Entwicklung, die in NS-Diktatur, Krieg und Zusammenbruch beschleunigt wurde. Die Arbeitssituation, das Einkommen, das Konsumverhalten, die soziale Herkunft, das Sozialprestige, die Einstellungen, die Verbände und das politische Verhalten der Arbeiter und Angestellten wurden einander ähnlicher, wenn auch Arbeiter-Angestellten-Unterschiede in all diesen Bereichen nicht völlig verschwanden und in anderen Bereichen – z. B. in Ausmaß und Art der Ausbildung – sich als bemerkenswert beständig erwiesen. Andere Differenzierungslinien – wie die zwischen organisierbaren Arbeitern und subproletarischen Randgruppen oder die zwischen unteren bzw. mittleren Angestellten und höheren bzw. leitenden Angestellten[120] oder auch die zwischen einzelnen Berufen und Berufsgruppen – dürften dagegen objektiv, im Bewußtsein der Zeitgenossen und als Quelle von Spannungen und Konflikten wichtiger geworden sein.

Es hing mit der besonderen Schärfe des Arbeiter-Angestellten-Unterschieds in Deutschland und mit Eigenarten seiner Färbung zusammen, daß es in Deutschland – anders als in den USA – in großen Teilen der Angestelltenschaft ein Potential zum rechtsgerichteten, »mittelständischen« Protest gab, das in der Krise von Wirtschaft, Gesellschaft und Staat um 1930 aktiviert wurde und zur überproportional starken Vertretung der Angestellten in der Massenbewegung des Nationalsozialismus führte. Mit der besonderen Schärfe des Arbeiter-Angestellten-Unterschieds und seiner spezifisch traditionalen Einfärbung ist auch jenes mittelständisch-rechtsgerichtete Protestpotential unter den angestellten Arbeitnehmern verschwunden oder doch deutlich geschwächt worden. Die allmähliche Erosion vieler Unterschiede in der Situation unterer bzw. mittlerer Angestellter und besser gestellter Lohnarbeiter scheint heute in der Regel nicht mehr zum mittelständischen Anti-Proletarisierungsprotest zu führen wie so häufig vor 1933, sondern umgekehrt einen wachsenden Anteil der Angestellten an die allgemeine Arbeitnehmerbewegung heranzuführen. Eine für Deutschland spezifische, in anderen westlichen Ländern auch in der

120. Vgl. zur deutlicheren Herausbildung einer sich abhebenden Schicht leitender Angestellter (deren Herausgehobenheit wiederum rechtlich bestätigt wird wie seinerzeit die der Angestellten überhaupt) jetzt W. Hromadka, Das Recht der leitenden Angestellten im historisch-gesellschaftlichen Zusammenhang, München 1979.

Zwischenkriegszeit nicht oder kaum beobachtbare Belastung der liberaldemokratischen Entwicklung von Gesellschaft und Staat gehört damit, so scheint es, der Vergangenheit an. Die deutsche Situation ist in dieser Hinsicht der in anderen westlichen Industrieländern ähnlicher geworden.

Allerdings liegt es in der Natur der hier gestellten Fragen, benutzten Methoden und zugänglichen Informationen, daß ein hohes Maß an Unsicherheit übrig bleibt. Es ist nicht ganz auszuschließen, daß unter stark veränderten Bedingungen – bei langfristig stagnierendem oder gar rückläufigem Wirtschaftswachstum, angesichts einer sozialen Herausforderung, wie sie eine radikale Arbeiterbewegung darstellen kann, oder in einer tiefen politischen Krise – nicht doch wieder angestelltentypische Einstellungen, mittelständische Ressentiments und rechtsgerichtete Proteste hervortreten könnten. Wahrscheinlich ist es nicht. Es mögen auch neue Angestelltenprobleme entstehen – etwa aus dem Widerspruch zwischen Ausbildungsstand und daraus resultierenden Ansprüchen einerseits, der Realität des Stellenmarktes andererseits –, die mit der hier verwandten Fragestellung nicht erfaßt werden. In diesem Abschnitt wurden Fragestellungen benutzt, die den Blick von Weimar aus auf die Bundesrepublik richteten. Gefragt wurde nach der Fortdauer, der Modifikation oder dem Bruch älterer Strukturen, Traditionen und Probleme des herkömmlichen deutschen Sonderwegs. Neues mag aufgetreten sein oder noch auftreten, das mit solchen Fragestellungen nicht zu erfassen ist.

In dem Maße, in dem die Kragenlinie objektiv, im Bewußtsein und im Verhalten an Bedeutung verliert, in dem Maße läßt auch die Berechtigung nach, wissenschaftlich von »den Angestellten« im Unterschied zu »den Arbeitern« zu sprechen. Die deutsche Angestelltenschaft der 1920er Jahre ist als soziale Einheit im Unterschied zu anderen sozialen Einheiten sinnvoller zu thematisieren als die deutschen Angestellten der 1970er Jahre. Der letzte Abschnitt hat ein sozialgeschichtliches Thema im Stadium seiner Auflösung diskutiert. Es liegt an den hier untersuchten realen Veränderungen, daß sich die neuere sozialwissenschaftliche Diskussion über gegenwärtige Angestellten-Phänomene zu Recht statt mit den Angestellten überhaupt mit einzelnen Angestelltenkategorien beschäftigt, so die Diskussion über den »neuen Arbeiter« mit Technikern und Ingenieuren. In Ländern, in denen der Arbeiter-Angestellten-Unterschied als solcher nie so scharf ausgeprägt und nicht so bedeutsam in Gesellschaft und Politik gewesen ist wie in Deutschland – in den USA z. B. – ist der Angestellte auch nie so konsequent zum Thema sozialwissenschaftlicher Untersuchungen und sozio-politischer Debatte geworden wie hierzulande. Für die Gegenwart der Bundesrepublik gilt das gleiche. In diesem Sinne ist »der Angestellte« dabei, ein Thema zu werden, das nur noch den Historiker, nicht aber den Gegenwartsanalytiker interessiert.

Ausgewählte Literatur

Als brauchbarste Einführung in die deutsche Angestellten-Thematik immer noch: *G. Hartfiel*, Angestellte und Angestelltengewerkschaften in Deutschland. Entwicklung und gegenwärtige Situation von beruflicher Tätigkeit, sozialer Stellung und Verbandswesen der Angestellten in der gewerblichen Wirtschaft, Berlin 1961. – Zur Frühgeschichte bis 1914 immer noch unverzichtbar: *E. Lederer*, Die Privatangestellten in der modernen Wirtschaftsentwicklung, Tübingen 1912. Zuletzt *G. Schulz*, Die industriellen Angestellten. Zum Wandel einer sozialen Gruppe im Industrialisierungsprozeß, in: H. Pohl (Hg.), Sozialgeschichtliche Probleme in der Zeit der Hochindustrialisierung (1870–1914), Paderborn 1979, S. 217–266. Zum Ersten Weltkrieg: *J. Kocka*, Klassengesellschaft im Krieg. Deutsche Sozialgeschichte 1914–1918, Göttingen 1978², S. 65–82. – Am besten zur Weimarer Republik: *H. Speier*, Die Angestellten vor dem Nationalsozialismus, Göttingen 1977. Daneben *U. Kadritzke*, Angestellte – Die geduldigen Arbeiter, Frankfurt 1975 (bes. zum linken Afa-Bund); *I. Hamel*, Völkischer Verband und nationale Gewerkschaft. Der Deutschnationale Handlungsgehilfenverband 1893–1933, Frankfurt 1966; *H.-J. Priamus*, Angestellte und Demokratie. Die Nationalliberale Angestelltenbewegung in der Weimarer Republik, Stuttgart 1980. – Zur Angestelltengeschichte in der späten Weimarer Republik, im »Dritten Reich« und in der unmittelbaren Nachkriegszeit: die Bielefelder Dissertation von *M. Prinz*, Zur Entwicklung der Arbeiter-Angestellten-Differenz 1930–1950 unter bes. Berücksichtigung der Neugründung der Angestelltengewerkschaft (Abschluß vorauss. Ende 1981). Zur Entwicklung der Angestellten nach 1945: *E. Fehrmann u. U. Metzner*, Angestellte in der sozialwissenschaftlichen Diskussion. Ein Literaturbericht, Köln 1977; von einem DDR-marxistischen Standpunkt aus: *H. Steiner*, Soziale Strukturveränderungen im modernen Kapitalismus. Zur Klassenanalyse der Angestellten in Westdeutschland, Berlin 1967. Zur sozialrechtlichen Entwicklung: *W. Hromadka*, Das Recht der leitenden Angestellten im historisch-gesellschaftlichen Zusammenhang, München 1979 (auch über die nicht leitenden Angestellten). Zur Verbandsgeschichte siehe neben dem an erster Stelle genannten *Hartfiel* auch: *H. T. Marchal*, Gesellschaftsbild und Selbstverständnis westdeutscher Gewerkschaften, Bonn 1972. – Wichtige Aufsätze zu verschiedenen Aspekten in: *H. Bayer* (Hg.), Der Angestellte zwischen Arbeiterschaft und Management, Berlin 1961.
Zur allgemeinen soziologisch-historischen Angestelltendiskussion siehe die oben S. 12 f., Anm. 2, 3 u. 4 genannten Titel, bes. von *F. Croner, S. Braun* und zuletzt *U. Berger/C. Offe* sowie die Arbeit von *U. Kadritzke*. Immer noch aus-

gezeichnet: *H. P. Bahrdt*, Industriebürokratie. Versuch einer Soziologie des industrialisierten Bürobetriebes und seiner Angestellten, Stuttgart 1958. Dann: *Th. Pirker*, Büro und Maschine. Zur Geschichte und Soziologie der Büroarbeit, der Maschinisierung des Büros und der Büroautomatisation, Tübingen 1962; *S. Braun u. J. Fuhrmann*, Angestelltenmentalität. Berufliche Position und gesellschaftliches Denken der Industrieangestellten, Neuwied/Berlin 1970; *K. H. Hörning* (Hg), Der »neue« Arbeiter. Zum Wandel sozialer Schichtstrukturen, Frankfurt 1971; *U. Jäggi u. H. Wiedemann*, Der Angestellte in der Industriegesellschaft, Stuttgart 1966.

Zur Geschichte der Angestellten im Unternehmen: *J. Kocka*, Unternehmensverwaltung und Angestelltenschaft am Beispiel Siemens 1847–1914, Stuttgart 1969; *G. Schulz*, Die Arbeiter und Angestellten bei Felten & Guilleaume. Sozialgeschichtliche Untersuchung eines Kölner Industrieunternehmens im 19. und beginnenden 20. Jahrhundert, Wiesbaden 1979; *H. Siegrist*, Vom Familienbetrieb zum Managerunternehmen. Angestellte und industrielle Organisation am Beispiel der Georg Fischer AG in Schaffhausen 1797–1930, Göttingen 1981.

Neuere Literatur zu einzelnen Angestelltengruppen und -problemen: *R. Spree*, Angestellte als Modernisierungsagenten: Indikatoren und Thesen zum reproduktiven Verhalten von Angestellten im späten 19. und frühen 20. Jahrhundert, in: J. Kocka (Hg.), Angestellte im europäischen Vergleich (= GG, Sonderh. 7, 1981); dort auch *U. Nienhaus*, Zur Geschichte weiblicher Angestellter und *T. Pierenkemper*, Zur Geschichte des Arbeitsmarktes der Angestellten. Vgl. auch *S. Coyner*, Class Consciousness and Consumption: The New Middle Class During the Weimar Republic, in: JSH, Bd. 10, 1977, S. 310–331. – Zur Geschichte der Ingenieure vgl. oben S. 22, Anm. 24; sowie: *G. Hortleder*, Das Gesellschaftsbild des Ingenieurs. Zum politischen Verhalten der »technischen Intelligenz« in Deutschland, Frankfurt 1970; *N. Beckenbach u. a.*, Ingenieure und Techniker in der Industrie. Eine empirische Untersuchung über Bewußtsein und Interessenorientierung, Frankfurt 1975; *K. H. Ludwig*, Technik und Ingenieure im Dritten Reich, Düsseldorf 1974. – *R. Engelsing*, Die wirtschaftliche und soziale Differenzierung der deutschen kaufmännischen Angestellten im In- und Ausland, in: ders., Zur Sozialgeschichte deutscher Mittel- und Unterschichten, Göttingen 1978², S. 51–111; *F. G. Rudl*, Die Angestellten im Bankbewerbe 1870–1933, Diss. Mannheim 1975; *E. Glovka Spencer*, Supervisory Personnel in the Ruhr Heavy Industry before 1914, in: JSH, Bd. 9, 1976, S. 178–192.

Zum internationalen Vergleich, unter Betonung der Verbandsentwicklung: *A. Sturmthal* (Hg.), White Collar Trade Unions. Contemporary Developments in Industrial Societies, Urbana, Ill. 1966; *K. v. Beyme*, Gewerkschaften und Arbeitsbeziehungen in kapitalistischen Ländern, München 1977. Zuletzt – ohne Einengung auf die Verbandsentwicklung – die Übersichten (mit Literatur) zu Frankreich, England, Österreich, Schweiz und Schweden in: *J. Kocka* (Hg.), Angestellte im europäischen Vergleich (GG, Sonderh. 7, 1981); hier auch: *W. Mangold*, Angestelltengeschichte und Angestelltensoziologie in Deutschland,

England und Frankreich. USA: *C. W. Mills*, Menschen im Büro. Ein Beitrag zur Soziologie der Angestellten, Köln-Deutz 1955; *J. Kocka*, Angestellte zwischen Faschismus und Demokratie. Zur politischen Sozialgeschichte der Angestellten: USA 1890–1940 im internationalen Vergleich, Göttingen 1977.

Abkürzungsverzeichnis

ADGB	Allgemeiner Deutscher Gewerkschaftsbund
AfA	Arbeitsgemeinschaft freier Angestelltenverbände
Afa-Bund	Allgemeiner freier Angestelltenbund
AfS	Archiv für Sozialgeschichte
AIVG	Alters- und Invalidenversicherungsgesetz
AKV	Arbeitsgemeinschaft kaufmännischer Verbände
ALR	Allgemeines Landrecht
ASS	Archiv für Sozialwissenschaft und Sozialpolitik
ATV	Arbeitsgemeinschaft technischer Verbände
AVG	Angestelltenversicherungsgesetz
AWI	Arbeitswissenschaftliches Institut der DAF
BHR	Business History Review
Butib	Bund der technisch-industriellen Beamten
DAF	Deutsche Arbeitsfront
DAG	Deutsche Angestellten-Gewerkschaft
DAZ	Deutsche Arbeitgeber-Zeitung
DGB	Deutscher Gewerkschaftsbund
DHV	Deutschnationaler Handlungsgehilfen-Verband
DHW	Deutsche Handelswacht
DIBZ	Deutsche Industriebeamten-Zeitung
DNVP	Deutschnationale Volkspartei
DTV	Deutscher Techniker Verband
DVP	Deutsche Volkspartei
EHR	Economic History Review
Fs.	Festschrift
GDA	Gewerkschaftsbund der Angestellten
Gedag	Gesamtverband Deutscher Angestelltengewerkschaften
GG	Geschichte und Gesellschaft
HGB	Handelsgesetzbuch
HWZ	Handwerkszeitung
HZ	Historische Zeitschrift
IESS	International Enxyclopedia of the Social Sciences
IRSH	International Review of Social History
JCH	Journal of Contemporary History
JCEA	Journal of Central European Affairs
JSH	Journal of Social History
MKdI	Mitteilungen des Kriegsausschusses der deutschen Industrie

NWHZ	Nordwestdeutsche Handwerkszeitung
ÖTV	Gewerkschaft Öffentliche Dienste, Transport und Verkehr
PVS	Politische Vierteljahresschrift
RGBl	Reichsgesetzblatt
SAA	Siemens-Archiv-Akte
SBR	Stenographische Berichte der Verhandlungen des Deutschen Reichstags
S & H	Siemens & Halske
VDI	Verein Deutscher Ingenieure
Vela	Vereinigung der leitenden Angestellten
VfZ	Vierteljahreshefte für Zeitgeschichte
VSWG	Vierteljahrschrift für Sozial- und Wirtschaftsgeschichte
ZGS	Zeitschrift für die gesamte Staatswissenschaft

Nachweise der ursprünglichen Titel und ersten Druckorte

1. Industrielle Angestelltenschaft in frühindustrieller Zeit – Status. Funktion. Begriff, in: O. Büsch (Hg.), Untersuchungen zur Geschichte der frühen Industrialisierung, vornehmlich im Wirtschaftsraum Berlin/Brandenburg. Einzelveröffentlichungen der Historischen Kommission zu Berlin, Bd. 6, Berlin 1970, S. 315–367.
2. Vorindustrielle Faktoren in der deutschen Industrialisierung. Industriebürokratie und »neuer Mittelstand«, in: Michael Stürmer (Hg.), Das kaiserliche Deutschland, Düsseldorf 1970, S. 265–268.
3. Bildung, soziale Schichtung und soziale Mobilität im Deutschen Kaiserreich, in: D. Stegmann/B.J. Wendt/P.C. Witt (Hg.), Industrielle Gesellschaft und politisches System. Beiträge zur politischen Sozialgeschichte. Festschrift für Fritz Fischer zum siebzigsten Geburtstag, Bonn 1978, S. 297–313.
4. Art. »Angestellter«, in: O. Brunner/W. Conze/R. Koselleck (Hg.), Geschichtliche Grundbegriffe. Historisches Lexikon zur politisch-sozialen Sprache in Deutschland, Bd. 1, Stuttgart 1972, S. 110–128.
5. Zur Problematik der deutschen Angestellten 1914–1933, in: H. Mommsen/D. Petzina/B. Weisbrod (Hg.), Industrielles System und politische Entwicklung in der Weimarer Republik, Bd. 2, Düsseldorf 1974 (ND 1977), S. 792–811.
6. Erweiterte Fassung eines Vortrags im »Arbeitskreis für moderne Sozialgeschichte«, Bad Homburg 1977; erscheint vorauss. 1981 u. d. T. »Vom ›neuen Mittelstand‹ zum angestellten Arbeitnehmer« in: M.R. Lepsius (Hg.), Sozialgeschichtliche Grundlagen der Bundesrepublik Deutschland, Stuttgart.

Hans Speier
Die Angestellten vor dem Nationalsozialismus

Ein Beitrag zum Verständnis der deutschen Sozialstruktur 1918–1933. 1977.
202 Seiten, kartoniert (Kritische Studien zur Geschichtswissenschaft 26)

»Die Arbeit überzeugt nicht nur in ihrem analytischen Ansatz; sie ist auch
eine wahre Fundgrube für empirische Daten zur sozialen Herkunft, Ein-
kommens- und Organisationsentwicklung der deutschen Angestellten vor
1933. Über vier Jahrzehnte nach ihrer Entstehung erweist sich Speiers Studie
als ein bahnbrechendes Standardwerk zur sozialgeschichtlichen Erforschung
der Weimarer Republik.« *Historische Zeitschrift*

Angestellte im europäischen Vergleich

Mit Beiträgen von Gregory Anderson, Peter Behringer, Ulrike Berger, Ger-
hard Botz, Geoffrey Crossick, Richard Hamilton, Heinz-Gerhard Haupt,
Jürgen Kocka, Mario König, Ursula Nienhaus, Claus Offe, Gustav Otruba,
Toni Pierenkemper, Michael Prinz, Hannes Siegrist, Reinhard Spree, Rolf
Torstendahl, Rudolf Vetterli. Herausgegeben von Jürgen Kocka. 1981. Etwa
350 Seiten, kartoniert (Geschichte und Gesellschaft, Sonderheft 7)

Theorien in der Praxis des Historikers

Forschungsbeispiele und ihre Diskussion. Mit Beiträgen von Helmut Berding,
Knut Borchardt, Peter Hüttenberger, Jürgen Kocka, Horst Matzerath, Michael
Mitterauer, Winfried Schulze, Reinhard Spree, Heinrich Volkmann. Herausgegeben von Jürgen Kocka. 1977. 225 Seiten, kartoniert (Geschichte und Gesellschaft, Sonderheft 3)

Arbeiterkultur im 19. Jahrhundert

Mit Beiträgen von Heinz Ickstadt, Hartmut Keil, Jürgen Kocka, Gottfried
Korff, Wolf Lepenies, Veron Lidtke, Sidney Pollard, Jakob Schissler, Klaus
Tenfelde. Herausgegeben von Jürgen Kocka. 171 Seiten, kartoniert (Geschichte
und Gesellschaft, Heft 1/1979)

Soziale Schichtung und Mobilität in Deutschland im 19. und 20. Jahrhundert

Mit Beiträgen von Pierre Ayçoberry, David Crew, Hartmut Kaelble, Jürgen
Kocka, Niklas Luhmann, Frederick D. Marquardt, John Modell. Herausgegeben von Jürgen Kocka. 170 Seiten, kartoniert (Geschichte und Gesellschaft, Heft 1/1975)

VANDENHOECK & RUPRECHT IN GÖTTINGEN UND ZÜRICH